スコット親子、日本を駆ける

父と息子の自転車縦断4000キロ

チャールズ・R.スコット　児島 修＝訳　紀伊國屋書店

RISING SON

A Father and Son's Bike Adventure across Japan

Charles R.Scott

Charles R.Scott

RISING SON

A Father and Son's Bike Adventure across Japan

スコット親子、日本を駆ける

——父と息子の自転車縦断4000キロ

わんぱくで天真爛漫な息子、ショウへ

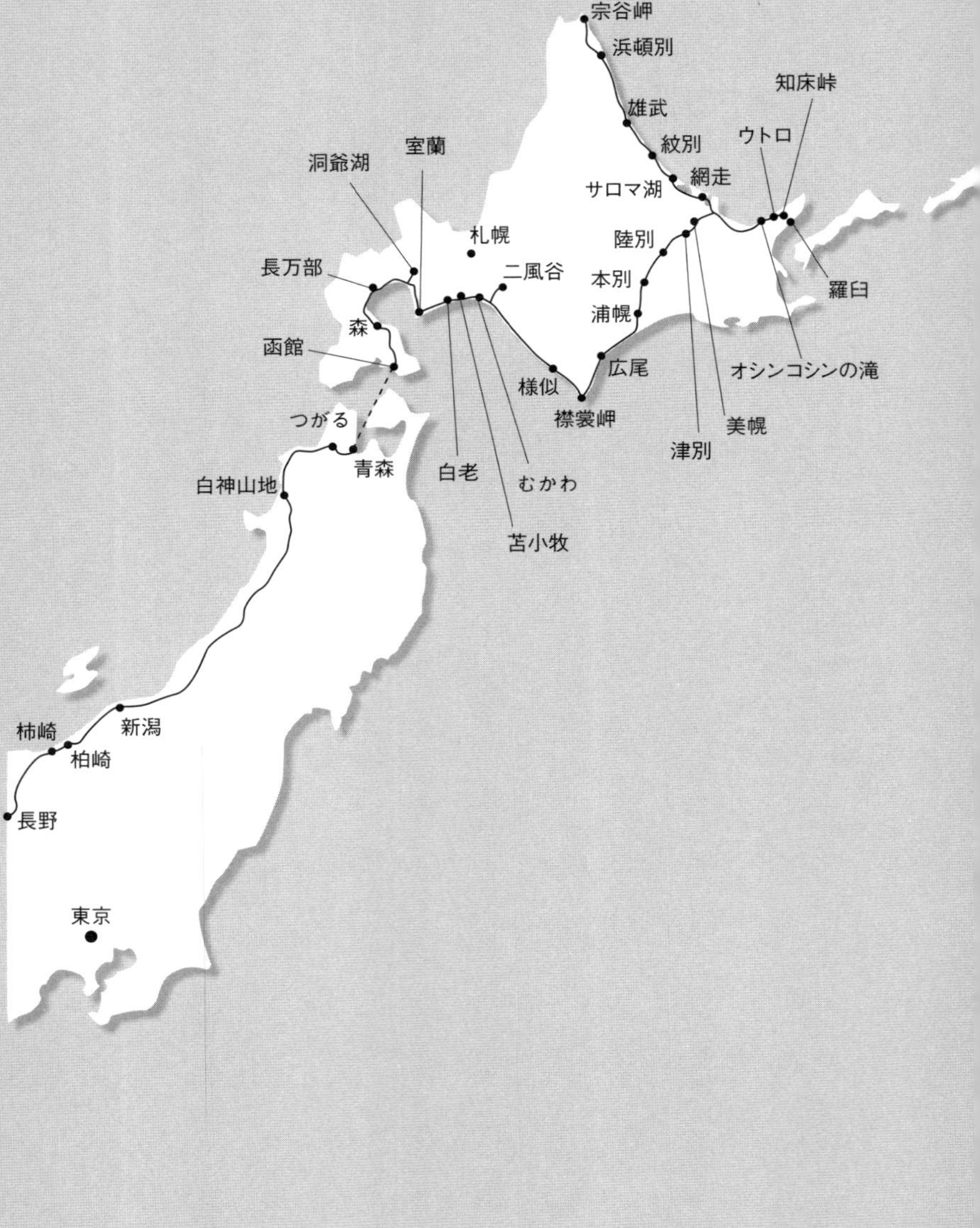
宗谷岬
浜頓別
知床峠
雄武
ウトロ
紋別
室蘭
洞爺湖
網走
サロマ湖
札幌
陸別
長万部
二風谷
本別
浦幌
森
羅臼
函館
広尾
オシンコシンの滝
様似
襟裳岬
つがる
美幌
津別
青森
白老
むかわ
白神山地
苫小牧
新潟
柿崎
柏崎
長野
東京

自転車日本縦断4000キロ

凡例
・自転車
・フェリー

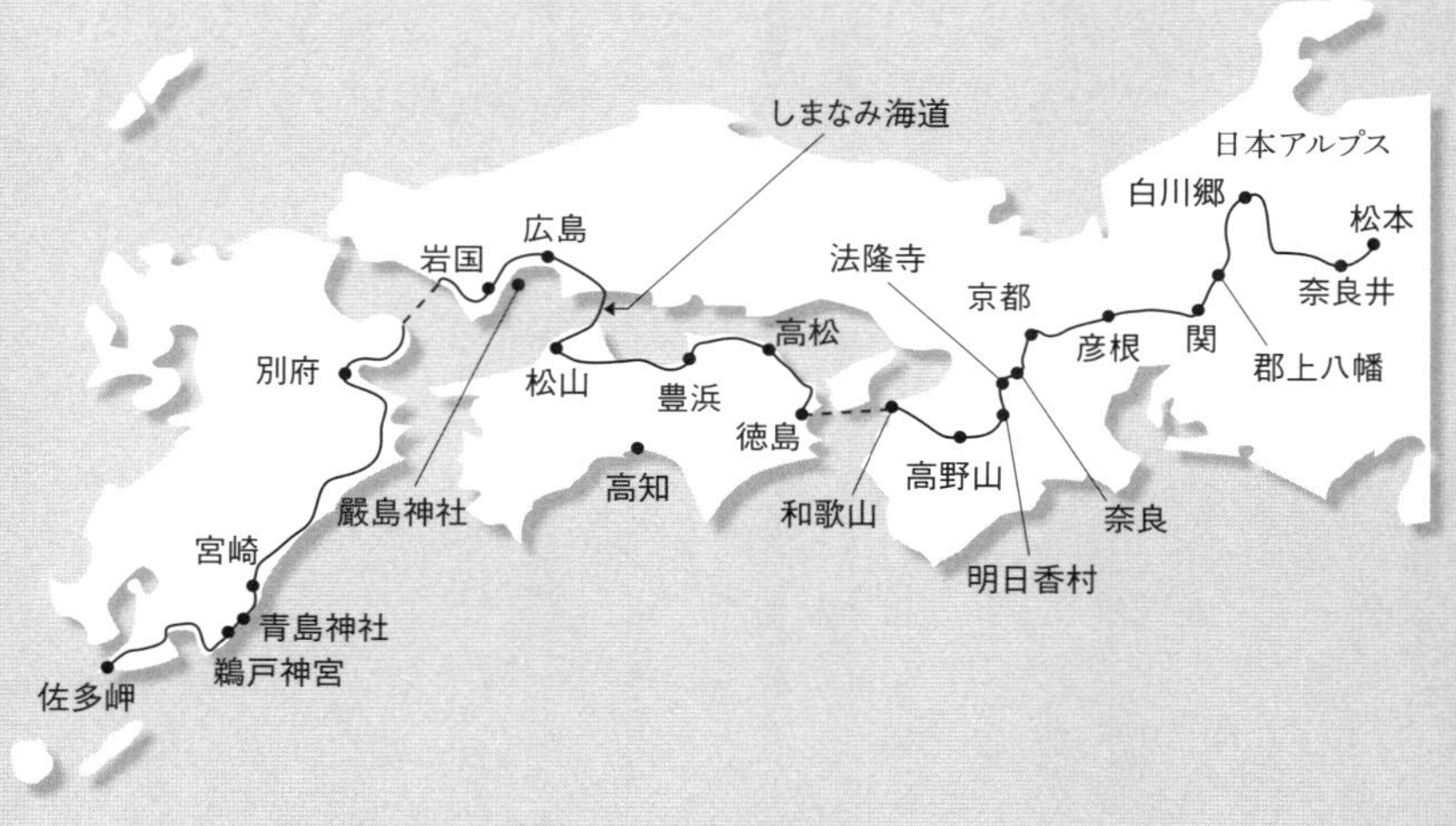

目次

第1章　父と息子の冒険

三週間は、妻と生まれたばかりの息子から離れて過ごすには長すぎる。ぼくは上司と一緒に二〇日以上をかけてアジア八カ国を回り、手強《てごわ》い顧客を相手に製品を売り込むという任務を終えて、空港に到着したところだった。時差ぼけがきつい。肩に腰掛けた猿に、頭を叩かれているみたいだ。混雑した到着ロビーに出ると、生後六カ月の息子を抱えた妻が嬉しそうに手を振っていた。ぼくは彼女にキスをし、息子を見た。「ショウは変わったね。出発したときより大きくなってる！」

「パパが戻ってきて嬉しそうだわ」微笑んだ妻が揺すると、ショウは笑った。ふっくらとした頬の上で茶色い瞳が輝き、ぼくと目を合わせようとして動いた。丸々とした腕が伸びて、その先の小さな手のひらが開いた。

息子を胸に引き寄せながら、ぼくはささやいた。「二度と、こんなに長く離れたりしないよ」

七年後、ショウとぼくは、ニューヨーク市のアパートメントの七階にある自宅の寝室で、ポケモンカードだらけのソファに座っていた。ショウが眠るはずの時間は過ぎていたが、どうしてもあと少しだけ遊びたいというので、許可することにした。ぼく自身も、息子をベッドで寝かしつける前に、〝人生の目標リスト〟をつくるという作業を、もう少しだけ続けたかった。

ショウは、自分で定めた細かな基準にしたがってカードを丁寧に並べ、一枚一枚をじっくりと読み、その内容を暗記しようとしている。ぼくはペンを手にし、膝に置いた真新しいレポート用紙にリストアップしていった。アパートメントの三つの大きな窓からは、ライトアップされたエンパイア・ステート・ビルが見えた。その後ろには、高層ビルのさまざまな形をした尖《せん》塔《とう》が描くマンハッタンのスカイラインが美しく光っている。夜空にかすかにきらめく星も、この大都市がつくりだす星座の輝きにはかなわない。

妻のエイコと二歳の娘サヤは、隣室のベッドで添い寝している。さっきまで、妻が『ドーラといっしょに大冒険』の絵本を楽しそうに読み聞かせする声と、サヤの笑い声とが壁越しに聞こえていたが、今はしんと静まりかえっている。一日中働いて疲れきっているエイコは、子どもに本を読んでやっている途中で寝入ってしまうことが多い。そして数時間後に目を覚まし、夫婦のベッドに倒れ込むようにして入ってくる。おそらく今夜も、そうなるのだろう。

ぼくは眉間《みけん》にシワを寄せながら、リストに項目を書いていった。「フルマラソンを三時間以内で走る」「いつまでも変わらない価値を持つ、社会的に意義のあることをする」……。手を止め、他に何かないかと考えた。ぼくは四〇歳で、妻とふたりの子どもがいて、猫を一匹飼っていた。ぼくはインテル社で一一年間、妻は国連で一三年間、働いてきた。二台の車と、ウエストチェスター・カウンティーにある三〇〇平米の家を所有し、ニューヨークでも息子が通うインターナショナル・スクールの隣にあるアパートメントを借りていた。豊かな暮らしを維持するにはかなりの額を稼がなければならず、その意味でぼくたちは終わりのないトレッドミルの上にいた。それでもふたりが現在の職を失わないかぎり、十分な収入が見込めた。ぼくたちは長い年月をかけて教育を受け、いい職に就くために努力をしてきた。運にも恵まれた。そのおかげで、安定した、幸せで安全な暮らしを手にしていた。

それでも、ぼくはかすかな心のうずきを感じていた。不満ではなかった。何かに背中を押されるような、誰かから呼ばれているような感覚だ。意識を失っていて、目覚めなければならないとでもいうような。同じような感覚は、それまでにもあった。もう何年も前からだ。だけど四〇歳になったことで、仕事と家庭の両立のためにあくせくする暮らしを見直すべきだという思いが、日増しに強まっていた。だから〝人生の目標リスト〟をつくり、自分がどんな生き方をしたいのか、残りの人生で何を成し遂げたいのかをはっきりさせたいと思ったのだ。

ショウの方に目をやった。息子はまるで世紀の大発見を目指す〝ポケモン博士〟にでもなったかのように、目の前に並べた百枚ほどのカードを食い入るように眺めている。青のショートパンツに、きゃしゃな身体をすっぽりと包むスターウォーズのシャツ。日本人の母親であるエイコからは柔らかな茶色の瞳を（母方の祖父からは先端が尖った形の耳を）、白人の父親であるぼくからは痩《や》せた体つきと、頬のえくぼを受け継いでいる。

この七年はあっという間だった。生まれた日のショウは、ぼくの前腕にぴったりと収まるくらい小さかった。腫《は》れぼったい焦点の定まっていない目を細めてぼくの方を向き、唾《つば》で風船をつくろうとするみたいに口をすぼめた。今では、ショウは本当にふざけて唾風船をつくっては、ぼくに見せたがり、破裂するまで風船を膨らませることができたら、それを自慢する。ぼくはよく、ショウを寝かしつけるときに、子守唄替わりにハリー・チェイピンの「ゆりかごの猫」を歌った。子どもがあっという間に成長してしまうことに遅まきながら気づいて悔やんでいる、忙しい父親の気持ちを歌った曲だ。ぼくは思った。これから一〇年も、出張や慌ただしい朝の繰り返しのなかで、時間はますます速く過ぎ去っていくのだろう。そして子どもたちは、気がつけば親のもとを離れていってしまうのだろう。

ぼくはペンで顎《あご》をコツコツと叩きながら、忙しい人生にいったん休息を入れ、生き方のスピードを落として、ショウとサヤの短く貴重な子ども時代を、もっと間近で体験できる方法はないだろうかと思いを巡らせた。これから一〇年が、これまでと同じような日々のために費やされてしまうことは簡単に想像できた。豊かで快適な暮らしはできるだろう。だが「経済的な目標」や「成功者にふさわしい生活」という、自らがつくり上げた壁によって、多くを諦めなければならなくもなるだろう。そんな将来の道筋が正しいとは、言い切れない自分がいた。

ぼくは、仕事やありきたりの日常生活に費やす時間を減らし、いつまでも思い出に残るような体験をする時間を増やしたいと思った。ショウとサヤに冒険を楽しんだり、挑戦や成長を追い求めたりするような体験をさせたいと思った。子どもたちに、学び、楽しむ姿勢で人生と向き合い、日々をやり過ごして生きるのではなく、毎日を愛おしむように生きる人間に育って欲しいと思った。

リストにこう書いた。「子どもたちとの夢の冒険を計画する」。それを眺めながら、ぼくは言った。「これはいいぞ」

「パパ、どうしたの?」ショウが、ディアルガのカードを読みながら訊いてきた。

「冒険に出かけるんだ」

「どんな冒険?」ショウがカードから目を離して顔を上げた。

「何でもいい。どこに行ってもいい。ただし、楽しくて、かつ大変なことじゃなきゃダメなんだ」

「日本で何かしようよ!」ショウが言った。息子が赤ん坊の頃から、ぼくたち家族は毎年、年末年始に、東京にある妻の実家や親戚の家を訪れていた。この日本への恒例の旅では、一、二週間ほどの滞在期間、毎日のように人と会い、活動的に過ごす。ゲームセンターにも行くし、東京ディズニーランドなどの家族連れ向きのスポットにも行く。どの親戚も、ショウをスターのように歓迎する。彼が日本のことが大好きなのも無理はない。

「日本で何かをするのはパパも賛成だ。だけど、いつもと同じようなことじゃダメなんだ。冒険をするんだ」

「ニューヨークから日本まで泳いでいくのはどう?」ショウが言った。「それなら冒険でしょ?」

「ニューヨークから日本まで泳ぐ、か」ぼくは息子のアイデアを熟考するふりをした。

「サメに食べられちゃうかもしれないな。何か他のことにしよう。日本には、まだパパとショウが行ったことがない場所がたくさんある。そんなところを訪れてみるのもいいかもしれない」

「だったら、自転車はどう？　ぼくはもう、ひとりで上手に乗れるようになったよ」

いいアイデアだと思った。ショウはまだ、ひとりで日本の道路を走るには幼すぎるが、ぼくは友人から教えてもらった、大人の自転車の後部に連結できる子ども用自転車のことを思い出していた。たしか、トレーラーサイクルというものだったはずだ。一見すると子ども用の自転車だが、前輪の部分にはタイヤがなく、代わりに湾曲したバーがついていて、それを大人用の自転車のサドル支柱《シートポスト》にとりつけることができる。大人と子どもが協力してペダルを漕《こ》ぐが、二人乗り《タンデム》用自転車とは違い、子どもは自分でギアを変えられるし、自分のペースでペダルを踏める。ぼくは、トレーラーサイクルに乗って、日本の田舎をショウとふたりでサイクリングしている光景を思い浮かべた。事前にしっかり計画し、準備をすれば、この冒険のために一、二週間程度の休暇をとるのは難しくないだろう。

それは楽しい旅になるはずだ、だけど——。ぼくは思った。もっと壮大な冒険にチャレンジしてみたらどうだろう？

ぼくは、自分がショウより少し年上だったときの出来事を思い出した。大学教授で、キャンパスまで往復二〇キロ以上もある道のりを自転車通勤していた父は、一九七〇年代の後半にランニングを始めた。父が買ってきた『ランナーズワールド』誌が、家のなかに散乱するようになった。リビングのサイドテーブルには、いつもジム・フィックスの『ザ・コンプリート・ブック・オブ・ランニング』が置いてあった。印象的な表紙だった。真っ赤な背景に、走行中のランナーの脚の写真。赤のランニングパンツとレース用のシューズ。美しく引き締まった力強い筋肉。綺麗な4の字を描く、交差した二本の脚。いつの日か、こんな脚になりたいと思った。

一〇歳ごろから、たまに父とジョギングをするようになった。次第に、ぼくは自分をランナーだとみなすようになった。その後の数年間で、一マイル程度を楽しみながら走るファンランや、一〇キロレースに何度か出場した。一九八一年の春、ある暖かい土曜日の朝に、一三歳のぼくはテネシー州ナッシュビルの家のなかを退屈して歩き回っていた。何かに挑戦してみたい気分だった。『ランナーズワールド』を見つけ、ソファに腰を下ろしてページをめくり始めた。マラソンの歴史についての記事があった。古代ギリシアのオリンピックを起源とする、四二・一九五キロのレース。読み進めるうちに、アイデアが浮かんだ。

翌朝、父と一緒に、近所のいつものジョギングコースを走った。郊外の閑静な道路を走る五キロほどのコースだ。綺麗な花を咲かせた木蓮《もくれん》と力強い樫《かし》の木が、中産階級の多いこの地域の家々の青々とした一エーカーほどの広大な敷地を守るようにそびえ立っている。品のある慎ましい平屋《ランチハウス》が、道路から一定の距離を保って建ち並んでいた。

「ねえ、父さん」リズミカルに脚を運びながらぼくは言った。「マラソンに出てみたいんだ」。四二キロは、それまでにぼくが走ったことのある一番長い距離の四倍以上もあった。母は、一三歳の子どもがそんなことをするのは身体によくないと反対するだろう。でも、父は挑戦させてくれるはずだ。そのとき四六歳で、フルマラソンを走った経験がなかった父が、ぼくの話に興味をそそられているのがわかった。

「マラソン?」父は走りながらぼくの方を見た。

「挑戦してみたいんだ」ぼくは説明した。「カッコいいし、いいランナーになれると思う」

「そうだな」少し興奮した様子で父が言った。「父さんも出てみようかな。父さんもお前も、そんな長い距離が走れるかどうかはわからない。でも、きっとよい経験になるはずだ」

ぼくは誇らしい気持ちで、父を見て微笑んだ。「ぼくはマラソンを走るんだ」。もちろん、目標を持つのは簡単だが、それを達成するのは簡単ではない。そのときのぼくには、マラソンを走ることがどれくらい大変なことなのかがわかっていなかったのだ。

それから約三〇年後、ぼくは再び、突拍子もない夢に挑もうとしている。今回は、ぼくが父親の立場だ。ショウと一緒に自転車で日本を縦断する――想像するだけで、身体の底から力がみなぎってきた。この挑戦は息子にとって、さまざまな発見をする機会になるだろう。たとえば人間の身体に秘められた底知れぬ可能性や、困難な目標に向かって努力をすることで得られる大きな満足感、成長のためには嫌なことでも受け入れなければならないという現実――。ショウと共に、彼の母親の生まれ故郷である日本の伝統や文化にも触れることができる。日本の有名な都市や名所旧跡を訪れ、農村や山々を通り抜け、まだ訪れたことのないさまざまな場所を探検できるはずだ。それは時の進み方を遅くし、いつまでも消えない思い出を残すための、素晴らしい方法に思えた。

ふと、「ぼくを呼ぶ声」という大好きな詩のことを思い出した。ナディア・カタルファーノが九四歳のときに書いたものだ。

それは柔らかく　繊細で
指の間をすり抜けていく
だが耳を澄まし　従おうとすれば
〝声〟はあなたの手を引き
今よりもさらに素晴らしい場所へと
導いてくれるだろう

ぼくは、以前よりも強く感じるようになっていた〝内なる声〟について考えた。今回のアイデアは、単に休暇をとって、息子と一緒に冒険旅行をすることではないと思った。ぼくは〝人生の休暇〟を求めていた。会社員としての生き方が、本当に自分にとって正しい道なのか、それをじっくりと考えるための時間が欲しかった。収入には満足していたし、恵まれた境遇にも感謝していた。だが、人生に何かが欠けていると感じてもいた。度重なる出張や、山積みの仕事を前にして、疲労し、苛立《いらだ》つことも多かった。仕事を終えると、家族や趣味のために費やせるエネルギーは十分には残っていなかった。会社への不満を言うつもりはない。興味深く、やりがいのある仕事だ。それでも、何かが違うという感覚は拭《ぬぐ》えなかった。二カ月間、仕事を離れれば、単に休暇が欲しいだけなのか、それとも働き方や生き方について根本から見直すべき時期に差し掛かっているのかを、じっくりと考えられるのではないだろうか？

「パパは最高にクールなアイデアを思いついたぞ。何だかわかるかい？」ぼくは興奮した調子で息子に尋ねた。「日本の端から端までを、自転車で走るんだ。ショウはパパの自転車の後ろにつなげたトレーラーサイクルに乗るから安全だし、ペダルも楽に漕げる」

「面白そうだね！　うん、そうしよう！」ショウはそんなのはいとも簡単だと言わんばかりにうなずくと、目の前に広げたポケモンカードに再び集中した。「ええと、エンペルトはどこ？」

ぼくはペンでリストを叩きながら、たった今実行すると決めたばかりのアイデアについて考えた。それまでの人生で、この類の冒険をしたことは一度もなかった。身の回りにも、そんな大それたことをした人はいない。家族や友人はきっと、危険で無謀なアイデアだと言うだろう。そんな突拍子もないことを言い出すのは、〝中年の危機〟の兆候だと心配されるかもしれない。自転車で日本を縦断するとどれくらいの距離になるのか、期間はどれくらいかかるのか、見当もつかなかった。それでも、この旅を決行するには、会社が定めた「年に四週間まで」の休暇ではおそらく足りないだろうということはわかった。この冒険を実行すれば、インテルをクビになるかもしれない。息子が事故で怪我をしたり、最悪の場合は命を落とすかもしれない。旅を始めて一週間で、アメリカに帰りたいと言い出すかもしれない。辺鄙《へんぴ》な場所で自転車が故障するかもしれないし、膝を痛めてペダルを漕げなくなるかもしれない。そんな風に、次々と〝もしも〟の状況が心に浮かんできた。それでも、息子と一緒にとてつもない冒険に挑戦しようと想像するだけで、わくわくした感情がこみ上げてきた。

興奮は、いつまでもおさまらなかった。

第2章　反応と不安

　エイコの表情が変わった。太古の昔から、夫の甘い判断をチェックしなければならなかった妻たちは、こんな顔をしていたのだろう。ぼくとショウが壮大な計画を思いついたのは昨夜。エイコにそれを伝えるタイミングを探しているうちに、夕食の時間になっていた。

「要するに、何がしたいの?」台所で皿を洗っていたエイコが、ぼくがたった今伝えたばかりの話の意味が理解できないとでもいうように、こっちに顔を向けた。次に、動かしていた手を止め、身体の向きを変えてぼくの方をまっすぐに見た。両手から泡と雫《しずく》が滴《したた》っている。

　ぼくが水色のキッチンタオルで拭いていたガラスのコップが、妻の視線に気づいたかのように、キュッキュッと小気味よい音を立てた。隣の部屋では、ショウとサヤがソファに並んで身を沈め、お腹を丸出しにしてテレビの『シュレック』に夢中で見入っている。艶《つや》やかな黒毛をした愛猫のブーブーがふたりの間に潜り込み、至福のときを味わっている。

「ショウと一緒に、自転車で日本列島を縦断したいんだ。距離は約三八〇〇キロで、期間は約二カ月。ショウの夏休みを使えば実行できると思う」。ぼくはその日の昼間、エイコに計画をどう伝えるべきかをリハーサルし、話せば長くなる冒険の動機や内容を、エイコに受け入れてもらえるように練り上げていた。つり上がった眉を見ながら、勇気を出して話を続けた。「これはいいアイデアだよ。ショウに冒険を体験させてやりたいんだ。人間は偉大なことを成し遂げられるのだと、身をもって示してあげたい。肉体の限界に挑戦することで得られる興奮を味わって欲しい。それに、日本の伝統文化も学べるし」

エイコは皿洗いを再開した。ぼくの熱心なセールストークを中断しないように、辛抱強く耳を傾けている。ようやく、ぼくの話が冗談ではないらしいことに気づいたようだ。

「オーケー、言いたいことはわかったわ。で、その冒険のリスクは?」

想定していた質問だ。ぼくは練習通りに答えた。「当然、その点についてはしっかりと調べたさ。それほど危険は多くないんだ。車に注意する必要はあるけど、ショウはぼくの自転車の後ろにつなげたトレーラーサイクルに乗るし、それにほとんどのルートは交通量の少ない田舎だ。北海道には野生のヒグマがいるらしいけど、気をつければ遭遇しないはずだ。あとは何だろう? 雨で濡れるだろうし、当然疲労もあるだろう。大変だろうけど、そのぶん、ショウは困難を乗り越える方法を学べる。それは大きな価値のあることだ。何より、家族がずっと一緒に過ごせる。それだけで素晴らしいじゃないか」

「家族全員が一緒にいられるわけじゃないわ」エイコはそう訂正して、洗ったばかりの水の滴る皿をぼくに手渡すと、次の一枚を洗い始めた。「ショウは、母親とも妹とも離ればなれになる。あなたも、妻と娘に会えなくなる。しかも――、さっきどれくらいかかるって言った? 二カ月もですって?」

「わかってる、わかってるさ。本当は家族全員が一緒にいるべきだ。でもサヤは小さすぎる。だから、たとえば二年後、彼女が四歳になったときに、別の冒険に連れて行くよ。もちろん、君も一緒さ!」

「また同じことをするつもりなの?」エイコがぼくを睨《にら》んだ。皿を洗う手に、少々力が入りすぎているような気がする。ぼくはハラハラしながら彼女の手元に目をやった。

「わからない」ぼくは答えた。「ただぼくは、人生は短いと感じているんだ。ショウは胸が躍るような冒険に出発できるくらいに成長した。そして、まだ父親と一緒に冒険に出かけたいと思ってくれるくらいに幼い。ショウはあっという間にティーンエイジャーになって、親と一緒に時間を過ごすことには興味を示さなくなってしまうだろう。つまりぼくは今、貴重な贈り物のような時間を手にしている。だから、サヤがもう少し大きくなったら、同じことをしてみたい。人生を冒険に変える方法を教えてあげたいんだ」

タイミングをはかったかのように、隣の部屋から笑い声が聞こえてきた。サヤが大声で叫んだ。「馬鹿なドンキー!」。エイコが表情を和らげ、ぼくの熱意に負けたかのように微笑んだ。瞳から、愛情と共感が伝わってきた。「仕事はどうするの?」

「休暇がとれるかどうかはわからない。これから考える。でも、きっとうまい方法が見つかると思う」。どうすればいいのかはわからなかった。もちろんそのときのぼくは、数カ月後に世界がここ数十年で最悪の不況に見舞われることも知らなかった。インテルが、他の企業と同じくリストラを開始するようになることも——。

ぼくたちは黙って見つめ合った。エイコが微笑んでぼくの頬にキスをした。「人と違うことをするのが怖くないのね。あなたのそんなところが好きよ。あなたの判断を信頼するわ。私に許可を求めようとしていたのかどうかはわからないけど、とにかくあなたはもう、心を決めているでしょ。応援するわ。ショウの安全を守ることだけは約束してくれる？」

「もちろん、約束するよ」ぼくは満面の笑みで答えた。「君は、本当に素敵な女性だ」

「ありがとう」エイコはそう言うと、素に戻った。「さあ、セールストークは終わりよ。子どもたちのお風呂の準備をするから、その間にお皿を全部洗っておいてね」

ぼくは旅の計画を周囲の人に話し始めた。熱心に耳を傾けてくれる人もいた。ぼくたちの計画に刺激され、自らが密かに抱いている夢の冒険について打ち明けてくれたりもした。長い休暇をとって仕事から離れてみたい、子どもたちと過ごす時間を増やしたい——。彼らも、物質的に豊かな暮らしを楽しんではいるものの、人生に何かが欠けていると感じているようだった。特に嬉しく思ったEメールがある。「私は保守的で、キャリアやお金のことばかり考えている、カウチポテトな人間だ。その自分からすれば、君たち親子の計画はとんでもない話に聞こえる。でも、君たちがしようとしていることの一〇〇〇分の一でもいい、自分が同じことをしようとするのを想像すると、胸が高鳴るんだ。君たちのおかげで、大好きなチェスやバドミントンを息子と一緒にするための時間をもっとたくさんつくろうと思うようになった。礼を言うよ」

一方、ぼくの話に当惑する人たちもいた。特に仕事関係の人たちはそうだ。賞賛や共感の言葉を、狼狽しながらも精一杯に述べてくれたが、それらの言葉はあまり本心からのものとは思えなかった。この冒険が、ぼくの職業人としての評価を高めるものではないことが、はっきりとわかった。

ショウの安全を心配し、リスクを指摘してくる人もいた。ある同僚は、日本在住の知人を紹介してくれた。ぼくはこの男性にEメールを送り、計画の概要を伝え、旅の準備に役立つ情報があれば教えて欲しいと頼んだ。「あなたが思っているよりもはるかに難しい旅になるでしょう」と返事があった。「最近、自転車での日本縦断旅行の体験記を書いた人が二人います。そのうちの一人は、旅行中に約四〇〇回、タイヤがパンクしました。ぜひ、しっかりとしたサポートチームを帯同させるべきです。なぜなら、それが必要だからです。ご存知のように、日本は山地が多く、道路もアメリカのように広くありません。サポート用の車が最低一台は必要です。前を自転車が走っていることを知らせるためのランプを点灯させてあなたたち親子を守ると同時に、支援物資を運ぶのです。タイヤ修理用のキット一式（大量のパッチやスペアチューブが要ります）を持ち運ぶことも強くお勧めします。現金もかなりの額を携行すべきです。実際に旅をすればわかると思いますが、テントを張れる場所はあまりなく、クレジットカードを扱っているミンシュクも少ないからです。どこに泊まるかも事前に計画しておく方がいいでしょう。日本の宿は、客の食事を準備しなければならないため、飛び込みで客を泊めてくれないことが多いからです」

彼は続けた。「日本の夏に旅するのはよいアイデアとは言えないかもしれません――あなたたちが気温三五度、湿度九〇パーセント以上の条件下で走るのが大丈夫だというのではない限りは。時間にも相当の余裕を見ておいた方がいいでしょう。このルートでは、多くの山を越えることになります。山々を横断する道路の多くは二車線しかなく、車線幅は二・五メートルほどしかありません。自動車、特にトラックにとっては十分とは言えない幅です。それから、日本の交通法規についてもよく調べておくべきです。今年の六月に改正された法律によって、自転車が車道を走ることが義務化されました。実際に走ればわかりますが、これはかなり怖いものです。とはいえ、あなたの冒険は楽しいものになるでしょう。ただし、そう感じられるのは、旅の最中ではなく、旅を終えて振り返ったときだとは思いますが。ネガティブなことばかり書いてしまったかもしれません。失礼しました」

「〝ネガティブなことばかり書いてしまったかもしれません〟だって？」ぼくの胃はキリキリと痛んだ。数々の懸案事項のことを考えると、めまいがしそうになった。だが、闘志も湧き上がってきた。絶対に、〝あとで振り返ったとき〟ではなく、旅の最中に楽しいと感じられるものにしてやる。彼に指摘された問題点への対策も、すべて万全にしておかなければならない。ぼくはそう決意した。

一週間後、出張でニューヨークからカリフォルニアに向かう飛行機の機内で、観光で東京から来たという日本人女性の隣に座った。軽い雑談のあと、ぼくは興奮しながら彼女に冒険の計画を話し、旅のルートを伝えた。「わあ、それはすごいわね！」彼女は大きくうなずくと、きっぱりと付け加えた。「日本人の母親なら、子どもには絶対にそんな危険なことはさせないわ」。ぼくは苦笑するしかなかった。

ショウは楽観的だった――父親が「できる」と言うのだから、自分にはできるはずだ――そう考えているようだった。それでもぼくは、ときどき自信を失いそうになった。何より、〝自分が間違っていたら？〟という疑念が浮かぶのが辛かった。これは、とんでもないアイデアなのかもしれない。〝親子での冒険〟というぼくの憧れから始まったものが、非現実的で危険な結果を導くものになるのかもしれない。ぼくはリスクについて熟考し、ぼくたちの冒険を不安視する人たちからのEメールを読み、友人の仕草にぼくたちのことを心配する様子を感じとった。そしてこの冒険が、ショウにとって悲しい教訓の旅になるかもしれないと考えては、身震いした。この旅は、彼が人生に幻滅するきっかけになってしまうかもしれないのだ。後ろ向きな心の声が、失敗を予想し、冷笑した。

「お前のせいで、息子は落胆してしまうかもしれないんだぞ。とんでもないことを計画したもんだ。この愚か者め」

第3章　旅の準備

ぼくは北京行きの便の通路席に身を沈め、小さな折りたたみ式トレーに載せた不安定なノートパソコンを開いた。日本縦断の冒険をすると決めてから一カ月以上が経っていたが、上司にはまだ話をしていなかった。報告にふさわしいタイミングはいつまで経っても訪れる気配がなかった。出発まであと九カ月ある。ぼくは、この気の進まない会話を、あと少しは先延ばしできるはずだと自分に言い聞かせた。仕事と家庭生活の合間を縫って細切れの時間をかき集め、旅行の計画を立て始めてはいた。だが、必要な準備がまだ山ほど残っていることを考える度に、強いプレッシャーを感じた。

座席は窮屈で、タイピングもしにくかったが、不満を言ってもしょうがない。隣の乗客には丁寧に会釈をしたものの、会話は交わさなかった。時間が必要だった。機内では、誰にも邪魔されずに一三時間を過ごせる。その間に、中国での会議の準備をし、冒険の計画を立てるのだ。予備バッテリーにフル充電済なので、ずっと作業を続けられる。

中国出張の目的は、株式公開を目指す現地のハイテク企業への、数百万ドル規模の投資の妥当性を判断することだった。事前に資料の大半を読み込んでいたので、今必要なのは、数件の文書に目を通し、その会社に関する重要事項の一覧をつくることだけだ。この作業は一時間ほどで終わるはずだ。残りの時間は、日本での冒険の計画に費やせる。

隣に座っていたのは、パリっとしたダークグレイのスーツを着た、大柄な白人の中年男性だった。綺麗に整えられたもみあげが、白髪交じりの頬ひげとつながっているのが、ずんぐりとした顔を守る衛兵のように見える。〝何時間でも世間話に興じる準備はできているよ〟とでも言わんばかりにそわそわと目を輝かせていたが、ぼくが発する空気を読んでくれたのか、話しかけてはこなかった。窓側の席は、同じくきちんとした身なりの白人のビジネスパーソンだった。彼は『ウォールストリート・ジャーナル』を読んでいた。

真ん中の座席の男性が、一面の見出しを覗いて言った。「リーマンブラザーズの一件は、本当に信じられませんね。あんなに簡単に倒産してしまうなんて。次につぶれるのは、ウォール街のどの企業だろう?」

ぼくは作業に集中し、彼らの会話を遠ざけようとした。Ｅｘｃｅｌを立ち上げ、「旅行の計画」というファイルを作成した。目を閉じて考えた。〝プランが必要だ。でも、どこから始めればいい?〟。息子の安全を守り、旅を成功させるために、調べておくべきことはたっぷりとあった。まず、一番目のワークシートに〈持ち物〉と名前をつけ、自転車以外に持っていくべきものは何かを考えた。二番目のワークシートは〈トレーニング〉にした。日本では毎日、数時間も自転車を走らせることになる。当然、それに耐えうる身体をつくらなければならない。三番目は〈自転車の修理〉。修理技術の腕を上げなければならない。パンクしたタイヤのチューブ交換はできるが、不安定なホイールを直したり、壊れたスポークやチェーンを取り替えたりする経験は不足している。しかも、それを日本の農村地の道路脇で行わなければならないのだ。四番目は〈ルートと旅程〉。まだ、どういうルートをとるか漠然としたアイデアしかなく、細かい経路は決めていない。泊まる場所をどこにするかという問題もある。五番目は〈情報源〉。ぼくは、自分がまだ知らないことについて思いを巡らせた。つまり、想定しておかなければならないが、それが何かすらわかっていないことだ。自転車で数千キロを走るときに直面するであろうリスクや困難を理解するには、幅広い知識が求められる。読んでおくべき本やウェブサイトのリストを作成しておいた方がいいだろう。

最後のワークシート名は〈リスク〉にした。サイクリングに伴う一般的なリスクについては、心得ているつもりだった。トライアスロンの大会には何度も出場したことがあるし、これまでに、混雑した狭い道路を数千キロも走ってきた。それでもこの二〇年で、自転車で事故を起こしたのは二回だけだ。原因はスピードを出しすぎていたこと。一度目は、カーブを曲がろうとして、路面にこぼれていた油で滑って転倒。二度目は、丘陵地を走っていたときに、濡れた落ち葉の上でブレーキをかけた拍子に滑って転んだ。どちらもあざとすり傷ができたが、おかげで事故の可能性を最小限に抑える方法を学んだ。道路の状態に細心の注意を払うことと、スピードを出しすぎないことだ。

ぼくよりも深刻な自転車事故に遭った人も身近にいる。友人のマーティンは、携帯電話を片手に運転していたティーンエイジャーの車にはねられ、首の骨を折った。幸い、一年もの熱心なリハビリで全快し、後遺症も残らなかった。事故が起きたのは夕暮れ時だった。マーティンはぼくたち自転車仲間全員に、自転車にとりつけるライトを贈り、「暗がりでは必ずライトを点《つ》けて自転車に乗り、ドライバーからはっきりと姿が見えるようにすること」と念を押した。

そして、大学院の同級生だったデイナだ。院生時代、ぼくたちはよく一緒にジョギングをして、お互いに興味をもっていた日本の話をしたり、卒業後の人生プランを語り合ったりした。卒業から数年後には、彼女の結婚式にも出席した。それからしばらくして、デイナはボストンのマサチューセッツアベニューにある自転車レーンを走っていた。自転車レーンは狭く、サイクリストは右側で信号待ちをしている停車中の車と、左側を走行する車の間を進まなければならなかった。設計上、停車中の車がサイドドアを開けると、自転車レーンはブロックされてしまう。デイナが一台の車を追い越そうとしたとき、ドライバーがサイドミラーを確認せずにドアを開けた。デイナは本能的に左に急ハンドルを切り、対向車線から来たバスに轢《ひ》かれて即死した。かぶっていたヘルメットも、彼女の命を守れなかった。

今でもよくデイナのことを考える。その度に、寂しい気持ちになる。彼女の死は、重要な教訓を教えてくれた。自転車に乗っていて、横を通り過ぎようとした車が急にドアを開けたとき、停車が間に合わなければ、そのままドアにぶつかってしまうことだ。急ハンドルを切ってはいけない。車を運転しているときと同じく、サイクリングでも急ハンドルは事故の確率を高める。

そしてこの確率こそが、ぼくが今回の旅をするにあたって行き着いた結論だ。

マーティンとデイナの事故のことを思うと悲しくなる。だけど、車で大事故に遭った知人は、もっとたくさんいる。それでもぼくは毎日のように車に子どもを乗せているし、子どもにシートベルトを装着するときに、彼らを特別に危険な目に遭わせようとしているとは考えていない。自転車は、車よりも危険なのか？　そうなのかもしれない。だがぼくは、自分の身の回りで起きた事故だけを基準にして、それを判断したくはなかった。リスクを統計的に分析したかった。そのためには、統計マニアになる必要があった。自転車の安全性に関する統計データが記載された報告書を山ほど読んだ。車の方が自転車より危険だと主張するレポートもあれば、その逆もあった。それでも、どのレポートにも共通する主張があった。それは、スピードの出しすぎが命とりになるということだ。

少し休憩をとろうとして目を閉じると、隣の会話が聞こえてきた。ふたりはまだ、世界を混乱に陥れようとしている金融危機の話をしていた。頬ひげの男が熱弁を振るい、窓側の席の男が難しそうな顔をしながらうなずいている。「これから何が起きるか？　銀行がいくつもつぶれるはずだ。パニックが起き、経済が沈む。来年はひどい年になる。大勢が職を失うだろう」

彼はそう言いながら、もみあげを触った。迫り来る不運を退けるための、おまじないみたいに。そして、少し間を置いてこう付け加えた。「つまり、なんとしてでも今の仕事にしがみつけ、ということさ」

世の中全体に、不安が広がり始めていた。過去数十年で最悪の金融危機が始まろうとしているのだ。首切りの影が忍び寄っている。それなのに、ぼくは子どもと自転車旅行に出かけるために二カ月間の長期休暇をとろうとしている。慎重な道を選択するのならば、経済の混乱が沈静化するまで冒険を延期すべきだろう。大人しくして、危ない橋は渡らず、仕事を失わないように努力すべきだろう。

日本縦断の旅を延期するのは簡単だったはずだ。だけど、それを一、二年先送りしてしまうのは、正しいことだとは思えなかった。人生が発するノイズは強烈で、ぼくが耳を傾けようとしていた繊細な呼び声は、簡単にかき消されてしまう。旅行を後回しにすれば、それっきり計画を実行に移すことはないだろうと思った。

だから、ぼくは決断した。不安からは目を背ける。自転車に乗ることのリスクを理解しておけば、うまく対処できるはずだ。日本を旅している間に、ショウとぼくが怪我をしたり命を落としてしまう可能性は、わずかだが確実にある。だが適切な行動をとることで、その確率は大幅に減らせる。そもそも、ニューヨークでいつもの暮らしをしているときにだって、怪我をしたり、命を落としたりする可能性はあるのだ。

ぼくは目を開けて、旅の計画の作業に戻ると、ワークシートにルールを書き留めた。

・自転車にライトを装着する。
・夜には自転車に乗らない。
・安全な速度で走る。

そして、そろそろ上司に計画のことを打ち明けるべきだと腹を決めた。上司は冒険旅行を好意的には受け止めないだろう。でも、ぼくが強い決意を見せれば、首を縦に振るかもしれない。出発まで半年以上もあるのだから、ぼくの抜けた穴をどうカバーするかを考える時間もたっぷりある。とはいえ、その会話を想像するだけで、背筋がぞっとした。上司が「ノー」と言ったら、ぼくはどうすればいいのだろう？　この旅を決行するためなら、会社をクビになっても構わないのだろうか？

第4章　トレーニング

裏庭で、背の高い樫とサトウカエデの木々が葉を落としていた。ショウとサヤが落ち葉を踏みつけながら走り回っている。ふたりは旋回しながら落ちてくる茶色や赤やオレンジの葉を蹴《け》り、こんもり積もった湿り気のある柔らかな葉の上でじゃれ合い、転がって遊んでいる。ぼくは子どもたちの笑い声に頬が緩むのを感じながら、自転車を家の前の私道に出した。正午過ぎの太陽が、秋の寒さを和らげてくれている。ぼくは自宅の側面の陽の当たる場所に置いていたショウのトレーラーサイクルの隣に、自分の自転車を立てかけた。

あと少ししたら、ショウとぼくは一泊二日のトレーニング走行に出発する。目的地は州立公園で、そこのキャンプ場でテントを張って寝るのだ。泊まりがけでの練習は初めてだ。今回の走行は、これまでの練習のなかで、もっとも本格的なものになる。ハンドルバーバッグ一つとサイドバッグ（フランス語で「バスケット」を意味する、「パニエ」と呼ばれることもある）四つに、道具一式をすべて積んで走るのも初めてだ。日暮れ前に公園に到着するために、午前中には家を出るつもりだったのに、すでに午後一時。午前中、サヤとショウに、庭で一緒に遊ぼうとせがまれた。子どもたちとの楽しい遊びを切り上げてから、ようやく自転車の整備や荷物の準備を始めたのだが、思ったよりも時間がかかってしまったのだ。サイドバッグに入れたのは、テント、防水シート、レインカバー、寝袋とスリーピングパッド（二個ずつ）、ショウとぼくの着替え、レインジャケット、フード付きポンチョ、洗面用具、救急用具、予備チューブ（ぼくの自転車用に四つ、ショウのトレーラーサイクル用に二つ）、タイヤレバー、空気入れ、自転車用工具、パンク修理キット、懐中電灯、地図、ビデオカメラ、日焼け止め、虫除け、軽食、財布などだ。荷物の総重量は、三五キロ近くにもなった。

栗色のツーリング用自転車「トレック５２０」を眺める。フロントフォークとリアフォークにサイドバッグを固定しているネジは、この重量に耐えられるだろうか。このモデルを一五〇〇ドルも払って購入したのは、それが長距離のツーリング用に設計されていたからだ。この自転車のフレームは、クロムとモリブデンの合金であるクロモリと呼ばれる素材でつくられていて、頑丈で、軽い。この素材は、転覆事故時にドライバーを保護するためのレースカーのロールケージにも用いられている。ぼくはこの自転車が、広告の謳《うた》い文句通りに頑丈で、ぼくたちの荷物の重さに耐えてくれることを期待した。

シートポストにトレーラーサイクルを固定し、フロントバーが所定の位置にしっかりとロックされ、自転車が左右どちらかにターンしたときに、それに合わせて曲がることを確認した。自転車にまたがり、私道の端から端を往復する、簡単なテスト走行をした。無人のトレーラーサイクルは、後輪の後ろにスムーズについてきた。重たい荷物を積んだサイドバッグを載せて走るのには慣れていないので、漕ぎ始めは不安定だったが、少し勢いがつけば運転はわりと簡単だと感じた。ぼくに気づいたショウが、サヤを置き去りにしてこっちに歩いてきた。サヤは、庭の落ち葉の山の上で横たわり、手足をバタバタさせている。

「サヤは何をしてるんだ?」ぼくは自転車を止め、私道の端まで近づいてきたショウに言った。

「落ち葉の天使になったんだって」

「楽しそうだな。出発の準備はいいかな?」

「もちろん!」

「今日は、これまでで一番長い距離を走るぞ」

「どこまで行くの?」

「ここから六五キロ先のファウネストック州立公園に行き、そこのキャンプ場でテントを張って眠る。明日は同じコースを帰ってくる」

「合計一三〇キロだね!」

「その通りだ」ぼくは空を眺め、一刻も早く出発しなければならないと思った。あと五時間ほどで日が落ちる。六五キロは、レース用の自転車なら二時間半もあれば軽く到達できる距離だが、三五キロもの荷物を積み、トレーラーサイクルを装着したスチール製フレームのツーリング用自転車なら、その倍は時間がかかるだろう。

声をかけると、エイコが家の外に出てきた。エイコはぼくたちを抱きしめると、ショウの頭を撫《な》でて髪の毛をくしゃくしゃにしながら、真剣な表情で言った。「安全には気をつけてね、わかった？」

「もちろん、心配しないで」ショウとぼくが声を揃えて言った。

「暖かくした？」エイコはヘルメットの紐を結ぼうとしているショウを見ながら尋ねた。

手袋をはめ、スウェットシャツを二枚重ね着したショウは、「大丈夫だよ」と笑顔で答えた。

「コートをもう一枚持っていってもいいよ」ぼくは妻を安心させようとした。

庭の方から、サヤが笑い声をあげながら、両腕に落ち葉をいっぱいに抱えて駆け寄ってきた。ぼくたちに向かって小さな手で落ち葉を投げようとしたが、ほとんどは自分の頭の上に落ちてしまった。サヤの楽しそうな笑い声は、ぼくとショウが走り出してからも止《や》まなかった。

ぼくたちは、交通量の少ない裏の並木道を、美しい秋の風景を楽しみながら走った。ショウはぼくの後ろで快適にペダルを漕ぎ、鼻歌を口ずさんでいる。ティータウン貯水池を通過したとき、ショウが、キラキラと輝く水面に見事な白鳥が静かに佇《たたず》んでいるのを見つけ、興奮してその方向を指さした。その瞬間、ぼくがしっかりとハンドルバーを握っていたにもかかわらず、自転車の軌道が少し左側にそれた。「気をつけるんだ。体重を片方にかけないでくれ。自転車をコントロールできなくなってしまう」

「ぼくは何もしてないよ」

「白鳥を指さしたときに、自転車が左にそれただろう？」

「身体は動かさなかったもん」ショウは言い張った。

ぼくはバランスに細心の注意を払いながら走った。重い荷物を載せた自転車の操縦に慣れるには、まだまだ練習が必要だった。数分後、ショウがまた体重を移動させた。ぼくはまっすぐに自転車を走らせることができなかった。それたのはおそらく一〇センチ程度ではあったが、日本の狭い車道を走ることを思えば、わずかなコントロールミスが重大な事故につながりかねない。

ほどなくして、ノースカウンティ・トレイルに入った。ファウネストック州立公園まで約一〇キロの地点につながる舗装路で、「レールからトレイルへ《rails to trails》」と呼ばれる、廃線になった鉄道の線路を小路《トレイル》に変えるプロジェクトの一環として整備されたものだ。歩行者と自転車専用の舗装路は、凸凹があって走りにくいこともあった（生命力の強い木の根が、コンクリートを下から押し上げるような形で伸びているのだ）。でも、車の通らないトレイルは、特殊な自転車の操縦方法を安全に練習するための場所としては申し分なかった。ぼくはショウに身体の位置を変えてみてもらい、どれくらいぶれずに走れるかを試した。ショウがわずかに体重を移動させるだけで、自転車は左右にそれた。ぼくはそれを防げなかった。これは危険だ。解決策を考えなければならない。

ぼくたちは走り続けた。途中でショウのリクエストに応え、何度か短い休憩を入れた。安全なトレイルを離れ、一般道の入口となる町、カーメルに到着した。太陽は不気味なほど低くなっていた。それでも、日没まであと一時間半ほどある。暗くなる前に、公園のキャンプ場までの残り一〇キロを走れるはずだ。国道三〇一号に入った。狭い路肩の二車線の道で、木々に覆われた起伏のある丘や、いくつもの貯水池を通り抜ける。数分ごとに車と行き交ったが、その度にぼくたちは右車線の一番端に移動した。車のエンジン音が聞こえる度に、ぼくはハンドルを強く握りしめ、ショウの動きによって自転車が車の方に寄ってしまわないかと緊張した。起伏のある道だったが、自動車が脇を走るこのコースから早く脱出したいのと、夕日が沈む前にキャンプ場に着きたいのとで、かなりのペースでペダルを踏んだ。すぐに息が荒くなった。長い坂を登り始めたとき、ショウが即興でゲームを思いついた。出題者は、ある質問文を構成する単語のアルファベットを一文字ずつ発音する。回答者は、それを聞いて質問の内容を判断し、回答しなければならない。

「ディー・エー・ディー・ディー・ワイ　スペース　エー・アール・イー　スペース　ワイ・オー・ユー　スペース　エイチ・エー・ヴイ・アイ・エヌ・ジー　スペース　エフ・ユー・エヌ　クエスチョンマーク（パパ、楽しんでる？）《Daddy are you having fun?》」

風が強いうえ、心臓がばくばくと脈打ち、脚が燃えるような状態だったので、ショウが何を言っているのかを理解するのは簡単ではなかった。

「何だって？」ぼくは顔を少しだけ後ろに向けて叫んだ。

いささか面倒くさそうにショウが繰り返した。

「ああ、楽しんでるよ」ぼくは荒い呼吸の合間に息継ぎをするように答えた。

「ディー・エー・ディー・ディー・ワイ　スペース　ダブリュー・エイチ・ワイ　スペース　エー・アール・イー　スペース　ワイ・オー・ユー　スペース　ピー・エー・エヌ・ティー・アイ・エヌ・ジー　スペース　エル・アイ・ケイ・イー　スペース　ディー・オー・ジー　クエスチョ

ンマーク（パパ、なんで犬みたいにゼイゼイしてるの？《Daddy why are you panting like dog?》）」

「い、今は……、しゃべれない」

「ダブリュー・エイチ・ワイ　クエスチョンマーク（なんで？《Why?》）」

「むぅ」

「ダブリュー・エイチ・エー・ティー　クエスチョンマーク（何？《What?》）」

　無言（ハアハア、ゼイゼイ）。

「パパはあんまりこのゲームは得意じゃないね」

　ぼくは息子が乗るトレーラーサイクルを、自分の自転車から切り離したくなった。

　車は相変わらず数分に一台の割合で通過していった。その度に、ぼくたちは右車線のできるかぎり端を走らなければならなかった。路面に長い影が広がり始めた。まずい。すでにかなり暗くなっている。

「あと一時間は大丈夫だと思ってたのに」ぼくはつぶやいた。見上げると、太陽は近くの丘の稜線に沈もうとしている。ぼくは、自分が初歩的なミスを犯したことに気づいた。たしかに平地なら、太陽が水平線に沈むまであと一時間はあるだろう。だが、丘では日が落ちるのは早くなる。ぼくは、この時間帯にサイクリングをしていて事故に遭った友人のマーティンのことを思い出した。今回ひとつだけ自転車に装着していた、ショウのシートポストにとりつけたライトが、心細そうに点滅していた。もう、走るのはやめるべきだ。

　一分後、小さな脇道に入った。家々の明かりが点在してはいるが、大部分は森林に囲まれている。

「パパ、どうしたの？」

「もう日が沈んでしまったんだ。今日はキャンプ場には行かない。フリーキャンプの練習をしよう」

「どういう意味？」

「テントを張る場所を、自分で探すということさ」

右手に未舗装の小道があった。ショウに自転車を降りるように言い、一緒に自転車を押しながらその道を進んだ。一軒の家を通り過ぎ、林の脇を数十メートル進むと、原っぱがあった。ぼくはショウに名誉ある任務を与えた。

「さあ、テントを張る場所を選ぶんだ。そこが、パパとショウが今夜寝る場所になる」

自転車を木に立てかけ、二〇分ほどでテントを張り、なかに入った。外はすでに暗くなっていた。ぼくたちはその日の冒険を振り返りながら、懐中電灯の明かりのもとでサンドイッチや果物を食べた。

八時になると、もうあくびが出てきた。ぼくたちは寝袋に潜り込み、仰向けになった。メッシュのテントルーフ越しに、夜空の星がはるかかなたで煌々《こうこう》と輝くのが見えた。

「パパ、歌をうたって」ショウが寄り添ってきて、目を閉じた。

ぼくはベン・フォールズの、「スティル・ファイティング・イット」を歌った。大人になることの辛さやつまらなさ、息子が旅立ってしまうことの寂しさを、父親が息子に歌う曲だ。すぐに眠りに落ちたショウの柔らかくリズミカルな寝息を聞きながら、ぼくは息子に寄せられている信頼の重さを感じていた。旅の準備は、万全というにはほど遠かった。基本的な問題すら解決できていない。なにしろ、重い荷物を載せた自転車をまっすぐに走らせることさえできないのだ。一日の激しい運動を終えた脚の筋肉が、かすかに痙攣《けいれん》している。日本では二カ月以上、重たい荷物とショウを引いて一日中走らなくてはならない。そのためには、さらなるトレーニングが必要だ。

翌朝、ぼくたちは早朝に目覚め、ドライフルーツやベーグルを食べた。

昨日来たのと同じ道を引き返しながら、ショウに言った。「どうやら、初めての合宿は、大成功だったとは言えないな。でもパパは、次回に活かせる大きな教訓を得たと思ってる」

「そうだね、たとえばパパはもっと綴り方《スペリング》を練習しなきゃいけないとか！」

再び忙しい日々が始まった。次の遠征練習は数週間先にしか予定に組み込めなかったが、短時間のトレーニングは何度も実施した。会社を少し早めにあがってニューヨークの学校までショウを迎えに行き、イーストリバー沿いの混雑した歩行者専用道路を、一、二時間ほどふたりで走行した。マンハッタンの南端にあるバッテリーパークの周回コースで、自由の女神やぼくたちの珍しい自転車の写真を撮る観光客に向かって、ショウが手を振った。「あの自転車、カッコいい！」と叫ぶ声がよく聞こえてきたものだ。

ショウの体重移動で自転車がふらつく問題について調べると、バーレーピッコロというトレーラーサイクルがあることがわかった。シートポストではなく、特製の荷台《リアラック》にとり付けるタイプのもので、自転車をコントロールしやすいし、トレーラーサイクルに乗る子どもの自由度も高い。子どもが動いても、大人はまっすぐ走行しやすい設計になっている。ぼくは、次の遠征に間に合うようにこの自転車を注文した。二七五ドルの出費だが、安全のためなら高くはない。

目的地にたどり着けなかった初遠征から四週間後、再挑戦のときがやってきた。ぼくたちは一一月の冷気に負けないように、前回よりもたくさん着込んだ。ショウはパーカーのフードで頭をすっぽりと覆い、ストラップを緩めてその上からヘルメットをかぶった。

前の晩のうちに荷物をまとめておき、土曜日の朝九時には家を出た。今回はティータウン貯水池に浮かぶ白鳥をショウが指さしても、自転車がぐらついたりはしなかった。国道三〇一号に入ったときにも、日没までに十分な時間があった。湖の一部は氷で覆われていた。ぼくたちは湖面から吹いてくる冷たい風をかわすために頭を低くし、首をすくめながら走った。

昼下がりには、ファウネストック州立公園のキャンプ場に到着した。五〇平方キロメートル以上の広大な自然保護区だ。新鮮で爽やかな空気を深く吸い込むと、空いている場所を見つけ、木に自転車を立てかけた。すでにテントを張っているキャンパーが何人もいた。車で来ていないのはぼくたちだけだった。

「さあ、テントを張ろう。まずは、地面を綺麗にするんだ」。ショウが、テントを張ろうとしている場所にあった棒きれや石ころを蹴ってどけた。ぼくは防水シートの端を持つと、勢いよく空中に広げ、ショウが掃除してくれた地面の上にふわりと落下させた。一〇分ほどで、二人用テントの組み立てが完了した。

「いいぞ」ぼくはうなずきながら言った。「前回よりもすべてがうまくいってる」

「そうだね」ショウも同意した。「これから何をしよう?」

「そうだな、ハイキングに行こう!」

ぼくたちはハイキングに出かけ、暗くなる前に戻ってきた。テントのなかで、冷めてはいるが美味しい夕食をとった。寒さが一段と増し、吐く息が白くなった。ショウが寒さで震えながら提案した。「寝袋で本を読もうよ」

寝袋に潜り込み、身体を寄せ合いながら、懐中電灯の明かりのもとでジャック・ロンドンの『野生の呼び声』を読んだ。七時半頃には、ショウはいびきをかいていた。ぼくは本を閉じた。もう少し読んでいたいとも思ったが、丸一日運動して疲れていたので、目を閉じることにした。やがて、猛烈な眠気に襲われた。明るい部屋でテレビを見る生活からたった一日離れるだけで、体内時計がこれほど変化するのは驚きだった。

寒かった。寝袋は摂氏五度程度に耐えられる設計だったが、その夜はおそらくマイナス五度くらいだった。眠っているショウが震え始めた。ぼくはいったん寝袋から出ると、自分の寝袋のなかにショウを寝袋ごと入れ、そのなかに自分の身体も押し込んだ。身体を寄せ合うことで、それまでよりも温かくなった。だけど、寝袋の外に出ている顔はひどく寒かった。日本に旅行するのが、夏でよかったと思った。

第5章　地球温暖化問題のヒーロー

ジョゼフはドイツ人の起業家だ。彼は、企業の電力消費量を減らすための革新的なアプローチを考案した。ジョゼフとぼくは、ニューヨーク市のユニオンスクエア・カフェにいた。周りには、身なりのいいビジネスパーソンたちが、賑やかに雑談したり、商談をしたりしている。注文した食べ物を待つ間に、ジョゼフのセールストークは始まっていた。ぼくたちはジーンズにボタンダウンのドレスシャツというカジュアルな格好ではあったが、これはビジネスランチだった。ぼくはインテルの投資部門であるインテルキャピタル社のベンチャー・キャピタリストで、有望なテクノロジー企業に投資する仕事をしている。ジョゼフは自分の会社に大金を投資してくれる投資家を探していた。「企業には、自社の電力消費量を細かく把握する方法がない」ジョゼフは言った。「でもぼくたちのソフトウェアを使えば、会社の電気の消費量や使用料の総額を、機器ごとに把握できるようになる」

ぼくは、このソフトウェアがインテルにどう役立つかを考えながら、意見を述べた。

「つまり、会社は自社データセンター内の導入四年目のサーバーと、最近導入した新世代サーバーのエネルギーコストを簡単に比較できる。そして、新しいテクノロジーの方が、エネルギー効率がよいことがわかる」

ジョゼフがうなずいた。「その通りさ！　幹部にこの情報を見せれば、サーバーをアップグレードすることが理にかなっていると示せる。それは、インテルのサーバー・プロセッサの売上増にもつながる」

この三年、ぼくはさまざまな分野で新たなテクノロジーを開発する企業に投資をしてきた。医療、グリッドコンピューティング、自動交通システム――。ぼくは、単に利益をあげるだけではなく、社会的意義のあることをするために困難な課題を解決しようとしている事業に投資したかった。特に興味を惹かれたのが、環境問題に対処するための試みである「クリーン・テクノロジー」だ。ベンチャー業界はこの分野への注目度を高めていた。それは、ＩＴ業界の新たな投資先になると期待されていた。

ジョゼフとの昼食のあと、ぼくはインテルキャピタル社の社長と幹部に、新たな投資対象分野としての「クリーン・テクノロジー」についてプレゼンをした。会議のあと、上司のリサから電話があった。「お疲れ様。いいプレゼンだったわ」リサが言った。「最初は説明が固すぎると思ったけど、うまく挽回したわね。これで、新しい投資分野が増えたわ。次は、具体的な投資先を見つける段階ね。あなたが紹介してくれた会社は有望に思えるわ」

「リサ、ありがとう。話は変わるけど、伝えておきたいことがあるんです。ぼくの来年の夏の予定について、早めに知らせておきたいと思って」

「夏？　今から七カ月も先の話？」

「そうです。実は、息子と一緒に自転車で日本を縦断する四〇〇〇キロの旅行に出かけようと思っています。そのために、二カ月間、休暇がとりたいのです」

　リサはしばらく何も言わなかった。驚かせてしまったようだ。ようやく彼女が口を開いた。「よくわからないけど、今はいいタイミングではないと思うわ。新聞を読んでいればわかるでしょう？　金融業界は破綻しようとしてる。インテルの収益も、他の企業と同じように打撃を受けるはずよ。あなたはこの会社に長くいるから、それが何を意味するかはわかるはず。社員はクビを切られるかもしれない。私があなたの立場だったら、肩を叩かれないようにいつも以上に頑張って業績を上げようとするわ。それに、社長がどんな人間か知ってるでしょう？　彼は、あなたに会社のためにお金を稼いで欲しいと思っているけど、子どもとサイクリングを楽しんで欲しいと思ってはいないわ」

　リサは続けた。「あと一、二年、待ってみたらどう？　もっと世の中が落ち着いたときに実行したらいいじゃない」

　ぼくは、中国に出張したときの機内で隣にいた男性ふたりの会話を思い出した。彼らは不安を感じていて、会社にしがみつくべきだと言っていた。だけど、冒険旅行の計画を伝えたときに姉のベッキーがくれた、マグネットのことも思い出した。自宅の冷蔵庫に貼っているそのマグネットには、「今こそがそのとき《The Time Is Now》」と書かれていた。

　ぼくは首を横に振りながら言った。「もし、今回実行しなければ、二度と実行することはないと思うんです。ぼくはこの計画について、ずいぶん前から考えてきました。そして、もう心を決めています。まだ先の話だから、不在中にぼくの仕事をカバーしてくれる人を手配するための時間もたくさんある。クビにはなりたくありませんが、チャンスに賭けてみたいんです」

「わかったわ、チャールズ。あなたの人生よ。知らせてくれてありがとう」

　翌日、ぼくは国連事務局に勤めている友人、ゲオルギオス・コスタコスに連絡した。日本縦断旅行の計画を伝えると、コスタコスは国連の環境保護活動、特に気候変動への脅威に対する取り組みを世界各国の政府に促すための活動に協力するのはどうかと提案してきた。ぼくたちの冒険に世間の注目が集まれば、国連の環境保護活動を宣伝して、そのメッセージを訴えることができる。

「協力するよ。ぼくたちに何ができるか詳しく教えて欲しい」ぼくは言った。

　ぼくは次に、マーイケ・ヤンセンに連絡した。マーイケは、国連の環境活動を主導する国連環境計画《UNEP》に勤めていて、娘がショウと同じ学校に通っている。彼女は冒険旅行と環境問題をリンクさせるアイデアを気に入り、協力を申し出てくれた。マーイケは行動力のある人だ。彼女の支援を受けて、ぼくはＵＮＥＰ活動に深く関わるようになった。ショウとぼくは、国連の「一〇億本植樹キャンペーン」のチャリティーに協力することにした。夏の出発までの数カ月間、ぼくたちは学校や地元ニューヨークの環境団体で講演をし、各国政府に気候変動への対処を奨励するためのビデオをつくった。国連からは「地球温暖化問題のヒーロー」と命名された。

ぼくたちの計画は、世界のさまざまな国の新聞や雑誌で紹介された。UNEPの事務局長アヒム・シュタイナーは、日本の『朝日新聞』にぼくたちのことを紹介する記事を発表した。ベイルートにある汎アラブ向けの環境と自然に関する専門誌『アルビア・ウォルタンミア』や、中国の『ビズモード・マガジン』、インドの『インディアン・エキスプレス』にもぼくたちの記事が掲載された。

アースデイの日には、ショウの通うニューヨーク市の国連国際学校で講演をした。校長による紹介を受けたあと、ぼくたちは二階席のある講堂のステージに向かった。幼稚園クラスから四年生までの約五〇〇人の子どもたちが、興奮した面持ちでぼくたちの方を見ている。

このプレゼンは、物質的な成果を期待されたものではなかった。会社でのクリーンソフトウェア戦略のプレゼンとは違い、聴衆は金もうけにまったく興味がない。子どもたちは楽しい話を聞きたがっているだけだ。校長の紹介が終わった。ぼくは神経を鎮めるために深呼吸をして、ショウの肩に手を置いた。聴衆のなかには、二年生のショウの友達が大勢いる。仕事でプレゼンをするときよりもプレッシャーを感じた。隣を見ると、ショウが笑顔を浮かべている。人前で話をすることが、ぼくほど苦手ではないようだ。ぼくたちは、後ろにトレーラーサイクルを装着した自転車を押して歩きながら、壇上に向かった。子どもたちが、感嘆の声を挙げた。

「こんにちは。チャールズ・スコットです」ぼくは、校長から渡されたマイクに向かって言った。

ショウがマイクを引っ張り、「ショウ・スコットです」と言った。マイクを少しばかり、口元に近づけすぎだ。

クラスメートが野次を飛ばした。「言わなくてもわかってるよ！」。客席からクスクスと笑い声が聞こえる。

ショウは顔を赤らめながら、話を続けた。「この夏、ぼくはパパと一緒に、二台をつなげたこの自転車に乗って、日本の北から南までを走ります」

客席から拍手が起こった。

ぼくがつけ加えた。「うまくいくかどうかはわかりません。でも、ぼくたちは挑戦します。それからぼくたちは国連と一緒に、この冒険を通じて地球環境をよくするための取り組みをしたいとも考えています。地球上のすべての人が、一本ずつ木を植えるという世界的なキャンペーンがあります。全部で、七〇億本にもなります。このキャンペーンのための資金を集めるのです」

プレゼンテーションの時間は一五分だった。ぼくとショウは交替で、計画を詳しく説明した。練習風景を撮影したビデオも見せた。最後に、客席に質問を募った。三〇人くらいが手を挙げた。

ショウが最前列にいた子どもを当てた。「山で坂道を下っているときに、ブレーキが壊れたらどうしますか？」

ショウはぼくを見上げ、回答を求めた。「いい質問です。ぼくたちは、考え得るかぎりの問題をリストアップしました。ブレーキの問題も、そのうちのひとつです。ぼくたちは、一〇もの山を越えることを計画しています。自転車で運ぶ荷物は三五キロもあるので、ブレーキは早く消耗します。解決策は、定期的にブレーキパッドを確認することと、日本アルプスを越える前に、新しいパッドに取り替えておくことです。予備パッドは二セット持っていきます」

「疲れたら何をするの?」他の生徒が尋ねた。

ショウが答えた。「休憩します! パパは、ゲームセンターや、いろんな楽しい場所に連れていくと約束してくれました」

教師のひとりが尋ねた。「八歳の子どもにとって、山間部を含めた四〇〇〇キロを自転車で走るのは、きつすぎはしないでしょうか?」

ぼくたちはこの質問を、その後の数カ月で何度も耳にすることになる。ぼくは人々がますます身体を動かさなくなっている現代社会への批判と、肉体的労苦を体験することの価値について持論を語りたい衝動に駆られた。だが、理屈っぽくなるのは自分の悪い癖だと自制して、「子どもは、大人が考えているよりはるかに多くのことができるものなのです」と言うにとどめた。

厳しい冬がニューヨークに訪れ、そして過ぎ去っていった。その数カ月間、主にジムでの屋内トレーニングに精を出していたぼくは、快適な春の気候のなか、再びショウと一緒に屋外でペダルを漕ぎ始めた。よく走ったのは、マンハッタン島の大半をカバーする周回コースだ。それ以外にも、ぼくは筋力系と持久系のトレーニングを組み合わせながら、できる限りの練習をした。ボストンマラソンを走り、そのための練習も積んだ。エアロバイクやヨガのクラスにも出た。バーベルを使ったウエイトトレーニングをし、地元のアイアンマン・トライアスリートと一緒に何度か百マイルのサイクリングもした。近くのベアマウンテンにある急な峠に自転車で行き、昇り降りの練習もした。

ショウとは、何度かマンハッタンを周回するコースを二、三時間かけて快適なペースで走行した。途中でたっぷりと休憩をとり、屋台のホットドッグやプレッツェルを食べた。幼いショウに、特別なトレーニングはさせたくなかった。そもそも息子は普段から、友達と一緒に一日中身体を動かして遊んでいる。そんな彼に、さらに本格的なトレーニングを課すのはよくないことのように思えた。ぼくはショウに、この旅を苦行のようなものではなく、胸躍る冒険ととらえて欲しかった。出発を楽しみにして欲しかった。トレーニングの成果で自分の体力が高まっているのを実感していたし、練習中にショウを足手まといだと感じたこともなかった。だけど、本当に十分な準備ができているのかは確信が持てなかった。そして、ぼくにはそれを確認する方法もわからなかった。

第6章　クビ？

穏やかな春が、ゆっくりと蒸し暑い夏に変わっていった。あっという間に出発のときが来て、気がつけばぼくは家族と一緒に東京に向かう便の機内にいた。エイコとぼくはフライトの一三時間、ずっと興奮しながら旅の計画についてあれこれと話していた。シートにすっぽりと収まったサヤは、ひつじのぬいぐるみのラミーを抱きかかえ、指をしゃぶりながら、子ども向け映画を見ている。ショウはブロードウェイのミュージカル、「リトル・ダンサー」のサウンドトラックを何度も繰り返し聴いていた（おかげで、ぼくのｉＰｏｄのバッテリーは切れてしまった）。ぼくたちは、数週間前にそのショーを見た。ショウは主演を務めた一五歳のダンサー、キリル・クリッシュの見事なダンスに心を奪われ、ショーの数日後には、すべての曲を覚えてしまっていた。

飛行機が、成田空港に近づいた。暑い日差しが降り注ぐ、夏の午後だった。眼下に広がっていた水田や農場、森林が、広大な空港施設に変わった。

ぼくたちの荷物は、解体した自転車を入れるための大きな長方形の自転車ケースが二つと、スーツケースが三つ。スーツケースには、サイドバッグやハンドルバーバッグ、衣類、二カ月間のサイクリングとキャンプに必要なさまざまな道具が詰め込んである。空港の賑やかなメインターミナルに到着したぼくたちは、荷物をいっぱいに積んだ二台のカートを押して歩いた。周りを他の旅行者が忙しく行き来しているが、どっちに進めばいいかわからず、しばらく壁の近くに身を寄せなければならなかった。

数メートル先で、背広を着た日本のビジネスマンが、携帯電話に向かって興奮して話している。「ハイ　ハイ！　カシコマリマシタ！」。男性は話しながら、相手に自分の姿が見えているかのように、何度もお辞儀をした。片眉をつり上げてその様子を見ていたショウが、くすりと笑いながらささやいた。「きっと、あの携帯電話はカメラで相手が見えるんだ」

エイコが手荷物の宅配サービスのカウンターを見つけ、自転車ケース二個とスーツケース三個を、その日の夕方着でホテルに送ってもらうことができた。日本滞在中に使う携帯電話をレンタルし、東京に向かうバスのチケットを買うと、ぼくたちは到着したバスに乗り込んだ。

空港を出発したバスは、約六〇キロ離れた大都市東京に向けて、郊外の風景のなかを進んでいく。ぼくはこれからすべきことを頭のなかで再確認した。まず東京に五日間滞在し、次に札《さっ》幌《ぽろ》に向かう。札幌でレンタルしたバンで、旅のスタート地点となる日本最北端の地、宗谷岬を目指す。エイコとサヤは、最初の一週間、バンでぼくたちと同じルートを移動してからアメリカに帰国する。そのあとは、ショウとぼくのふたり旅だ。

東京にいる間に、ぼくは銀行口座を開設してＡＴＭで現金を引き出せるようにし、自転車ショップで予備用のチューブを数個購入した（自転車ショップでは、修理をして欲しいときに日本語でどう伝えればいいのかも練習した）。ぼくたちの旅を番組で紹介したいというテレビ局のプロデューサー何人かとランチミーティングもした。インテルの東京オフィスでも一日を過ごした。インテルの社員の多くは、この冒険旅行を熱心に応援してくれていた。モバイルコンピューティング・ビジネスユニットのゼネラルマネージャーは、旅のスポンサーになってくれるとさえ申し出てくれ、エネルギー効率に優れたインテルのＡｔｏｍプロセッサを搭載した軽量のノートパソコンを手配してくれた。日本のスタッフが技術サポートを提供し、インテルの広報チームは、今回の自転車旅行でぼくたちがコンピューターを活用する様子を映像に収め、東京での大規模なモバイルコンピューティング会議におけるインテルの基調講演で、その動画を放映するのだという。

実は、ぼくは自分が所属するグループの社長には、この冒険旅行についてまだ知らせていなかった。熱心に支援してくれているゼネラルマネージャーが所属しているのは、別のビジネスユニットだ。直属の上司からはすでに口頭での承認を得ていたが、今回の旅について、社長には何も伝えていない。インテルの就業規則では、無給休暇をとる二週間前までに、正式の申請をしなければならない。だけど、それを形式的なものだと考えていたぼくは、東京に着いてから、社のコンピューター・システムを通じて申請をした。

東京で五日間を過ごした後、ぼくたちは札幌に向かった。トヨタレンタリースの前で、借りたばかりのミニバンに荷物を積もうとしたとき、小雨が降ってきた。ショウとサヤを後部座席に乗せ、車内にスーツケースと自転車ケースを詰め込むと、エイコとぼくはミニバンの後ろに立った。

「本当にこれで大丈夫だと思う?」エイコが尋ねた。「荷物はなんとかぎりぎりで入ったけど、明日、ケースから自転車を出して組み立てるとき、もっとスペースが要るでしょ?」。ぼくは小雨のなか、レンタリースの事務所まで走り、戻ってきた。「もっと大きなバンもあるけど、料金は九〇〇ドルプラスになるって」

すでに、今回の旅の準備のために数千ドルを費やしていた。そしてぼくは、二カ月間の無給休暇をとろうとしている。これ以上、余計なお金を使いたくはなかった。「何とかするよ」ぼくはそう宣言し、札幌プリンスホテルに向けて出発した。

駐車場から車を出しながら、ぼくは「左側を走る、左側を走る、左側を走る」と呪文のようにつぶやいた。

後部座席にいたショウが笑いながら言った。「パパ、それはどういう意味?」

「日本では車は道路の左側を走る。パパはいつもアメリカで右側を走っているから、間違えないように言い聞かせてるんだ」

札幌の並木道は広く、交通量も少ない。昨日までいた東京の、大都市特有の混沌とは対照的だ。大きな交差点で右折したあと、いつもの癖で、対向車が向かってくる右側の車線に入ろうとした。ショウとエイコが同時に叫んだ。「左!」。ぼくは慌ててハンドルを切り、左車線に車を戻した。

その日の夕方、ぼくたちはホテルの近くの賑やかな通りを歩いていた。日用品やアクセサリー、衣服などを売る店やレストランが立ち並び、歩行者で賑わっている。ぼくはサヤを肩車し、ショウはエイコと手をつないでいた。ショウは歩きながら、つないだ手を前後に強く振った。

「痛い！ ショウ、そんなに乱暴に振らないで」エイコが注意した。ショウは何も言わない。数分後、彼は再び手を強く前後に振った。

「ショウ、ママがやめてと言ってるだろう？」。ショウは答えない。ぼくは口調を強めた。「聞こえたのか？ 手を振るのをやめるんだ」。ショウは「うん」とつぶやき、ちらっとぼくの方を見て、不満そうな表情を浮かべた。

「着いたわ！ ここがフロントの人が教えてくれたラーメン屋さんじゃない？」エイコが言った。「味のある店ね」。古く小さな佇まいの店で、入口には暖簾《のれん》がかかっている。ぼくは肩からサヤを降ろすと、暖簾を押してなかに入った。簡素なつくりで、カウンターが八席だけあった。客は若いカップルが一組だけで、箸《はし》を使い、大きな音を立てながら一心に麺をすすっている。「いらっしゃいませ！」カウンターの後ろから、頭に布を巻いたエプロン姿の年配の女性が威勢よく言った。

ぼくは背の高いスツールにサヤを座らせ、隣の席に座った。厨房《ちゅうぼう》ではいくつもの深鍋が湯気を立て、さまざまなトッピングの材料を入れた容器が並んでいる。大きな磁器製の鉢が、よそわれるのを待っている。

「何にしようか?」ぼくはエイコの方を向いて尋ねた。ところが、隣の椅子に妻はいなかった。後ろを振り返ると、暖簾の外にいるエイコとショウの足が見えた。「すみません」ぼくはカウンターの向こうの女性に声をかけて立ち上がった。

「落っこちたらダメだよ」ぼくは店を出る前に、スツールに座るサヤに言い聞かせた。

ショウがしかめっ面で腕を組んでいる。エイコが身をかがめて語りかけた。「なかに入りましょう」

「スシがいい!」ショウは言い張った。ぼくは、少し時間がかかりそうだと思った。二歳の娘を椅子に置きっぱなしにはできない。急いで店内に戻り、サヤを抱き上げた。「何度もすみません。すぐに戻ります」。カウンターの後ろで退屈そうにしている女性に日本語でそう伝え、再び店の外に出た。

「どうしたんだ?」ショウの髪を優しく撫でながら尋ねた。ショウは頭をそらし、頑《かたく》なに主張した。「ヌードルは嫌だ、スシがいい!」

エイコが困った表情で言った。「さっき、今日はヌードルを食べるって決めたじゃない。駄々をこねないで、店に入りましょ」

「嫌だ!」ショウが足をジタバタさせながら叫んだ。

エイコと顔を見合わせたあと、ぼくは身をかがめてショウと目線を合わせた。負い目を感じた。八歳の子どもにとって、外国を旅するのはものすごく疲れることなのだろう。それに、今回の日本縦断旅行について、ぼくや周りの人間がショウに寄せている期待が、大きなプレッシャーになっていたのかもしれない。ショウはきっと、かんしゃくを起こすことでしか、それを表現する方法を知らないのだ。

「時差ぼけと移動で疲れてるんだな。パパにはわかるよ。ショウはずっと頑張ってきたんだ。さあ、一緒に夕食をとろう。そして、ホテルに帰って休もう」

「ラーメンは食べない！　スシが食べたい！」

ぼくは立ち上がり、エイコの方を向いてささやいた。「無理やり食べさせるわけにもいかない。ぼくたちだけでさっとラーメンを食べて、ホテルに戻ろう」

エイコ、サヤと一緒に店内に戻りながら、ぼくはショウの方に向かって言った。「パパたちはラーメンを食べる。一緒に食べたいなら来ればいいし、食べたくないなら外で待っててくれ」。

ショウは背を向けると、地面に座り込み、ぼんやりと遠くを眺めた。

「ごめんなさい」ぼくはカウンター席に座りながら、店主に謝った。若いカップルがこっそりとぼくたちの方を見ている。この家族のゴタゴタが気になっているのだ。ぼくたちは湯気の立つ美味しいラーメンを食べた。ショウは地面にうつむいて座り、小さな石を拾っては投げていた。

ショウはその夜、空腹のままベッドに入った。ぼくは日本縦断の間、ショウがずっとかんしゃくを起こし続けたらどうしようと心配になった。おそらくショウは、ぼくに何かを伝えようとしている。それは、ぼくが耳にしたくないことだった――〝パパはぼくに期待しすぎている〟

ホテルの部屋は暗かった。ぼくはベッドから静かに抜け出し、眠っている妻と子どもたちの横を忍び足で通り過ぎた。目覚まし時計の真っ赤な数字が、「4：00」を示している。早朝の光は、分厚いカーテンで遮られている。暗闇のなか、バスルームを目指して進んだ。スーツケースにつま先をぶつけ、息を殺して悪態をついた。バスルームの扉を開けてなかに入り、後ろ手にそうっと閉じた。浴槽の縁に腰を下ろすと、北海道の地図を広げた。GPS装置は持参していたが、念のために紙の地図も持っていきたかった。出発前にプリントアウトしていた地図を眺めながら、蛍光ペンを取り出し、計画したルートを辿《たど》っていった。

ぼくたちは今回の自転車旅行の出発地である日本最北端の地、宗谷岬から数百メートルの場所に、「民宿」と呼ばれる伝統的な日本の宿を予約していた。ぼくは、この冒険を、自然の深淵なリズムと同調《シンクロ》させようと、一年でもっとも日が長い日である、六月下旬の夏至を冒険の開始日にすることを構想していた。でも、仕事や学校のスケジュールの都合で、やむを得ず、その数日後にスタートすることになった。それに、宗谷岬のような高緯度の場所では、この時期の日の出が三時四五分頃と早いことにも気づいた。体力を蓄えるためにも、前日はぐっすりと眠っておきたい。「初日は日の出と共に出発する」というアイデアも、諦めざるを得なかった。

それから二〇分、日本列島の北に位置する北海道を、宗谷岬を出発点としてめぐるルートを、ペンで印をつけながら辿っていった。北海道は一八日間かけて回る予定だ。壮観な海の景色、穏やかな丘陵地に広がる畑、峻厳な山々、豊穣《ほうじょう》な自然――。

北海道での最終目的地である、島の南に位置する大都市、函館まで印をつけ、背中を伸ばすために立ち上がった。窮屈な浴室で同じ姿勢を続けていたので、足が痺《しび》れていた。足を軽く屈伸させながら前に伸ばし、洗面台に地図を置いた。両腕を上に伸ばして身体全体をくねらせ、息を吐きながら、肩と背中をストレッチした。

地図の作業を終えると、ぼくはEメールをチェックするためにノートパソコンを開いた。冷たい浴槽の縁《へり》に座り、ももの上の不安定なコンピューターを操作して、新着のメッセージをスクロールしながら確認していった。上司のリサからメールが届いていた。件名は、「個人休暇《PLOA》について」だった。

チャールズへ。社のＰＬＯＡシステムでは、会社側の二段階の承認が必要です。だから私は、社長からも承認を得なくてはならないの。でも、彼がこの種の休暇を認めない可能性は大いにあると思う。

だから、今回の旅の目的と、あなたの冒険が〝インテルのいいＰＲになること〟、インテルの他の幹部があなたを支援していることについて詳しく教えてください。社長の承認を得るには、あなたを応援する人たちの後ろ盾《だて》が必要よ。社長は個人的な「バケーション」のために、これほど長い休暇を喜んで与えるような人じゃないから。

もし社長が休暇を承認しなかったら、あなたは仕事を失う可能性があります。それでも、休暇をとるつもり？

第7章　泥棒

ショウと一緒にこの冒険を実行すると決めたときから、会社をクビになるかもしれないとは思っていた。ぼくは神経質に親指の爪を噛みながら、その可能性が突然現実味を帯びるのを感じた。そして、リサへの返信メールを書き始めた。浴槽の縁に腰掛けた窮屈な姿勢でキーを打っていたので身体が痺れてきたが、そんなことを気にしている場合ではなかった。

リサへ。頭痛のタネをつくってしまってすみません。でも、ぼくは社長がどんな決定をしようとも、旅を続けます。彼がぼくをクビにすると言うのなら、それはとても残念なことです。でもぼくは、自分の正当性を強く訴えるつもりです。

ぼくは旅行の計画や、国連の活動に協力していること、ぼくたちを応援してくれているインテルのビジネスユニットがあること、メディアから注目されていることなどを書いた。文章を三回読み直して念入りに確認してから、送信ボタンをクリックした。ようやくノートパソコンを閉じて、神経質なため息をつき、立ち上がった。一歩踏み出そうとして、お尻が痺れているのに気づいた。ぼくはまさに、浴槽の細い縁に腰掛けているのと同じように、崖っぷちにいた。

その日、ぼくは家族と札幌観光を楽しんだ。藻岩山《もいわやま》のロープウェイに乗り、山頂に登った。交代で望遠鏡を覗き、札幌の広々とした街並みを眺めた。碁盤の目のように整然とした、札幌の道路がはっきりと見えた。アメリカの都市をモデルにして、一八七〇年代から整備されたものだ。北海道の大半は山岳地帯だが、道都の札幌は広大な石狩平野に位置している。さまざまな大きさの銀と茶色の無数の建物は、平野にできたコンクリートの傷のようにも見える。そのなかに点在する緑は、学校の運動場や公園だ。

札幌観光は、職場のゴタゴタを忘れるための気晴らしになった。夕方、ホテルの部屋に戻ると急いでノートパソコンを開き、Eメールをチェックした。リサからの返信が届いた。

メールをありがとう。社長に転送するけど、返信はおそらく来ないでしょう。私が次に社長と一対一で会う機会は、これから二週間はないの。それまでに、問題が解決することを願っています。様子を見ましょう。

翌朝、ぼくたちは札幌を出発し、北海道の北端にある宗谷岬に向かった。五時間半のドライブだ。車窓には、緑豊かな丘陵や、広大な畑が続いた。時折、身をかがめて農作業をする人も見かけたが、人間よりも牛や馬の数の方がはるかに多かった。

「パパ、ぼくたちは自転車で山を越えるの?」ショウが遠くに不気味にそびえる、巨大な山々を指しながら言った。

「いや、あそこは通らない。最初の一週間は海沿いを走って、そのあとで山を越える。心配しなくて大丈夫だよ。あんなに大きな山じゃない——少なくとも、パパはそう思ってる」

宗谷岬に到着した。今日の宿は、民宿「宗谷岬」。スタート地点からわずか数百メートルの場所にある。部屋に入ると、ショウとサヤはテレビをつけ、すぐに子ども番組に夢中になった。エイコとぼくは荷物から必要なものを取り出した。ぼくは畳であぐらをかき、ノートパソコンを開いた。ヴ《V》ァーチャル・プ《P》ライベート・ネ《N》ットワーク接続を確立し、Eメールをダウンロードするのに数分かかる。

それが来ていた——。「個人休暇申請の件」と書かれた、社長からのメール。思わずエイコの方に目をやった。駆け寄ってきた彼女が、「うまくいきますように!」と祈った。

メールを開くと、ある単語が目に飛び込んできた。全身に安堵《あんど》感が広がった。

「承認」——。

エイコがぼくにキスをした。そして、ハイタッチ。「あなたは最初から、社長は承認してくれるって思ってたんでしょう?」

「いや、正直に言えば、わからなかったよ」ぼくは頭を振りながら言った。「社長がぼくに、インテルのためにお金を儲けて欲しいと思っているのは間違いないと思ってたけどね」

「とにかく、あなたが冒険のあとに戻る職場を失わずにすんで嬉しいわ。実は、あなたがわざとクビになろうとしているような気がして、少し心配だったの。あなたはインテルを辞めたかったの？　クビになることを期待してた？」

「もちろん、そんなことはないさ。まだインテルを辞めたくはない。だけど、会社に言われてこの冒険をとりやめるくらいなら、クビになった方がマシだとも思ってた。これは、ぼくが人生で何を大切にしているかを試すテストだったんだ。〝生き方は自分で決める〟と真剣に主張できるのか、それとも雇用主の言いなりになるのか。年をとって今の自分を振り返ったときに、どう思うかも考えた。老人のぼくは、〝決行しろ〟とアドバイスしてくれたよ」

「なるほどね。でも、その老人に伝えといて。私は今の状況で、一家の唯一の稼ぎ手になるのはゴメンだって」

「はい、奥様」ぼくは冗談めかして言ったが、エイコの目は笑っていなかった。

　翌朝、ぼくは朝早く目を覚ました。いよいよ冒険が始まる。希望と不安が交錯した。日本縦断旅行のアイデアを思いついてから、約一年が経過していた。そしてついに、出発のときを迎えたのだ。ぼくは足を忍ばせて畳の上を歩き、柔らかい布団の上で手足を広げて寝ているエイコと子どもたちの脇を静かに通り過ぎると、靴を履き、部屋の扉を閉じて民宿を出た。

　早朝の光のなかを歩くこと数分間、日本最北端であることを示す宗谷岬の碑の前に着いた。分厚い円形の石板に彫り込まれた、五段の階段。その上に設置されたピラミッド型の彫刻が空に向かってそびえ立ち、西の日本海と東のオホーツク海を見下ろしている。遠くに見えるのは樺太《からふと》だ。南樺太はもとは日本の領土だったが、第二次世界大戦後にソ連が侵攻し、今もロシアが実効支配を続けている。六時前だったが、太陽はすでに水平線のはるか上空に昇っていて、巨大な海の波打つ水面をキラキラと輝かせている。空の青さが、今日が素晴らしい天気になることを約束していた。

まだ眠たげな岬に人影はなかった。観光客が訪れるのはもう少しあとだ。碑のすぐ前の大きな駐車場にも、車は停まっていない。その近くには食堂や、日本最北端を謳う土産物を扱う店があり、そう遠くない場所には、日本最北の灯台と、日本最北の小学校、日本最北のガソリンスタンドがある。そのとき気づいた。自分が今現在、日本最北に位置する人間であることに。

三時間後、ショウとぼくはフル装備の自転車を前に、宗谷岬の碑の前に立っていた。カメラを構えたエイコが記念写真を撮った。ほとんど雲のない澄み切った青空に、太陽が高く輝いている。ときどきバランスを崩しそうになるほど海風は強かったが、自転車用のショートパンツに半袖のジャージという格好でも快適だった。サヤが裸足でぼくたちの周りを走り回っている。あとになって、ぼくたちの出発を祝う記念すべきこの写真に、娘の持ち物が映っているのに気づいた――自転車の前輪の前にちょこんと置かれた、サヤの金色とピンクの小さな靴。

エイコが写真を撮り終えると、ぼくはショウの方を向いて言った。「準備はいいか?」

「もちろんさ、パパ」ヘルメットの紐を結びながら、ショウが平然と答えた。

「無事を祈ってるわ」エイコがぼくたちを強く抱きしめた。ぼくはひざまずき、サヤを抱いてキスをした。「そろそろ出発するよ。愛してる。ぼくの最愛のサヤ」。腕を緩めようとしたが、サヤがぼくの首に抱きついて離れない。「パパは行かなきゃいけないんだ。いいかな？」

「イヤ！」サヤはますます強くぼくにしがみついた。

「サヤはママと一緒に、車で移動するんだよ。あとでまた会おう」ぼくはサヤを引きはがすと、エイコに渡した。サヤがぼくの方に手を伸ばして泣き始めた。ぼくはサヤの額に最後のキスをし、自転車の方を向いた。

「サヤ、大丈夫だよ」トレーラーサイクルにまたがりながら、ショウがなだめるような声で言った。ぼくは、自転車を数メートル押し進め、ジャンプしてサドルに座った。ハンドルバーバッグには、財布、カメラ、iPhone、軽食、日記帳、北海道の地図を入れてある。自転車のフロントフォークに荷物の詰まった重たいサイドバッグ二個をとりつけているので、しっかりと前輪をコントロールするには、ハンドルを強く握っていなければならなかった。だが、速度が上がって勢いがつくと、安定してまっすぐに走れるようになった。

駐車場の周りをぐるっと走ってから国道二三八号に入り、海岸沿いを東に進み始めた。数台の車と行き交った頃には、宗谷岬周辺の建物や民家は、すぐに見えなくなった。人里離れた海岸線を走っていると、めまいがするような強烈な解放感が湧き上がってきた。学校がたった今終わったばかりのような、難局をうまく切り抜けたときのような感覚だ。中年の会社員には、こんな自由な生き方はできないと思われている。ぼくは叫んだ。「ついにやったぞ！　ベイビー！」

左には広々した灰色の砂浜が広がり、その隣で青い海が輝いている。遠くに水平線が見える。上空では、食べ物を探すカモメたちが、気ままに風に乗っている。何度か、浅瀬にシラサギが見えた。独特の白く長い首に、長くて尖ったくちばし、棒のように細い脚。獲物を探して、慎重にステップを踏んでいる。

ぼくは近くの丘に、あるものを見つけてつぶやいた。「おっと」

「パパ、どうしたの？」

「あそこを見てごらん」ぼくは遠くの丘の上に、回転する巨大な羽根《ブレード》をつけた何本もの灰色のポールが、門番のようにそびえ立っているのを指さした。

「あのタービンを使って、電気をつくるんだよ」

「すごい！　なんで〝おっと〟って言ったの？」

「風力タービンがたくさんあるのは、この辺りは風が強いってことなんだ。そして、風が強ければ、ショウとパパがペダルを漕ぐのが大変になる」

「大丈夫だよ、パパ。すごく気分がいいよ。見て！　砂浜にワシがいる！」

ぼくは自転車を止めた。一羽のワシが、ポーズをとっていた。鋭く、湾曲したくちばしが特徴的な横顔が見えた。誰もいない砂浜の流木にとまり、領土を睥睨《へいげい》する王のように堂々と佇んでいる。ぼくはとっさにハンドルバーバッグからカメラを取り出し、写真を撮った。ワシはじっとしていた。周りの神秘的な自然と一体化し、瞑想《めいそう》しているみたいに。

再びペダルを漕ぎ始めた。後ろから近づいてきた車が、ぼくたちの隣を並走し始めた。ぼくたちがレンタルしたバンだ。なかから励ましの言葉が聞こえてきた。窓を覗くと、エイコとサヤの満面の笑みが見えた。

「カッコいいわ！」エイコは言った。

「パパ！　クツをぬいだの！」ベビーシートに座っているサヤが、裸足の足を高く上げながら笑いころげている。ついさっき泣いていたのを、すっかり忘れてしまっているようだ。

自転車を止め、しばらくおしゃべりした。「ワシを見た？」ショウが尋ねた。「カモメやサギもいたでしょ？」

「残念、ワシは見なかったわ」エイコが答えた。「でも、信じられないほど素晴らしい景色ね」

ぼくは言った。「ここまでは順調だ。風が強いときもあるけど、おそらく時速二五キロくらいで進んでいるはずだ」

「今日一日でどこまで進めそう？　先回りして宿をとっておくわ」

ぼくは地図を見て、「そうだな、あと七時間走るとして、暗くなる前にこの辺りまではいけると思う」と言い、海沿いの枝幸町《えさしちょう》を指さした。

エイコはぼくがさした場所を見た。「いいわ。宿を見つけたら、電話する」

それから数時間、ショウとぼくは緩やかな起伏のある海岸沿いの国道を走った。それは自転車乗りにとって夢のような体験だった。風景はとびきり美しく、気温も理想的だった。明るい太陽が筋肉を温めてくれる一方で、熱くなりすぎないように優しい潮風が身体を冷やしてくれる。ペダルを踏みながら、後ろでショウがハミングしている。ぼくは思った。〝こんなに素晴らしい場所は他にない〟

ようやく小さな町にたどり着いたので、コンビニエンスストアに寄ることにした。カラスの耳障りな鳴き声が、家々や路地に響きわたっている。日本でよく耳にする音だ。店の入口付近に自転車を立てかけると、店内を物色し、好物を買った。ビーフジャーキー、スポーツドリンクの「アクエリアス」、鮭入りのおにぎり、六個入りのミニあんぱん。自転車を停めていた場所に戻ると、地面にあんぱんの袋を置いて、ハンドルバーバッグのジッパーを開けようとした。その瞬間、背後で何かが素早く動き、カサカサという不気味な音が聞こえた。驚いて振り返ると、あんぱんの袋を咥《くわ》えた大きな黒いカラスが飛び去っていくのが見えた。カラスは宙高く舞い上がると、翼を何度か羽ばたかせ、通りの向こうの家の屋根にとまった。大胆不敵な泥棒は、ぼくたちを嘲《あざ》笑《わら》うかのように屋根の端に移動すると、プラスチックの袋を引き裂きはじめた。カラスが何くわぬ顔をしてあんぱんを食べているのを、ショウとぼくはあっけにとられて見守るしかなかった。

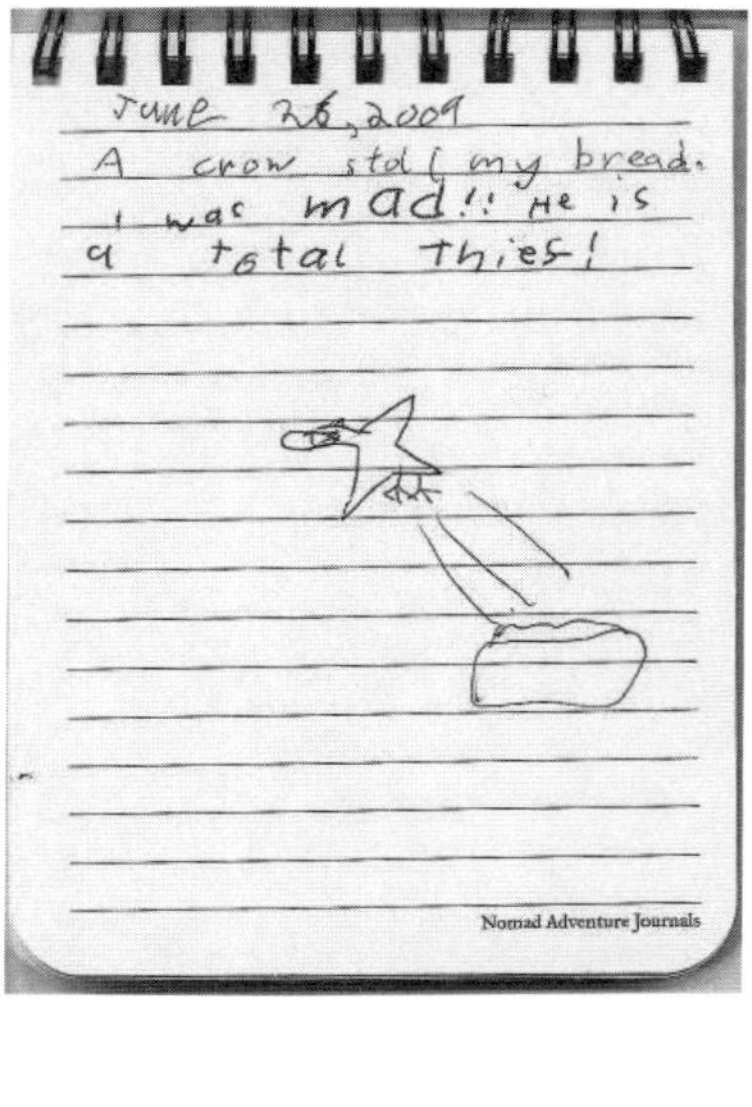

第8章　かんしゃくとおもてなし

昼食のあと、ぼくたちは絵画のように美しい海沿いの道を走った。ときどき休憩を入れ、脚を伸ばしたり、雄大な景色を写真に収めたりした。左手の広い海には鮮やかな青い空が映り、人影のない海岸に寄せては返す波が、安らかなリズムを奏でている。食べ物を求めて砂浜や浅瀬をうろつく、ワシ、サギ、カモメ。右手には、広大な農場と深い緑の森があり、タカや馬、のんびりと佇む牛の姿が見える。

「うわぁ、この臭いは何?」ある農場を通り過ぎたとき、ショウが言った。柵の後ろで、一〇頭ほどの牛が身を寄せ合うようにして草を食んでいる。

「肥やしだよ。これから数週間は北海道の田舎を走るから、ずっとこの臭いがするはずだ。大丈夫。すぐに慣れるさ」

「すごく臭い！　なんでこんな臭いがするの?」ショウは非難するように牛を指さし、「モ〜！」と大げさに牛の鳴き声を真似た。牛たちは、小馬鹿にしたような目つきでショウを見ていた。

「パパは肥やしの臭いが好きだよ。ショウのひいおじいさんにあたるスコットのじいちゃんの家を思い出すからね。スコットのじいちゃんはオクラホマにある、小さな農村に住んでたんだ」

「ひいおじいちゃんは農家だったの?」

「いや、食料品店を営んでいたんだ。ひいおじいちゃんは、昔話をいっぱい知っていた。話が面白くて、パパが子どものときはお腹を抱えて笑ったものさ」

突然、真正面からすさまじい突風が吹いてきた。ぼくはしっかりとハンドルを握りしめ、体勢を保った。「なんて強い風なんだ!」

「ひいおじいちゃんの面白い話を教えてよ」

ぼくはハンドルの近くまで頭を下げ、空気抵抗を減らすと、急な坂を登るときに使う低いギアにチェンジした。おそらく時速一〇キロ以下くらいまで減速している。脚の筋肉がきつい。ショウに向かって叫んだ。「頭を下げて、ペダルを漕ぐんだ!」

風は、午後の間ずっと止まなかった。向かい風が強くて、ぼくたちは這《は》うようなスピードでしか進めなかった。何度か横風で自転車が吹き飛ばされそうになり、必死になって体勢を保たなくてはならなかった。

すでに午後五時三〇分。ぼくは、エイコとサヤが待つ町に日暮れ前に着くのは無理だと思った。「一日七時間、平均時速二五キロ」という午前中に立てた見込みは、まったく非現実的なものだった。エイコが宿をとった枝幸町は三〇キロも先で、ぼくは疲れ果てていた。腰と背中が痛く、太ももの筋肉は悲鳴をあげ、右膝にも力が入らない。大自然のなかを、重たい荷物を積んだ自転車で何時間も走ってきたのだから当然かもしれない。後ろを軽く振り返り、ショウの様子を窺《うかが》った。真剣な表情で、必死にペダルを漕いでいる。今日はもう、この辺りで終わりにしなければならないと思った。

反対側に農家の小さな集落が見える、海岸線沿いの国道脇に自転車を止め、エイコに電話をした。「風が強くて、予定していたペースで走れなかったんだ。完全に遅れてしまった。申し訳ないけど、今夜は枝幸にはたどり着けない。君とサヤは、そのまま宿に泊まってくれ。こっちは適当な場所を見つけてキャンプする。明日、どこかで合流しよう」

エイコが残念そうに言った。「私とサヤは、あと数日でアメリカに戻るのよ。なのに、今夜、家族全員で過ごせないなんて……。宿代が無駄になっても構わないから、あなたたちがいる場所に車で戻るわ。近くに宿はありそう？」

「この辺りは農村で何もないよ。あと一時間で日が沈むし、それまでにたどり着ける町もない」

「残念。しょうがないわね。大丈夫なの？」

「問題ない。キャンプ道具はあるし、必要なものは揃ってる。心配は無用さ」

電話を切ったぼくを、ショウが疲労と不満が入り混じった表情で見ていた。「今夜はママと会えないの？」非難するような口調でショウが尋ねた。

「すまない。風が強くてペースが落ちてしまったんだ。でも問題ない。あそこの農家の人に、近くでテントを張ってもいいか聞いてみよう。きっと大丈夫さ」

「嫌だよ！」ショウが自転車のハンドルに拳《こぶし》を叩きつけて泣き出した。ぼくは息子が突然、かんしゃくを起こしたことに驚いた。それまでは一日中機嫌がよく、鼻歌を口ずさみ、言葉遊びを次々と考案しては、楽しそうにしていた。それが急に一変し、エイコとサヤと一緒に夜を過ごしたいと泣きわめいている。ぼくはしばらく、なすすべなくその場に立ち尽くした。

「すまない、今夜はどうしても、ママやサヤとは別な場所で眠らなきゃならないんだ」

「ママに会いたい！」

「明日会えるさ。今は、今夜の寝場所を探さなきゃいけないんだ」

「嫌だよ！」ショウが叫んだ。

それから数分間、ショウは地団駄を踏み、足元の土を海の方に向かって蹴り、拳を握りしめて、泣き続けた。ぼくには、ショウの身体がとても小さく見えた。自分では抱えきれないほどの何かに、押しつぶされそうになっているかのようだ。ぼくは、冷静さを保とうとして懸命にこらえた。ひどく疲れていたし、自分のミスが後ろめたかった。泣き叫ぶ息子に、叫び返したいくらいだった。

ぼくは、母親と二カ月も離ればなれになることで、息子が感じていたはずの不安の大きさを実感した。そして、息子を連れてこんな大冒険をしようとしている自分自身に、疑問を感じ始めた。結局のところ、この旅は、八歳の男の子にとっては厳しすぎるものなのかもしれない。目を閉じ、深呼吸をして、後ろの海岸で砕け散る波の音に意識を集中させた。ぼくはその音が、こう語りかけていると自分に言い聞かせた。「そもそも、ぼくたちは困難やトラブルに打ち勝つことを目的にして、この旅を始めたんだ。何事もそう簡単にいくわけはない。それはわかっていたはずだ。リラックスして問題に対処するんだ」。ぼくは緊張や不満が和らいでいくのを感じた。

「ママに会いたい！」ショウが何度も繰り返している。

ぼくはきっぱりと言った。「不機嫌なのはわかってる。息を吐いて、リラックスするんだ。落ち着いたら、寝る場所を探しに行こう」

しばらくして、ようやくショウが泣き止んだ。ぼくはできるかぎりの思いやりを込めて、こう言った。「ショウががっかりするのはわかる。それはパパも同じだ。でも、ときには計画を変更しなければならないこともある。今日のショウとパパの場合も、まさにそうなんだ」

ショウはがっくりと肩を落とし、頬に涙の跡を残したまま、トレーラーサイクルにまたがった。ぼくたちは、海岸沿いの国道を渡ると、小さな農村へと続く狭い道に入った。道路沿いには、昔ながらのつくりの家が二〇軒ほどあった。その後ろには野原や牧草地があり、どこまでも続く深い森とつながっている。一番手前にある平屋の前の敷地で自転車を停め、玄関まで歩き、扉をノックした。少しして、腰の曲がった、短めの白髪の老女がゆっくりとドアを開けた。老女が不審者でも見るような不安げな表情をしているのを見て、ぼくは少し脇によけ、後ろにいるショウが彼女に見えるようにした。

「ご迷惑をおかけします」ぼくは丁寧な日本語で言った。「息子とぼくは、自転車で日本を縦断していて、今夜、寝る場所を探しています。こちらの敷地でテントを張ってもよろしいでしょうか？」

老女はショウの姿を見て表情を和らげたが、ぼくたちと関わるのは面倒だと感じているようでもあった。彼女は少し先にある二階建ての家を指さした。「あの家に行ってみてごらんなさい。きっと面倒をみてくれるわよ」

そこで、彼女に言われた通りにその家まで行った。玄関に出てきた男性は、顔を真っ赤にして酔っ払っていた。しゃべると、息に酒の匂いがした。年齢は六十代くらい、ウェーブがかかった豊かな白髪で、青い格子柄のボタンダウンの半袖シャツにジーンズという格好をしている。目の前にいる外国人と少年を見て驚き、あっけにとられていた。

ぼくは先ほどと同じように、敷地内でテントを張ってもよいかと丁寧に尋ねた。ショウをちらっと見た彼の顔に、大きな笑みが広がった。「そういうことなら、断るわけにはいかないな」。彼は後ろを向くと、家の奥に向かって、いささか不明瞭な日本語で叫んだ。「おーい、今夜のお客さんが二人増えたぞ！」

茶色いエプロンを着た彼の妻が姿を見せた。ぼくは丁寧にお辞儀をした。

「どうぞお上がりください。寝床を準備しますから」。彼女の優しい目と穏やかな笑顔は、エイコの母親を思い起こさせた。

「いや、どうぞお構いなく」ぼくは言った。「テントがあるので大丈夫です。必要なものもすべて揃っています。あと少しで暗くなるので、できれば今すぐテントを張りたいのですが、いいでしょうか」

「もちろんだ」男は言った。「案内しよう」彼は靴を素早く履くと、ぼくを押しのけるようにして前を歩き、少々おぼつかない足取りで家の裏の未舗装の敷地に連れて行ってくれた。敷地の周りには背の高い野草が広がっていた。大きな青のショベルカーが停めてある。草むらは背が高く、その上にはテントは張れない。自転車を立てかける場所も必要だった。ぼくはショウより背の高いショベルカーの大きな黒タイヤに自転車を立てかけ、地面を指さした。「ここはテントを張るのにちょうどいいです。寝場所を提供してくださり、ありがとうございました」

「どういたしまして」男はそう言うと、ぼくたちがサイドバッグからテント道具をとり出す様子をしばらく眺めてから、家に戻っていった。

「初日から、ドラマチックな展開になったもんだ。そうだろ?」ぼくはショウにそう言いながら、足元の石ころを蹴ってどかし、青い防水シートを広げて、その上にテントを組み立てた。

「そうだね」ショウがショベルカーに気をとられながら言った。「これを運転してもいい?」

「あの人に聞いてみないとわからないけど、たぶん難しいだろうな。まずはテントを張って、夕食をとろう。おにぎりとエネルギーバーがある。ご馳走じゃないけど、必要なカロリーはとれるぞ」

ぼくは自転車にレインカバーをかぶせ、テント内のショウに寝袋を渡し、テントに潜り込んだ。食べ物を取り出そうとしていると、誰かの足音が近づいてきた。

テントから頭を出してみると、そこにはさっきの家の主人がいた。

「お邪魔するよ」彼は言った。「食べきれないほどのカニがあるんだ。ぜひ家で夕食を食べていってください」。そして、ぼくたちをテントから引っ張りだすにはさらなる誘いの言葉が要ると思っているかのように、「地元でしか食べられないカニだよ」と付け加えた。

ショウの方に目をやると、嬉しそうにうなずいている。ぼくは言った。「お誘いくださり光栄です。感謝します！」

家に入ると、今夜のゲストはぼくたちだけではないことがわかった。家の主人と同じように酔っ払った、温和な白髪の男性が、ちゃぶ台を囲む座布団に座っていた。ぼくたちはご馳走を堪能《たんのう》した。山菜の炒めものや、さまざまなシーフード料理、そしてまるごと一杯のカニ。一日中自転車を漕いでお腹が空いていたぼくは、美味しい料理を心ゆくまで味わった。

「今まで食べたカニのなかで一番美味しい！」ショウが英語なまりの日本語で高らかに言った。

「奥さんは実に料理の腕がいい！」客はショウに笑顔を向けながらそう言い、アサヒビールの瓶を手にとって、ぼくのグラスにビールを注いだ。ぼくは日本での酒の作法に従い、彼が持っていた瓶を受けとると、両手で彼のグラスに注いだ。女性は恥ずかしそうに微笑むと、ちゃぶ台を離れ、台所から次の料理を持ってきた。

「私は地元で教師をしてるんです」主人が言った。相当に酔っている割には、筋道のある話をしている。「彼は私の幼《おさな》馴《なじ》染みで、普段は函館市に住んでます。酔ってるから、彼の話は聞き流していいですよ」

友人は腹を抱えて笑うとうなずいた。「その通り。私の話を信じちゃいけない……今言ったとも含めてね！」

主人が笑った。「この村には小学生が六人いて、みんな私の家で授業を受けてるんです。でも今年、そのうち二人が卒業し、隣村の中学校に通うことになりました。もっと生徒がいて欲しいのですが、この辺りは人が少ないから」

「でも、牛がいっぱいいるよ！」ショウが言い、みんなが笑った。

食事を終えたあとも、酒を飲みながら話が続いた。やがて、ショウは大人の会話に退屈し始めた。ぼくも疲れていて早くテントに戻りたかったが、ご馳走を振る舞ってもらったあとにすぐ帰るのは失礼だと思った。ぼくはショウに絵日記を渡し、その日の出来事を書くように促した。ぼくが大人たちと話をしている間、ショウは泥棒カラスの絵を描き、文章を添えた。「カラスがぼくのパンを盗んだ。ぼくは怒った！　カラスは泥棒だ！」

しばらくして、ショウが大きなあくびをした。ぼくは言った。「すみません、朝が早かったもので、そろそろ失礼します。ご馳走になりました。みなさんのおかげで、とても楽しい時間を過ごせました」。ぼくは彼らに、国連のロゴ入りのペンとマグネットを渡した。

「つまらないものですが、気に入ってくだされば嬉しいです。おもてなしに感謝します」

「どういたしまして！　表まで見送りますよ」主人が言い、ふらつきながら立ち上がった。同時に立ち上がった友人もバランスを崩したため、二人は肩をぶつけて倒れそうになり、騒々しく笑った。

「あの人たち、ひどく酔っ払っちゃって。ごめんなさいね」。奥さんが、玄関の外に出ようとしていたぼくたちにささやいた。

テントに戻り、それぞれの寝袋に潜り込んで身を寄せた。ショウが「あの人たち、すっごく変だったね！」と言った。「そうだな。でも、とても優しかった」ぼくはショウを腕枕しながら言った。「この旅で、彼らのような人たちとたくさん出会えるといいな」。まだ八時半を回ったばかりだったが、ものの数分もしないうちに、ぼくたちは深い眠りに落ちていた。

第9章　大嵐

翌朝、ぼくはニワトリのけたたましい鳴き声で目を覚ました。テントの天井のメッシュポケットから腕時計を取り出し、時刻を確認する。午前四時四五分。すでに朝の光がテントを明るく輝かせている。あくびをしながら起き上がり、凝り固まった背中を伸ばした。隣ではショウがまだ寝息を立てている。右ももが痛い。サイクルパンツで覆われていない膝からももにかけての部分が、大きな長方形のかたちで真っ赤に日焼けしている。日焼け止めを塗るべきだった。

朝の冷気で吐く息が白くなる。寝袋に入ったまま旅日記を引っ張り出し、一行目にこう書いた。「一日目。なんという日！」。一時間ほどかけて、昨日の冒険を振り返りながら日記に綴った。冒険心と興奮で胸が高鳴った。空白のページにからかわれているみたいだ。これから二カ月、いったいどんなことがぼくたちを待っているのだろう。

ショウは青い寝袋のなかで、朝の寒さをしのいでいる。息子はこの旅をどんな風にとらえているんだろう？　ショウはサイクリングを楽しんでいるし、日本が大好きだ。ぼくと一緒に過ごせるのを喜んでくれているようにも思える。そして父親から認められ、守られることを求めているに違いない。でもぼくは、この大冒険の成功を期待することで、ショウを苦しめているのではないか？　ショウは八歳の子どもだ。ほとんどのものごとが自分ではコントロールできない世界に生きている。たしかに、ぼくたちはふたりで一緒に日本縦断のアイデアを思いついた。だが当然ながら、ショウにはこの冒険がどれほど大きな規模のものなのかを、理解できるはずはなかった。おそらく彼は、かんしゃくによって、自らの無力さを必死で訴えようとしているのだ。ショウのかんしゃくは、たとえこの旅を通じて息子に成長して欲しいと願っていたとしても、父親であるぼくが、常識を持って彼を守らなければならないことを思い出させるものだった。

「パパ、おはよう」ようやく目を覚ましたショウが、まだ眠たそうな様子で起き上がり、目をこすった。「ぼくたち、どこにいるんだったっけ？」

「北海道の北側の海の近くにある農家だ。軽く食べてから、テントを解体しよう」

寝袋を羽織り、身を寄せ合ってあんパンを食べ、一個のみかんを分け合った。空腹でお腹が鳴らない程度のカロリーがとれた。テントのジッパーを開け、防水シートの下に置いていた靴に足を突っ込むと、朝露で湿った靴がキュッキュッと音を立てた。

三〇分後、パンパンに膨れ上がった四つのサイドバッグを積んだ自転車を農家の前まで押していき、ドアをノックした。まず奥さんが出てきた。花がらの半袖シャツに、格子柄の茶色のエプロン。その後ろから顔を出した夫は、明らかに二日酔いだ。少しばかり驚いたような表情をしている。

「おはようございます。昨日は美味しい夜ご飯を、ありがとうございました」ぼくは言った。「おもてなしに感謝します。おかげさまで無事にテントで眠れました。もうすぐ出発します」

「どういたしまして」奥さんがショウに向かってにっこりした。「ちょっと待っててね。すぐに戻ってくるから」

彼女が家のなかに消えると、夫が外に出てきて、ぼくたちの自転車を物珍しそうに見た。かがみ込んでショウのトレーラーサイクルをしげしげと眺めた。「なるほど、息子さんはこれに乗って一緒にペダルを漕ぐというわけですか」

「その通りです」ぼくは言った。彼は腰を伸ばすと、一呼吸置き、心配そうな顔をした。

「佐多岬までは長い道のりだ。八歳の子どもには無理じゃないかな?」

ぼくは前の晩のショウのかんしゃくを思い出し、これから二カ月以上も旅が続くことを考えた。そして思った——そんなの、やってみなきゃわからない。無理かどうかなんて、誰にわかるっていうんだ。すぐ側《そば》で話を聞いているショウの前で、不安を見せるわけにはいかなかった。

「息子ならできますよ」ぼくはショウを見て力強くうなずき、彼の頭を撫でた。「ショウの脚はものすごく強いんです」

奥さんが慌てた様子で表に出てきて、ショウに袋を手渡した。「途中でお腹が空くでしょう。よかったらこれを食べてね」。袋の中身はクラッカーの「リッツ」、ポカリスエット、鮭のおにぎりだった。ショウの顔が輝いた。

出発したぼくたちに向かって、夫妻が手を振ってくれた。一キロほど進むと、沿岸の国道に出た。まだ早い時間だったが、青く輝く広大な海の上空には、すでに陽が昇っている。ぼくたちの進行方向には、大きな雲が低く垂れ込めていた。海から吹いてくる風が冷たい。長袖のフリースを着ていてよかった。

ぼくたちはしばらく黙ってペダルを漕いだ。ショウが口を開いた。「パパ、この旅はぼくにとってはきつすぎるの？　そんなことないよね？」

ぼくは安定したペースでペダルを踏みながら、肩越しに答えた。「人の意見に左右されちゃいけない。もしひいおじいちゃんがここにいたら、〝心配すれば、小さな物の影も大きくなる〟って言うはずさ」

「ぼくの影が大きくなるの？」

「〝できない〟と考えれば、ものごとはますます難しくなるっていう意味さ。だから、〝日本を縦断するのは小さな子どもには無理だ〟って言われたら、〝佐多岬からポストカードを送ります〟って言っておけばいいのさ」

「そうだね！」ショウが張り切って言った。「佐多岬で舌を出した写真を撮って、〝完走できるって言ったでしょ！〟って書いて送るよ」

「そう、その意気だ」

ぼくたちは、穏やかな海岸沿いを何時間も走り続けた。たまに軽トラックとすれ違った。日本の田舎でよく見るタイプの、実用的なデザインの車だ。運転しているのはたいてい年配の男性で、ツインベッドほどのサイズの荷台には、農具や海藻なんかが載っていることが多い。

サドルの下にとりつけた小型スピーカーにｉＰｏｄを接続し、ショウのリクエストで「リトル・ダンサー」のサウンドトラックを流した。ショウはごきげんで、曲に合わせて大声で歌っている。

前方に目をやると、国道が海に突き出た崖のなかに消えていくように見えた。

「見てごらん」ぼくはスピーカーの音量を下げ、ショウの方を振り返って言った。

「何？」

「この旅で最初のトンネルだ。どのくらい長いかな」。ギザギザの崖壁の先に、大きな半円形のトンネルの入口が見える。まるで、道路を飲み込んでいるみたいだ。トンネルの上には、大きな岩がいくつもむき出しになった、急勾配《きゅうこうばい》の壁がある。

「あのでっかい岩は、海をひっかこうとしている巨人の手に見えるよ。トンネルに入るとき、つかまえられないようにしないと！」ショウが言った。

トンネルに入った。距離はおそらく一キロほど。左側の壁には大きな四角形の隙間があり、海側から光が差し込むようになっている。ときおり、打ち寄せた波のしぶきも飛んでくる。「ハロー、ハロー、ハロー！　ぼくはここだよ！」。ショウの叫び声がトンネル内に響きわたり、暗闇のなかに吸い込まれていく。ショウはその耳障りな反響音を聞いて笑った。

トンネルは何かを暗示しているかのように思えた。巨大な手で締めつけられるような嫌な感じがして、それを振り払うようにペースを上げた。エコー遊びに夢中なショウは、叫び続けている。ようやくトンネルを抜けた。さっきより気温が下がっているようだ。

ショウは不満そうだ。「もう終わり？　面白かったのに」

「心配しなくてもいい。日本は山がたくさんある。これから、いくらでもトンネルを通るさ」

携帯電話が鳴ったので、道路脇に自転車を止めた。エイコからだ。

「農家での夜はどうだった？」

「大宴会だったよ。トラクターの隣で寝て、素敵な家族と一緒に信じられないくらい美味しいカニを食べた。会ったときに一部始終を話すよ。そっちはどうだった？」

「あなたたちが体験したような刺激的なことは何もなかったわ。二歳の子と旅行すれば、どうなるか想像つくでしょ。夕食をとって、いつものように就寝前のお風呂に入って、本を読み聞かせて、子守唄を歌ったわ」。エイコの声が疲れているように聞こえた。ぼくは、彼女がこの旅で、ぼくとショウを支えるために投じてきた労力の大きさを思った。これは〝父と息子〟の旅だ。エイコは国連での多忙な日々のなか、まとまった休暇をとって、夫と息子を支える妻と母という役割を担ってくれているのだ。

「エイコ、すまない。一週間もぼくたちを車で追いかけ続けるのは、理想的な休暇の過ごし方じゃないよね」

彼女が驚いたように笑った。「そんな風に思ってくれてるの？」声のトーンが和らぎ、皮肉っぽさが消えた。「そう言ってもらえると報われるわ。今日はどこまで走るの？」

「昨日の教訓を活かして、今日は控えめに距離を見積もる。今夜は雄武《おむ》に泊まろう。今日のスタート地点から、約七〇キロ先だ。この距離なら、風がどれだけ強くても日没前には到着できるはずだ」

「わかったわ。先に行って宿を探しておくわ。それから、便利なものを見つけたの。日本全国に、〟ミチノエキ〟って呼ばれてる休憩所のネットワークがあるみたいなの。〟ストリート《道》・《の》ステーション《駅》〟という意味よ。キャンプ場や子ども用の遊び場、食品売り場なんかがあるんだって。道の駅の場所が載ってる地図を手に入れたの。あとで渡すわ」

「ありがとう。君は最高の相棒だよ！　あと数日して君がニューヨークに帰ってしまったら、ぼくはどうすればいいんだろう？」

「ふふ、苦労するわよ。私があなたの人生をどれほど素晴らしいものにしているかがよくわかるはず」

「その通りだろうな」

「ねえ、パパ」ショウが言った。

「あとにしてくれ、今ママと話をしてるんだ」ぼくはそう言って、ちらっと後ろを見た。トレーラーサイクルにまたがったショウが、心配そうに海を指さしている。ショウの視線を追うと、地平線に大きな黒雲が垂れ込めているのが見えた。迫り来る嵐の下で、白い波頭が荒々しく渦を巻いている。

「雲の兵隊さんみたい」ショウが言った。「すごい速さでこっちに来るよ」

　ぼくはエイコに言った。「じゃあ、またあとで。雄武で会おう。雨が降りそうなんだ」

　ぼくは電話を切ると、後部のサイドバッグをまさぐり、衣類の山をかき分けて、一番下に入れてあった雨具を取り出した。サイドバッグに荷物を入れ直していると、もう雨粒が落ちてきた。ショウにジャケットとレインパンツ、長靴を手渡し、自分も急いで身につけた。振り向くと、ショウが一度穿《は》きかけたレインパンツを脱ごうとしている。

「どうしたんだ？」

「このパンツ、好きじゃないよ」

「嵐が来るんだぞ。穿くんだ」

「嫌だ。好きじゃないもん」

大粒の雨が、ポタリ、ポタリと音を立ててヘルメットを強く叩いた。

「ずぶ濡れになって、身体が冷えてしまうぞ。パンツを穿くんだ。ニューヨークで試着したときは、気に入ったって言ってたじゃないか」

「今は違うもん。それに、長靴はカッコ悪いよ」

「カッコ悪くなんかないさ」ぼくは苛立ちながら言った。「足元が濡れたら、身体が冷えてしまうんだぞ」ショウは答えない。ぼくはつけ加えた。「長靴を穿いたら、妖精の騎士や王様みたいに見えるぞ」

「そんな風には見えないよ。それに、妖精なんか好きじゃないもん」

「いいか、ここには誰もいない、いないんだ。カッコ悪くたって、誰にも笑われたりしない。いいからレインパンツと長靴を穿くんだ！」

ショウは下唇を突き出してふくれっ面をしながら、肩を落として黒いレインパンツに片脚を通し、不満そうにのろのろと長靴を穿いた。ぼくは雨に打たれながらその様子を見ていた。唇を嚙み締め、深呼吸をした。息子を怒鳴りつけないようにしなければ——。

ようやく、再び走り出した。拗《す》ねているショウは、ほとんどペダルを漕がず、何もしゃべらない。もっとも、どのみち嵐で聞こえなかっただろうけど。大雨に打たれながら、海側からの突風に負けないようにしっかりとハンドルを握りしめた。ヘルメットから流れてくる滝のような水が、頰や唇に流れてくる。濡れた路面を走るタイヤが水しぶきを上げ、サイドバッグを水浸しにした。

一〇年前に読んだ、有名な登山家ジム・ウィテカーの自伝の一節が頭に浮かんだ。「人生をよりよく生きるための鍵は、不快さにある」。初めて読んだとき、思わずペンで線を引いた。それ以来、この言葉を折にふれて思い出す。ウィテカーは、人間が成長し、人格を磨いていくためには、〝すでに知っているものや、慣れ親しんでいるもの〟を超えた何かに挑戦しなければならないと考えていた。ぼくは辛いときや苦しいときによく、ウィテカーのことを考えた。そして、「この苦難は、自分の成長の糧《かて》になる」と自分に言い聞かせた。ずぶ濡れになり、容赦なく吹きつけてくる風に向かってペダルを漕いでいる、まさにこんな瞬間こそが、日々の幸せのありがたみを教えてくれるのだ。愛する家族との食事、温かいシャワー、ベッドで身を寄せ合いながら子どもに絵本を読み聞かせること——。この苦しみを体験することで、そのあとの幸せをもっと深く味わえるようになるはずだ。

ウィテカーの言葉に従うならば、不快さと向き合うことは、ショウとぼくにとって忍耐力を養うための訓練になる。父親には、子どもを守ろうとする本能がある。だが同時に、親は子どものの人生を楽にしすぎてもいけない。ぼくはショウに、懸命な努力によって苦難を克服することで、大きな達成感を味わって欲しかった。それを、これからの人生の支えにして欲しかった。

しばらくして、ショウが何かを叫ぶ声が聞こえた。嵐の轟音《ごうおん》で、何を言っているのかわからない。まだかんしゃくが続いているのかと、覚悟を決めて振り返ると、ショウは、元気よく歌をうたっていた。目が合うと、ショウはにっこりと笑った。「パパ、すごいよ！　雨でぐちょぐちょだ！」

大嵐のなかを数時間走り続け、雄武町に到着した。人口五〇〇〇ほどの海岸沿いの小さな町だ。エイコとサヤが、二車線の国道沿いにある平屋の民宿で、ぼくたちを待っていた。雨が降りしきるなか、建物の脇まで自転車を押して歩き、ひさしの下に停めた。

「パパとショウがぬれてる！」サヤが興奮して叫びながら駆け寄ってきた。

「残念だけど抱っこはあとだ。パパはびしょびしょだからね」

ショウがトレーラーサイクルの横で、腕を水平に広げて立っている。レインパンツと長靴は水浸しだ。エイコが急いでショウの全身をタオルで拭き、「早く濡れた服を脱いで着替えましょう」と言いながら、宿に入っていった。サヤがそのあとに続いた。ぼくは駐車場で、雨水をたっぷり吸い込んだサイドバッグを自転車から外していった。

辺り一面のアスファルトを、激しい雨が打ちつけていた。荒々しい雨音だった。

第10章　サイトウさん

翌朝早く、ぼくたちは、民宿の長い廊下を歩いて食堂に向かった。全員まだ起きたばかりで、頭が少しぼうっとしている。抱っこされたサヤが頭をぼくの胸にうずめ、その前をエイコとショウが手をつないで歩いている。年季の入った廊下の板が、ギーギーと音を立てた。簡素なつくりの食堂には、数人の宿泊客がいて、小さなテーブルで静かに食事をしていた。壁際のテーブルには、大型の炊飯器と、料理が盛られた大皿が一〇個ほど置かれていた。

「自分で食べ物をとるの？」ショウの声が、静かな部屋全体に響きわたった。他の客が、ぼくたちの方に視線を向けた。

「大声を出しちゃダメ」エイコが小さな声で言った。「そうよ、これはビュッフェよ。何があるか見に行きましょ」

椅子にサヤを座らせようとしていると、隣の部屋から、エプロン姿の中年女性が子ども用のクッションを持って現れ、かいがいしく勧めてくれた。

「どうぞ使ってください」女性は椅子にクッションを置きながらサヤに微笑んだ。「なんさい？」

「にさい！」サヤは元気よく答えた。

「まあ、可愛い」女性が微笑んで言った。

「ありがとうございます」ぼくはサヤをクッションに座らせながら言った。

ショウが、皿にサバの塩焼きや漬物、スクランブルエッグ、味噌汁の椀《わん》を載せてテーブルに戻ってきた。エイコがご飯茶碗を四つ、それぞれの前に置いた。

「おさかながたべたい！」サヤがショウの皿を指さして大声を出した。

「シーッ！」エイコとぼくが同時に言った。

ぼくはサヤの頭を撫でながら言った。「大きな声を出したらいけないよ。ちょっと待っててね。パパがおさかなや、サヤが食べたいものを全部持ってきてあげるから」

「ぼくのを分けてあげるよ」ショウが箸でサバの身をつまみ、母鳥のようにサヤの口のなかに落とした。

「おいしい！」サヤがお腹をさすりながら言った。

「なんで静かにしなきゃいけないの？」ショウが不満を言った。

「日本では、人前で大声で話すのは失礼なのよ」エイコが説明した。

ぼくはつけ加えた。「騒々しいアメリカ人だと思われないようにしよう」

「でもぼくは大声なんか出してないよ」ショウが言った。

「日本ではあれが大声になるのさ」ぼくは答えたが、ショウは納得していないようだった。

食事を終えて皿を戻すと、ぼくはテーブルに北海道の地図を広げた。

「もう一度、ルートを確認しよう」ぼくは北海道の最北端の辺りを指さした。「今はここ、雄武町だ。これから海岸沿いの国道二三八号線を東に向かう。今日は紋別《もんべつ》で昼食にして、サロマ湖の周辺に泊まろう。そのあとは網走《あばしり》、ウトロを目指して走る。一日八〇キロほどの距離だ。そうすれば、三日で知床《しれとこ》半島に到着できる」

「知床にはゲームセンターはある？」ショウが尋ねた。

「わからない。でも、どっちにしても楽しめるはずだ。自然が保護されている地域で、鹿やヒグマがいっぱいいて、美しい湖もたくさんある。自然がとても豊かなので、アイヌの人たちは、この地域を〝地の果て〟と呼んだんだ」

「アイヌって何だったっけ？　もう一回説明して」ショウが尋ねた。

「北海道の先住民よ」エイコが答えた。「彼らは近代の日本人がこの地にやってくる前からここに住んでいたの。アイヌの言葉と文化は自然と深く結びついているのよ。動物を狩ったり、木の彫刻をしたりするのが得意なの」

「アイヌのほとんどは、殺されてしまったんだ」ぼくがつけ加えた。「でも、まだ生きている人もいる。今回の旅でも、アイヌの人たちがたくさん住んでいる二風谷《にぶたに》という村に行く予定だ」。ぼくは地図上の二風谷を指さした。

　エイコが眉をつり上げた。「そこにはどんなルートで行くつもり？」

「知床のあと、内陸を通って南に向かおうと思ってる」

「つまり、山脈の真ん中を通るってことね」エイコは心配そうにショウを見た。

「わかってる。でも、二風谷には行ってみたいんだ。必ず無事にたどり着けるはず……」

「誰がアイヌの人たちを殺したの?」ショウが割り込んだ。

「複雑な話なんだ」とぼくは言った。「アイヌは千年も前からこの地域に住み、和人やロシア人と交易をしていて、独自の言語や宗教、風習があったんだ。でも一八〇〇年代後半に、日本政府はアイヌの土地を奪い、その土地を北海道への入植者に与えた。入植者は近代的な農場をつくっていった。アイヌは同化を余儀なくされ、抵抗した多くの人々が殺された」

「同化って何?」ショウが尋ねた。

「自分たちの言葉や風習をやめて、日本語を話し、日本人と同じような暮らしをしなければならないということさ。日本政府がアイヌを先住民族と認めたのは、去年のことだ。同じようなことは、アメリカのネイティブアメリカンにも当てはまる。人類の歴史のなかで、ある文化が領土を広げようとするときは、先住民族が辛い目に遭うことが多いんだ」

「なんで彼らは土地を分け合わなかったの?」

「誰もが、さっきのショウとサヤみたいに、何かを分け合えるとは限らないんだ」

朝食後、出発の準備をして自転車に荷積みを終えるまでに一時間かかった。前の晩、少しでも乾かそうと、バッグから荷物を全部出していたからだ。ほとんどの荷物は防水の袋に入れていたが、昨日の走行中、サイドバッグに水が三センチほどたまってしまい、荷物はずっと水に浸かっていた。幸い、ブログを書くために携行している小型のノートパソコンはまったく濡れていなかった。自転車にとりつけたとき、黒のサイドバッグはまだ湿っていた。だが、走り出せばすぐに乾いてくれるはずだ。天気予報では今日は晴れで、日中の気温は一八度だ。

エイコとサヤは、バンで先に紋別の道の駅に向かった。そこで合流し、昼食をとる予定だ。九時三〇分にペダルを漕ぎ始め、数分で雄武を抜けて、色鮮やかで広大な海を見ながら走り続けた。人にはまったく会わなかった。自転車のホイールが心地よい音をたて、微風がヘルメットのなかを踊るように通り抜けていく。

鋭い翼をした美しい鳥が、水辺をうろつき、牧歌的な光景にさえずりの歌を添えている。

しばらくして、ショウが尋ねた。「パパ、スルメを食べてもいい？」

「いいとも」ぼくは自転車を止めずに、ハンドルバーバッグからスルメを引っ張りだしてショウに渡した。

嚙みごたえのあるスルメにしばらくの間かじりついたあと、ショウが言った。「知床にはゲームセンターがないって言ったよね。出発してから、まだ一度もゲームセンターを見てない。ぼくは日本で一番のゲームセンターに行きたいんだ！　どこかにあるはずだよ。いつ行けるかな？」

ぼくは笑った。「わからないけど、約束するよ。この旅で、たくさんゲームセンターに連れて行ってあげる。ここは日本の北の端っこだから、あんまり人は住んでいない。だけどこれから二カ月の間には、もっと大きな市《まち》にいくつも寄る。そこにはゲームセンターがあるはずだ」

「わかったよ、パパ。ぼくが行きたいゲームセンターは、ポケモンバトリオがあるところ。それから、古代王者恐竜キングと………」

グワァ　グワァ　グワァ！――心地よい朝の静けさを破って、突然、気味の悪い音が聞こえてきた。ショウが黙った。

「パパ、今の音は何？」ショウはおびえている。

「なんだろう。気持ち悪いな」。背筋がぞっとする。

　自転車を止め、音がした方角に目を向けた。背の高い葦《あし》や草に囲まれた入り江に、大きな鳥がいた。人間の膝ほどの深さの水のなかを、優雅に歩いている。体長は約一メートル。黄色い細長いくちばしと鋭い目が、灰色の粉綿羽《ふんめんう》によく映えている。水のなかを見つめ、細長い首の上の頭を横にかしげると、動作の途中で突然、骨のように細い脚の上に腰掛けるような格好のまま、身動きしなくなった。

　アオサギだった。海岸沿いや田んぼで見ることのできる鳥だ。浅瀬を歩き、魚やカエルを捕食する。虫を餌代わりに目の前に落として、何も知らずに近づいてきた魚をつかまえることもある。この鳥は日本の昔話によく登場する。その奇妙な鳴き声が、不気味なシーンを演出するものとして用いられることも多い。

「カッコいい！　でも変な鳴き声だね」ショウはビクビクしながら鳥を見て言った。アオサギは身じろぎもしない。まばたきもせずに、黄色い目で足元の水面を睨んでいる。

「なんで動かないの？」

「魚をつかまえようとしてるんだ。このまま観察してみよう」

　ぼくたちは路上で自転車にまたがったまま、何も言わずに見守った。そして、その瞬間は訪れた。足元に泳いできた魚を、ハンターは黄色いクチバシの一撃で仕留めた。アオサギは頭を高く上げ、喉《のど》を震わせて獲物を飲み込むと、大きな翼を広げて飛び立ち、穏やかな水面の上をゆっくりと旋回して、再び不気味な鳴き声をあげた――グワァ　グワァ　グワァ！　しわがれ声を響かせながら、背の高い草むらのなかに消えていった。

ショウの目が輝いた。「すごい！　あっという間に魚をつかまえちゃった」

数時間後、カーブを曲がると、カニの爪の形をした巨大なモニュメントが見えてきた。

「紋別の道の駅だ。ママたちと昼食をとろう」ぼくは後ろにいるショウに言った。

「イェーイ！」

半分ほど埋まった駐車場に入ると、レストランや売店の隣にある広々とした芝生で、サヤがエイコを追いかけているのが見えた。

「ママをつかまえる！」サヤはエイコのシャツの端をつかみながら、嬉しそうに叫んだ。サヤとエイコは、笑いながら地面に倒れ込んだ。自転車を止める前に、ショウがトレーラーサイクルから飛び降りた。ぼくは反動で転倒しそうになった。

「おい、気をつけてくれよ！」

「ごめん！」ショウは肩越しに叫びながら、楽しそうなふたりに加わるために緑の芝生に向かって駆けていった。

自転車を壁にもたせかけると、ぼくは両手を広げ、叫び声をあげながら家族の方に向かって走り出した。子どもたちは、キャーっと嬌声《きょうせい》をあげながら、ぼくから逃れようとして芝生を転がるように飛び跳ねていった。ぼくは子どもたちを追いかける代わりに、芝生に横になって空を見上げているエイコの横に倒れ込んだ。穏やかな青空に向かって、いくつもの雲の筋がゆっくりと立ち上っている。

ぼくはエイコの頬にキスして、彼女の隣に横たわった。

エイコは微笑み、肘《ひじ》で上半身を支えてぼくの方を向くと、追いかけっこをして遊んでいるショウとサヤの方に目をやった。「ショウは午前中ずっと自転車を漕いでいたのに、疲れてないみたいね」

「ぼくは疲れてる。本格的なマッサージを一時間半はして欲しいところさ」

「私に頼まないでね！」エイコはいたずらっぽく笑い、ぼくの髪についた草をとった。

「真面目な話、身体は大丈夫？」

「脚と背中がかなり痛いけど、どうにもならないほどじゃない。一番きついのは腕だ。荷物が重いから、ハンドルバーをずっと握りしめてなきゃいけない。しばらくすると、手の感覚がなくなってしまうんだ」

「心配ね。旅は始まったばかりよ。無理しないで」

突然、サヤが嬌声をあげながら、ぼくたちの脇を通り過ぎた。すぐ後ろを走っていたショウがぼくの両足を飛び越え、サヤをつかまえた。

「ナイスジャンプ！」ぼくは言った。

「今夜の宿のことだけど、サロマ湖の近くの宿泊施設にいくつか電話をしてみたの」エイコが言った。「でも、今夜はぜんぶ部屋が埋まってた。明日、大きなマラソン大会があるので、人が大勢来てるみたい。他にも探してみるから、見つけたら連絡するわ」

「わかった。地図を見たら、サロマ湖の隣にキャンプ場があったよ。宿がとれなかったら、そこにテントを張る。次の町は遠すぎて日没前にはたどり着けないけど、君とサヤはその町まで行って、宿をとればいい」

「わかったわ。そのつもりで宿を探してみる。夕方になったら、状況次第でどうするか決めましょう」

ぼくは少し遠くにいるショウに向かって、今日もエイコたちと別々に寝るかもしれないと告げた。「オーケー!」ショウは心ここにあらずという様子で返事をすると、サヤを追いかけ始めた。

ぼくはエイコに言った。「納得してくれたかな。一昨日みたいに、突然かんしゃくを起こして大泣きしたりしなければいいけど」

子どもたちの遊びが一段落したのを見て、ぼくたちはレストランに入った。海が見渡せる大きな窓から、日の光が差し込んでいる。

「カウンターで注文して、食べ物を自分でテーブルに運ぶのよ」エイコが仕組みを教えてくれた。

「お腹は空いてないよ。スルメをたくさん食べたから」ショウが言った。

「そうか、じゃあパパがショウの分まで食べるよ。朝からずっと自転車を漕いでたから、お腹がペコペコだ」

カウンターの後ろの若い女性が、こっちを見て微笑んでいる。「いくら丼と、味噌汁をください」ぼくは言った。

「かしこまりました」彼女は丁寧に答えたが、ショウに気づくと、驚いた様子で興奮してしゃべり始めた。「ボク、自転車に乗ってるでしょ！　今朝、通勤の途中で見かけたわ。私はあなたたちが来た方向にある、浜頓別《はまとんべつ》に住んでいるの。どこまで行くの？」

ぼくはショウを見た。ショウが答えた。「佐多岬です」

女性が叫んだ「すごい！　あなたたち二人だけで？」

「そうです」ぼくは言った。「ぼくたちは、環境問題のチャリティー活動をしながら走っています。これがぼくたちの名刺です」ぼくは、表が日本語、裏が英語の名刺を差し出した。国連のロゴと、次のような文字が記してある。《地球温暖化のためにひとつになろう。ライド・ジャパン。父と息子の自転車日本縦断の旅。ショウ（八歳）、チャールズ・スコット》。文字の横の小さな地図には、スタート地点である日本列島の最北端と、ゴール地点の最南端を結ぶ線が描かれている。

「信じられない！」女性は驚いて興奮していたが、一呼吸置くと、深刻な表情になった。「八歳の子どもには、無理じゃないですか？」

ランチを終え、エイコは巨大なカニ爪のモニュメントがある駐車場に停めていたバンの運転席に乗り込んだ。ぼくは後部座席のチャイルドシートにサヤを座らせた。

「サロマ湖の近くで宿を探してみる。あとでまた電話するわ」

「了解」ぼくは鼻声で言った。サヤがぼくの鼻をつまんでいたからだ。「こら！　いたずらっ子め！」くすぐると、サヤは大笑いしてぼくの鼻から手を離した。

　ショウが助手席に乗り込み、シートベルトを装着した。

「おや？」ぼくはわざと困惑したような表情を浮かべた。

「何？」ショウはいたずらっぽくニヤリと笑った。

「ズルはダメだ。ショウとパパは車じゃなくて、自転車で日本を縦断する。さあ、行くぞ！」

「チェッ」ショウが拗ねたように言った。

「ママにキスをして、出発だ」

　ショウはエイコの頬にキスをし、おっくうそうに車から出た。

手を振ってエイコとサヤを見送ったあと、ぼくたちは自転車に向かって歩いた。ぼくは、ショウの肩を引き寄せると、背中を叩いて励ました。「ショウならできるさ」

　一時間ほど走った頃、カーブを曲がった先の道端に、男性のサイクリストが立ち止まっているのが見えた。泥除け《フェンダー》のある自転車に、大きなハンドルバーバッグが一つと、ぎっしりと荷が詰まったサイドバッグが二つ。荷台には丸められたテントが縛りつけてある。ぼくたちと同じく、自転車で長旅をしているのだろう。自転車の脇に立って身体をかがめ、何かを調べている。トラブルかもしれない。

「大丈夫ですか？」横で停止し、尋ねてみた。ヘルメットの下の白い帽子、オレンジがかったサングラス、サイクリング用手袋、ブルーの半袖シャツとパンツ。五十代に見えるが、若いスポーツ選手のように逞《たくま》しく太いふくらはぎをしている。

男性は身体を伸ばすと、サングラスを外した。優しそうな、活《い》きいきした目が現れた。

「はい、全然大丈夫です」彼は感謝を込めた笑顔で答えた。「ちょっと休憩しながら、自分で撮った写真を見てたんです」

彼の日本語には訛《なま》りがあった。ぼくにはそれがとても魅力的なものに聞こえた。東京のビジネスパーソンがしゃべる歯切れのよい言葉遣いとは対照的に、彼の言葉には素朴で温かい響きがあり、心地よいリズムがあった。男性は、デジタルカメラの画面に表示される写真を見ようとして、日光を身体で遮断して影をつくるために、前かがみになっていたのだ。男性は望遠レンズと頑丈なニコンのカメラをぼくたちの方に差し出して、大きなアオサギのクローズアップ写真を見せてくれた。

「わあ、さっきぼくたちが見た鳥だ!」ショウが興奮して言った。

「そうかい。綺麗だっただろう?　他にもいい写真があるよ」男性は画面をスクロールし始めた。ショウとぼくは近くに身を寄せた。男性はショウによく見えるように、カメラを低い位置で持ってくれた。見事な写真だった。ぼくは、少しばかり気落ちしてしまった。出発してからここまで、持ってきたコンパクトデジタルカメラで撮った写真には十分満足していたのだが、男性が撮影した動物や花の息を呑《の》むように美しいクローズアップ写真や、海や山を一望する高解像度のショットとは、比べものにならない。高級カメラと写真の腕前があれば、ここまで素人離れした写真が撮れるとは。

ぼくは荷物がぎっしりと積まれた彼の自転車を指さした。「長旅のようですね」

「そうです。山形の家を出てから、もう二週間以上になります。海岸沿いの道を通って、日本を一周しようと思ってるんです。五カ月はかかりそうですよ。私は六一歳で、定年を迎えたばかりです。第二の人生を始めるのに、日本一周は最高だと思いましてね。あなたたちはどんな旅を?」

「それはすごい！　ぼくたちは宗谷岬から佐多岬までの、たったの四〇〇〇キロです。七〇日もあればゴールできると思っています」。ぼくは男性に名前を告げ、日本語の面を上にして名刺を渡し、小さくお辞儀をした。男性は頭を下げ、両手で大事そうに小さな名刺を受けとると、じっくり眺めたあと、ハンドルバーバッグにそうっとしまった。

「息子さんと日本縦断とは、本当に素晴らしいことです」彼はショウを見た。「君は賢く、強そうだ。間違いなく、佐多岬まで行けるよ」

ショウは顔を赤らめてにっこりと笑った。

「サイトウアキラといいます。お会いできて嬉しいです。これは私の名刺です。また旅の途中で会えたらいいですね」

第11章　サロマ湖ウルトラマラソン

ぼくたちはそのあと、数時間走り続けた。途中、路上で軽食をとって休憩した。しばらく進むと、また道の駅があった。大きな建物がいくつかと、海沿いの遊歩道がある。正面玄関の近くに自転車を停めて建物に入ると、レストランや小さな食料品店があった。

「食料を買っておこう」ぼくは言ったが、ショウは上の空で、ロビーにいる自分と同じくらいの年頃の少年の方を見ていた。茶色のカーゴパンツを穿き、少しばかりぽっちゃりした上半身にライトブルーのTシャツを着ている。少年はベンチに腰掛け、コインのような形をしたポケモンパックを一〇枚ほど並べ、覆いかぶさるようにして見入っている。

「パパ、あの子と遊んできてもいい？　ぼくもポケモンパックを持ってる。いちおうポケットに入れといたんだ」「いいとも。パパは店に行ってくる。何か欲しいものは？」

「スルメとビーフジャーキー、アクエリアス。それから、餅があったら買ってきて！」

「了解だ。タンパク質に電解質に炭水化物。一日中サイクリングをする人間にふさわしい食事だ。すぐ戻るよ」。ぼくは今回の旅の間は、毎日、普段の倍となる五〇〇〇キロカロリーほどを摂取しなければならないと見込んでいた。当然、ショウにもいつもより多めのカロリーが必要だ。息子がスポーツドリンクやお菓子を欲しがったら、迷わず与えることに決めていた。

店には、ショウにリクエストされたもののうち、ビーフジャーキー以外はすべてあった。ぼくは大福餅を二袋買った。米を材料にした、甘く味付けされた歯ごたえのある触感の食べ物だ。この美味しいお菓子は、まだ日本以外の国で正当に評価されていないと思う。店を出るとすぐに大福をひとかじりし、体内に炭水化物が広がっていく感触を楽しんだ。ロビーに戻ってみると、少年とショウがポケモンパックの取引に熱中していた。それぞれ目の前に手持ちのパックを並べ、どれとどれを交換するかを交渉している。

携帯電話が鳴った。エイコからだ。ぼくは尋ねた。「どこにいる?」

「サロマ湖の隣よ。あなたがテントを張りたいって言ってたキャンプ場は、ヒグマが出るから営業中止になってたわ」

「じゃあ、その辺りでキャンプを張るのはあんまりよくないかもしれないな」

「キャンプしたら離婚するわよ!」。ぼくは冗談めかして言ったつもりだったが、彼女の声には少々真剣な響きがあった。エイコが気持ちを落ち着かせるようにしながら続けた。「さっき話をしてたマラソンレースは、相当規模が大きいみたい。ホテルや旅館は全部予約で埋まってるわ。だけど、あなたたちが泊まれそうな場所があったの。ランナーのために、放置されている古い鉄道車両が宿泊施設になってるんだって。たぶんあんまり快適じゃないけど、少なくとも料金は安いはずよ」

「鉄道車両？」

「それが嫌なら、自転車をバンに積んで、網走まで行ってそこでホテルに泊まりましょう」

ぼくは一瞬だけ考えて言った。「いや、それだとズルになってしまう。車両で寝るよ」

「わかったわ。それから、ショウが喜びそうな小さな遊園地もあったの。車両からほんの数キロのところにあるんだけど、営業時間が午後五時までなの。間に合いそう？」

ぼくは時計を見た。一時五〇分。「多分間に合う」

「グッドラック。近くまで来たら電話して」

ぼくは電話を切って、少年とショウの方を見た。

「そろそろ出発の時間だ」英語で話しかけたので、ショウの新しい友達が、びっくりしたような顔でぼくを見上げた。

「パパ、もうちょっとここにいようよ」

「ママが遊園地を見つけたんだ。営業時間が終わる前にそこに着くには、急がなくちゃならない」

「遊園地？　行きたい！」。態度を一変させたショウは、急いでポケモンパックをかき集めると、友人に言った。「ごめん、もう出発するね」。少年はお別れの手を振ると、またポケモンパックを並び替える作業に没頭し始めた。

自転車の方に向かって歩きながら、ショウが言った。「ぼくの弱いポケモンパック五つを、あの子の強いポケモンパック二つと交換したんだ。いいのが手に入った！」

それから二時間半はハードだった。ぼくは頭を低くし、海側から吹きつける強い風を避けながら、レース中のサイクリストのように必死にペダルを踏み続けた。太ももと肩が燃えるように痛み、手が痺れた。自転車のフレームにとりつけているウォーターボトルを素早く手にとり、ペダル回転数《ケイデンス》を変えずにそのまま頭をかしげて少し口に含み、元の場所に戻すという動作を何度も繰り返した。ショウも頭を低くし、必死になってペダルを漕いだ。ショウは途中で何度も、強い風音にかき消されないように大声を出して、時間までに遊園地に着けるかとぼくに尋ねた。遊園地で遊びたい一心で、息子がここまで必死になっていることに、ぼくは心底驚いた。

　午後四時三五分、ぼくたちは息も絶え絶えになりながら、大きな達成感と共に、遊園地の敷地内にあるガラガラの駐車場に到着した。遊園地の真ん中に、キラキラと光る大きな観覧車が見えたが、客は誰もおらず、動いてもいない。エイコがバンの脇に立って手を振っている。ぼくたちはバンの横に停車した。ぼくは自転車にまたがったまま、ハンドルに両腕を置き、その上に頭をのせた。

「無茶をしすぎた。もう歳だ」ぼくはゼイゼイと喘《あえ》ぎながら言った。

　ショウが自転車から飛び降り、エイコの手を引っ張った。「ママ、急いで！　あと二五分で遊園地が閉まっちゃうよ！」

「サヤが車で寝てるの。様子を見ててもらえる？」ショウに袖口をつかまれながら、エイコが言った。

「オーケー。ぼくも車のなかで胎児のポーズで寝てるよ。点滴も打たなきゃ」

　エイコはぼくの冗談に笑って、ショウと一緒に走り出した。ぼくはバンの隣に自転車を横たえた。息を整えてから、車の窓から頭を突っ込み、サヤの額に優しくキスした。チャイルドシートで深い寝息を立てているサヤは、頭が身体と逆の方を向いていた。ぼくは、座席の側面に頭をもたせかけられるように、サヤの頭をそうっと自然な位置に動かした。サヤは一瞬だけ目を覚ましかけ、指をしゃぶる柔らかい音を立てたあと、またすぐに安らかな眠りに落ちた。突然、これから二カ月間、サヤやエイコと離ればなれになるという事実が胸に迫ってきて、悲しみに襲われた。

小さな遊園地をあらためて眺め、ここが「ファミリー愛ランドYOU」という名称の施設であると知った。制服を着た中年男性が一人いて、エイコとショウがアトラクションを次から次へと移動する度に、その後ろを追いかけるようにして小走りで移動している。それ以外に、人の姿は見当たらない。ブランコ、ゴーカート、シューティングゲーム——次の乗り物を目指して遊園地内を全力で走るショウの小さな身体と、それを追いかけて走るエイコの姿が、遊具と遊具の間から見えた。

二人の笑い声が遊園地の上空に響き、明るい青空に吸い込まれていく。冷たく乾燥した空気が汗を乾かし、夏の太陽はバンの隣に横たえた自転車にぼくの影を投げかけた。妻と息子の元気な笑い声と、サヤの穏やかな寝息——この至福の音を、いつまでも聞いていたいと思った。でも、川面に落ちては流れゆく木の葉のように、この瞬間《とき》もまた、すぐに記憶の彼方に消えていってしまうのだ。

五時〇一分。エイコとショウは手をつなぎ、幸せな空気をいっぱいにみなぎらせて、興奮しながら戻ってきた。

「パパ、ぼくたちしかいなかったんだよ。列に並ばなくても、乗り物に乗れたんだ!」

「楽しい時間を過ごせてよかったじゃないか。それに、今夜は別の楽しい冒険もある。電車のなかで寝るんだ」

「電車?」

エイコが駐車場から車を出発させたとき、サヤはまだ眠っていた。ショウとぼくはその後ろを追って、北海道最大の湖であるサロマ湖のほとりを自転車で走った。この湖の名前の由来は、アイヌ語で〝葦がたくさん生えている川〟という意味だ。

一五分後、ぼくたちはエイコに続いて駐車場に入った。すぐ前の野原に、連結された黒い鉄道車両があった。何十年も放置されていたとおぼしき車両には、時と共に朽ち果てていく過去の遺物という雰囲気があった。窓越しに、車内の人影が見えた。ぼくたちが今夜、一緒に泊まることになる人たちに違いない。

ぼくは自転車を側の小さな建物に立てかけた。エイコはバンを停め、まだ眠たそうなサヤを抱いて歩き出した。サヤは指をしゃぶりながら、母親の腕のなかで薄目を開けてぼくを見ている。

小道を進み、車両の近くにある事務所に入った。赤いTシャツを着た

六十代とおぼしきメガネの男性が、机の後ろに座っていた。ふさふさの眉毛をして、「Ｒａｂｂｉｔ《うさぎ》」という文字が記された青い帽子をかぶっている。その隙間からは白髪が覗いていた。

「すみません。息子とぼくは寝場所を探しています。スペースはありますか？」

男性は、名簿に目を落とし、ペンでその紙を叩きながら、ゆっくりと首を横に振ると、スーッと息を吸った。この音は日本では、これからネガティブな返事がかえってくるというサインだ。男性はエイコをちらっと見て言った。「ああ、奥さんから話は聞いてたよ。なんとかできるかもしれないけど、今夜は人が多くてやりくりが大変なんだ……」

歯切れの悪い言い方だったが、ぼくは食い下がった。「息子と一緒に、国連の環境チャリティーの寄付を集めながら、自転車で日本縦断の旅をしているんです。宿泊するつもりだったキャンプ場は、ヒグマの活動期だということで閉鎖されていました。なんとかならないでしょうか？これはぼくたちの名刺です」

男性は背筋を伸ばして名刺を見ると、驚いて眉を上げた。「信じられない！　この子が自転車を漕いで縦断するの？」

「そうです。ぼくたちは二台をつなげた連結型の自転車に乗っているんです。お見せしましょうか？」

「そうだな、ぜひ見せてもらいたい」彼は立ち上がり、ぼくたちと一緒に駐車場まで歩くと、そこに停めていた自転車を見て賞賛の声をあげた。

「そうか、ボクは後ろに乗るんだね？」男性はショウに尋ねた。

「はい、そうです」ショウは答えた。

「こりゃ重労働だな」男性は笑顔で言い、ぼくの方を向いた。「今夜は、寝場所を必要としてるランナーが山ほどいるんだが、なんとかしてみよう。泊まるのはあんたと息子さんだけで、奥さんと娘さんは別の場所に宿泊するんだね？」

「はい、その通りです」

「よし。私はイシワタだ。列車を見せるからついてきな」。ぼくたちは草むらを歩き、錆《さ》びた階段を昇って、鉄道車両に入った。壁際に並べられた小さなベッドの上で、鍛え抜かれた身体をした男性が数十人、本を読んだり、用具を点検したりして、思い思いに時間を過ごしていた。割れた腹筋に、盛り上がった脚の筋肉。余分な脂肪はどこにも見当たらない。ささやくような小声で会話をしている人もいる。翌日にレースを控えた競技者の、不安や緊張感が伝わってくるようだ。特に暑い日ではなかったが、車両内は蒸していた。窓は数枚しか開いていない。他はきっと錆びついて開け閉めができなくなっているのだろう。「なかは暑いね」ショウが言った。

イシワタさんが何かを考えている様子でショウの頭を撫で、同情の眼差《まなざ》しを向けた。

「他にも場所があるんだ。一人か二人と同室になるかもしれないが、それでもよければ見てみるかい？」

ぼくたちはイシワタさんに従って車両を出ると、隣の小さな建物に入った。共用のキッチンとシャワーがある広めのスペースの脇に、縦六メートル、幅三メートルほどの部屋があった。

イシワタさんが言った。「車両よりもこっちがよければ、ここで寝てもいいよ」

ショウはぼくを見てうなずくと、イシワタさんに言った。「こっちに泊まります！」

イシワタさんは微笑み、「寝る前にあと何人か来ると思うから、そのつもりでいてくれよ」と言った。

エイコが車両の後ろの原っぱでショウとサヤを遊ばせている間に、ぼくは自転車からサイドバッグを降ろして室内に入れた。あと何人がこの部屋に来るかわからない。ともかく、できる限り自分たちが使うスペースが小さくなるようにした。部屋の隅に荷物を押し込み、マットを広げて壁側にぴったりと並べ、その上に寝袋を置いた。シャワーを浴びて着替えると、外で遊ぶエイコと子どもたちに加わった。ショウとサヤは笑いながら、ぐるぐると円を描いて追いかけっこをしていた。

隣の店で買ったうな重（ライスの上にうなぎを載せた食べ物だ）を、夕暮れどきのピクニックテーブルで食べた。エイコとサヤは宿に向かって出発し、ショウとぼくは部屋に戻った。室内には、細身ながら筋肉質の、黒髪を短く刈った男性がいた。青い短パンの下の逞しい脚。銀色の大きなスポーツウォッチ。「東京マラソン」のロゴが入った白いTシャツ。男性は、明日の用具を丁寧に目の前に広げていた。ランニングシューズ、靴下、半袖シャツ。

「こんにちは！」部屋に入るなり、ショウが笑顔で挨拶《あいさつ》した。

「おや、こんにちは！」男性は言い、振り向いて立ち上がった。

「はじめまして」ぼくは自己紹介をした。「今夜、同室になる者です」

「はじめまして。サトウといいます。さっきイシワタさんから、あと一人、この部屋に泊まる予定の人がいたが、別の場所で寝ることになったと聞きました。ですので、今夜ここに泊まるのは私たちだけのようです」

「それはよかった！　身体を伸ばして眠れますね。ところで、明日はいったいどんなレースが行われるのですか？」

「〝サロマ湖ウルトラマラソン〟という一〇〇キロマラソンです。四〇〇〇人のランナーが参加する、日本ではかなり名の知られたレースです」

「これまでにも、そんなに長く走ったことがあるの？」ショウが尋ねた。

「日本語が上手だね」サトウさんが言った。「ウルトラマラソンに出るのは、四回目です。私は今六二歳で、日本では定年の年齢です。自由な時間がたくさんあるので、アイアンマン・トライアスロンやウルトラマラソンに打ち込んでいるんです」

ぼくは信じられない思いで彼を見つめた。四五歳くらいに見えたからだ。ぼくは、自分もアイアンマン・トライアスロンを五回と、春先のボストンマラソンを含む多くのフルマラソンに出場したことがあると伝えた。

「素晴らしい！　あなたは私たちの仲間です」

「でも、ぼくは一〇〇キロも走ったことはありませんし、完走できるかどうかわかりません。とんでもなくすごいことだ」

「いや、たいしたことじゃないですよ。それを目標にして練習すれば、走れるようになります。

ところで、明日のレースに出ないのなら、何のためにサロマ湖にいらしたのですか？」

日本縦断の旅をしていると告げると、サトウさんは目を輝かせた。「それは、息子さんとできる最高のことですね。日本の父親は、そんなに長く休暇をとれませんし、日本の母親は、息子がそんな非常識な冒険に挑むことを許しません」

「でも、ぼくはこの冒険を決行するのに会社をクビになるかもしれないと心配しましたし、妻は日本人なんです」

「そうですか、じゃあ奥さんは特別だ」サトウさんは笑いながら言った。「新潟は通りますか？新潟がどこにあるかわかりますか？」

「はい、一カ月後に通る予定です」

「私の名刺です。新潟に着いたらぜひ電話をしてください。地元のトライアスロン・クラブの仲間をご紹介しましょう」

「素晴らしい。ぼくの名刺です。必ず連絡します」

「では、そろそろ失礼して床に入ります。明朝はかなり早く起きなきゃいけないものですから」

「どうぞどうぞ。ぼくたちももう休みます。朝、サトウさんがここを出るとき、ぼくたちはまだ眠っているかもしれません。頑張ってください」

「ありがとう。レースは午前五時スタートで、先頭集団は、七時半くらいにこの辺りを通過するはずです。よかったら、応援してあげてください」

第12章　新しい自転車仲間

翌朝早く、ぼくたちは出発した。ショウはアンダーアーマーの長袖シャツに、三本線の入ったアディダスのスウェットシャツと黒のスウェットパンツ、ぼくは黒のロングタイツと、カラフルな色彩のジャケットという出で立ちだ（目立つデザインは、車のドライバーに気づいてもらいやすいというメリットがある）。

ウルトラマラソンのランナーたちが、道端に立つボランティアから水が入ったコップを受けとり、走っていく。昨夜、ぼくたちに車両のベッドではなく、快適な小部屋をあてがってくれたイシワタさんも、沿道でランナーを応援していた。ぼくたちを見つけると、ボランティアスタッフが着ているジャケットを持って、駆け寄ってきた。「おはよう！　あんたたちが出発してしまう前に会えてよかったよ。これを持っていって」と彼はジャケットを差し出した。「今朝は冷え込みがきついよ。これを着て温かくして走りな」

「お気遣いありがとうございます。でも、大丈夫です」

「いいから受けとって」イシワタさんは、有無を言わさずぼくにジャケットをつかませた。ぼくは礼を述べると、すでに荷物でいっぱいのサイドバッグにジャケットを詰め込んだ。

「知床に向かってるんだろう?」イシワタさんが言った。

ぼくがうなずくと、イシワタさんは「じゃあ、あと二時間くらいは、ランナーと伴走できるよ。ぜひ応援してやって」

「楽しそう!」ショウが言った。

イシワタさんが、ショウに向かって言った。「長旅だから、十分に気をつけてな。ぜひ、またサロマ湖においで。そうだ、次はウルトラマラソンを走ったらいい!」イシワタさんはぼくたちを順番にハグした。

ぼくは感謝を込めてイシワタさんを抱擁し、そのもてなしにあらためて感謝した。

「楽しい旅を!」ランナーたちの隣を走り出したぼくたちに、イシワタさんが手を振った。

冷たい風を感じながら、サロマ湖の南側の湖岸を進んだ。静かな湖面にうっすらと朝の霧が立ち込めていた。ランニングウエアを着た集団の力強い足取りが、平和な光景に心地よいリズムを響かせている。湖を背にした路上の観客が、拍手をしながら「頑張って! 頑張って!」と叫び、ランナーを応援している。

四〇〇〇人の参加者の先頭を走る、エリートランナーの集団だ。ぼくの見たところ、ランナーは全員日本人で、わずかに女性もいる。皆、似たような細身の体型をしていて、極めて効率的なフォームで走っている。背中をまっすぐに伸ばし、やや前傾姿勢をとって、重心がスムーズに前に移動するようにしている。前方を見つめ、頭はほとんど上下動しない。リラックスした腕が、綺麗な弧を描いて前後に動き、勢いを保っている。ぼくたちは時速一五キロ程度で自転車を漕いでいたが、それでもランナーたちよりわずかに速い程度だった。

「パパ、サトウさんに会えるかな？」ショウがランナー集団のなかに昨晩のルームメイトがいないかと、キョロキョロしながら言った。

「そうだな。探しながら走ろう」

沿道の観客が、ぼくたちの自転車を興奮した様子で指さした。「ねえ、あれを見て！」。側にいた観客たちが全員、手を振って「頑張って！」と応援してくれた。

「ぼくたちはレースに出てないよ！」ショウが叫んだ。観客は笑いながら答えた。「わかってるよ！」

約二時間後、マラソンコースから離れる地点に来た。「サトウさんに会えなかったね」ショウががっかりした声で言った。

「大丈夫さ。一カ月後、新潟でまた会える」

常呂町《ところちょう》でエイコとサヤに合流し、寿司の昼食をとった。午前中のサイクリングで腹ペコだったぼくたちは、ご馳走をたらふく食べて、元気よく再出発した。この日の目的地は網走。人口四万人の、スタート以来、最大規模の市だ。エイコとサヤが先回りして、網走での宿泊先を探してくれることになった。

海岸沿いに、道幅の狭いサイクリングロードがあった。人の姿は見当たらない。車が通らない、舗装された安全な並木道を走れるのは、実にありがたい。

鳥のさえずりと、ときおり風に揺れる梢《こずえ》の音に包まれながら、しばらく黙って走ったところで、ショウが尋ねてきた。「ねえパパ、海でサメに食べられるのと、陸でライオンに食べられるのと、どっちがいい？」

「どっちも嫌だ」

「ダメ、どっちかを選んで」

「選びたくない」

「選ぶの！」

「しょうがないな。じゃあ、サメにする。その方が苦しまずに早く天国に行けるはずだ」

「ライオンの方がサメよりも早く人を食い殺すこともあるよ」

「そうかもしれない。ともかくパパはサメだ」

「ファイナルアンサー？」

「クイズ番組みたいだな」

「違うよ、だけどどっちかを選ばないといけないの……」ショウが何かに気づいて途中でしゃべるのを止めた。

「誰かいる！」。前方の路上で、サイクリストが立ち止まって写真を撮っている。長袖の黄色いシャツに、黒のベスト。サイドバッグが二つと、リアラックに丸めたテントが縛りつけてある。

「サイトウさーーん！」ショウが叫んだ。二日前に出会った、日本一周の旅をしている六一歳のサイクリスト、サイトウさんだ。近くに停止したぼくたちを、彼は笑顔で見上げた。

「こんにちは、また会いましたね！」サイトウさんは会釈をして、ショウを見た。「元気そうだ！」

「うん、寿司パワーで元気いっぱいだよ！」

「なるほど、そりゃいい。一時間以上前にこの自転車道を走り始めてから、初めて人に会いましたよ」

「車がいなくて本当に快適ですね」ぼくは言った。「網走の郊外まで続いているみたいですよ」

「私も網走に向かっています。今、綺麗なルピナスが咲いていたので、写真を撮ろうと思ってちょっと休憩していたんです」。細長い茎の先に咲いている何百もの花が、道ばたでそよ風になびいていた。ピンクや紫、ライトブルーの花が、深緑の葉の上に塔のようにそびえ立っている
「ショウがこの花と一緒に写っている写真を見たら、喜ぶのは誰かな？」

「ノナ！」元気よく叫んだショウが、トレーラーサイクルから飛び降り、咲き誇る花の前でポーズをとった。

ぼくは何枚か写真を撮った。サイトウさんもシャッターを押した。間違いなく、ぼくよりもレベルの高い写真を撮っている。「ノナはショウの祖母なんです」ぼくは説明した。

「そうですか。こんなに素晴らしい孫がいて、お幸せですね」

「今日の目的地は同じ網走ですね。一緒に行きませんか？」

「ぜひそうしましょう」サイトウさんは言った。ぼくたちは会話を楽しみながら、並んでペダルを漕いだ。交通量の多い道路ではこんな風には走れない。

「今夜はどこで寝るんですか?」ぼくは尋ねた。

「網走で小さな宿をとりました。いつもはキャンプをするのですが、今晩は屋根の下で眠りたいと思いまして。よろしければ、同じ所に泊まりませんか?」

素晴らしいアイデアだ。エイコに電話をして、事の次第を伝えた。彼女は今日、ぼくたちのために宿を探さなくてもよくなった。

網走の郊外に入った。ショウが言った。「ここは都会だね! ゲームセンターはあるかな?」

サイトウさんがうなずいた。「あると思うよ。宿に着いたら聞いてみよう」

「わあぁい!」ショウのガッツポーズに、サイトウさんは驚いて笑った。

「本当にゲームセンターが好きなんだな」ぼくも笑いながら言った。

「ぼくは日本で一番のゲームセンターを見つけるんだ!」

自転車道が終わり、交通量の多い市の道路に入った。ぼくたちはサイトウさんを先頭にして、一列になって走った。右脇を車が追い抜いて行く。交差点の手前で、ぼくは固定式のペダルからシューズを外そうとして右脚をねじった。固定式ペダルは、足を引き上げるときの力も使えるので、長距離を走るときには効率的なのだが、外すのに時間がかかるため、停車時に素早く地面に足をついてバランスをとることができないという欠点がある。

ペダルがうまく外れない。右側に一メートルほどの距離で、ミニバンが信号待ちをしていた。ぼくはバランスを失い、ミニバンの窓に勢いよく両手をつき、頬をぶつけてしまった。運転席のオーバーオールを着た若い男性が、驚いてぼくの方に顔を寄せた。ぼくと彼は数センチの距離で視線を合わせた。窓ガラスいっぱいに頬を押し付けているぼくの姿は、なんともまぬけだったに違いない。すぐに窓から離れ、なんとかペダルからシューズを外して、バランスをとり戻した。

ぼくは頭を下げて運転者に謝った。窓にはぼくの頬と手の跡がはっきりと残っていたが、男性はぼくに気を遣ってか、わざとそこから視線を外しながら会釈をしてくれた。ぼくたちは気まずい雰囲気のなか、早く信号が青に変わらないかと念じていた。

目の前のサイトウさんは、自転車にまたがったまま地図を見下ろしている。幸い、ぼくの失態には気づいていないようだ。だがショウは一部始終を観察していた。「パパ、なんで倒れたの？」

「悪い見本を示してみせたのさ」

エイコたちと合流したあと、ぼくたち一家はその夜、宿の食堂でサイトウさんと夕食を共にした。ホタテやカニ、豆腐、お米、野菜などを使った美味しい料理を堪能した。

「ここの食べ物は本当に美味しい！」ショウが夢中で頬張りながら言った。

「この料理の材料のほとんどは、おそらく地元で穫れたものでしょう」サイトウさんが言った。

「北海道の北海岸沿いの地域では、ほとんどの人が酪農と漁業をなりわいにしているんです」

「明日は、ゲームセンターに行けるかな？」ショウが言った。

第13章　かんしゃく

翌朝、ショウはついに念願かなってゲームセンターに足を踏み入れた。網走の繁華街にある「ゲームステーション　パロ」。耳をつんざくような電子音が鳴り響くこの店は、子どもにとってはラスベガスのカジノみたいなものだ。

ぼくたちは両手にスティックを持ち、大型ゲーム機の前に設置された、腰の高さほどの二つの太鼓の前に立っていた。テンポの速い日本のポップソングに合わせて、ずんぐりとした円筒状の太鼓を叩くゲームだ。画面の右から左にかけて、とてつもない速さで赤と青の丸い音符が移動していく。音符が画面の左端に来たタイミングで、太鼓を叩かなければならない。赤い音符の場合は太鼓の真ん中を、青い音符の場合は太鼓の縁を叩く。そのほかにも、大きかったり細長かったりと、さまざまな形の音符がやってくるので、それに合わせて叩き方を変えなければならない。ものすごいスピードで次々と流れてくる音符を見ながら、音楽のリズムに合わせて必死に太鼓を叩いたが、リズムがあまりに速くて、とうてい追いつけない。

「パパ、全然ダメだよ！」。ぼくを叱責したショウの前を、赤い音符が三つ、スーッと通り過ぎていった。

「ショウだってダメじゃないか」ぼくはゲームセンターの喧騒《けんそう》でも聞こえるような、大声で言い返した。

曲が終わると、画面にはがっかりした顔をした、丸くて赤い太鼓のアニメーションが映し出された。

「最悪だ」ぼくは振り返り、プレイを見ていたエイコにスティックを手渡した。「君の番だ。幸運を祈る。これは見た目よりずっと難しいぞ。手にマメができちゃったよ」

「ママ、ここに立って」ショウは横のスポットを指しながら言った。「パパは全然ダメだったけど、ママはもっとできるはずだよ」

「そうね。パパは初心者モードがあるのを知らなかったみたいね。私は達人モードから始めたりはしないわ」エイコは笑い、ぼくに言った。「サヤを見ててもらえる?」。ずらりと並んだスーパーマリオのカートゲームの先に、プラスチック製のトラックがあった。日本の田舎でよく見かける軽トラックに似ている。サヤは運転席に座り、右手をハンドルに置いて、左手でダッシュボードにあるカラフルなプラスチックのボタンを叩き、クラクションを鳴らしている。後部座席には、お気に入りの羊のぬいぐるみが置いてあった。

「ラミーをとちょかんにつれていくの！」サヤが興奮した様子で言った。「わたしはタクシーのうんてんしゅよ。のりたい？」

「うん、ありがとう。パパも図書館に連れて行ってくれるかな？」ぼくは窮屈な後部座席に身体を押し込み、傾けた頭を天井に押しつけながら、ラミーの隣に座った。

「いいわよ！　シートベルトをしめて！」

ぼくたち四人は、ゲームセンターのけたたましい電子音のなかで一時間半を過ごした。子どもの頃に戻った気分だった。ショウと同じくらいの年頃のとき、テネシー州ナッシュビルの故郷のあちこちに、「アーケード」と呼ばれる流行りのゲームセンターがあった。だだっ広い空間にピンボールマシンや大きなスタンドアロン型のさまざまなゲーム機が無造作に並べられていて、トイレや両替機の隣のカウンターには、管理人が座っていた。そこは、男の子たちがたむろするお気に入りの場所だった。ぼくは自転車でアーケードに行き、ポケットに入っているありったけの二五セント硬貨《クォーター》を使って、夢中で遊んだ。スペースインベーダー、ギャラガ、パックマン、ドンキーコング――。小銭が尽きると、他の子どもがプレイするのを観察しては、ゲーム攻略のヒントについて友達とあれこれと情報交換したものだ。

ゲーム機からゲーム機へと夢中になって飛び回るショウとサヤを見ていたら、子どもの頃に同じようにアーケード内を走り回っていたときの興奮が蘇ってきた。大人になってからは、めったにそのような興奮を覚えることはなくなっていた。でも今、八歳の息子と一緒に日本縦断の冒険をしながら、あの頃のような遊び心とワクワクした気持ちを再び感じている。

お昼も近づいてきた頃、ようやくショウとぼくは出発した。今日のルートは約八〇キロ。五時間半ほどかかりそうだ。エイコとサヤは先回りし、目的地のウトロで宿を探す。ウトロは、知床半島の西海岸唯一の町で、天然温泉のある旅館やホテルがたくさんある。一日の終わりには、温かい湯で身体を癒やしたいと思った。ウトロは知床半島の観光拠点でもある。翌日はサイクリングを一日休み、知床の自然を楽しみたいと計画していた。

二〇〇五年、国連は知床半島を世界遺産に指定した。曰く、「北半球で最も低緯度の季節海氷の影響を受け、海と陸の生態系が驚くほど豊かに結びついている顕著な例」。オホーツク海に突き出た、手つかずの自然が残された全長七〇キロメートルの森は、絶滅が危惧されている渡り鳥にとっての避難所であり、ヒグマやシマフクロウ、アシカなどたくさんの動物の生息地だ。アイヌ人はこの半島を〝地の果て〟と名づけ、動物たちを崇拝した。たとえば彼らはシマフクロウを、〝村を守る神〟という意味の〝コタンコルカムイ〟と呼ぶ。

ぼくたちは海岸沿いに散らばる黒い火山岩を横目に見ながらペダルを漕いだ。霞《かすみ》の向こうから、知床半島の稜線に雪を戴《いただ》く山々が迫ってきた。謎と危険に満ちた場所に近づいていく感じがする。

数時間走ったところで、サイトウさんに追いついた。海岸沿いの見事な光景のなか、重たい荷物を積んだ自転車を漕いでいる。

背後に近づくと、ショウが「サイトウさーーん！」と叫んだ。

サイトウさんは笑顔で後ろを振り返った。「速いね！」

行き交う車はほとんどいなかったので、ぼくたちは横並びになって、快適なペースでペダルを漕いだ。「サイトウさんに追いつこうとして頑張ったんだよ」ショウが言った。「網走のゲームセンターはすごく楽しかった。だからけっこう長く遊んじゃった」「一緒に遊べなくて残念だ。でも私はペースが遅いから、君たちより先にスタートしておこうと思ったんだ。で、そこは日本で一番のゲームセンターだったかな？」

ショウは少し考えて言った。「すごくよかったけど、もっと他のも見てから決めないと」

サイトウさんとぼくたちは、そのまま数時間かけて、美しい海の景色を望む海岸沿いのルートの大半を一緒に走り、途中で日本の滝百選にも選ばれているオシンコシンの滝に寄った。滝を出て三〇分ほど走り、ウトロの中心地に到着した。エイコとサヤが、丘の上にある知床プリンスホテルの大きな建物の前で待っていてくれた。ホテルまでの急な坂道を、ショウとぼくは、立ち漕ぎ《ダンシング》でペダルを踏み、車体を前後に揺らして勢いをつけながら登った。

ホテルの玄関の前に着くと、エイコが尋ねた。「サイトウさんは？」

少し息を整えてから、ぼくは言った。「丘の麓《ふもと》で別れたんだ。今夜はキャンプ場でテントを張るって」。ぼくは豪華なホテルを見上げてつけ加えた。「ぼくとショウの今夜の宿泊先を彼に伝えたとき、少し申し訳ない気持ちになってしまったよ」

「五日間も自転車を漕ぎ続けてきたんだから、一日くらいゆっくりしてもバチは当たらないはずよ。このホテルには、いい温泉があるんだって」

食事後、ぼくたち四人は、夕日を見るためにホテル近くの山道を通って、近くの見晴らしのよいスポットに行った。ちょうど、オホーツクの深い青色の海に、オレンジ色に輝く太陽が沈もうとしているところだった。極彩色の光を放ちながら水平線に溶けていく太陽が、きらめく海に食べられているみたいに見える。みるみる沈んでいく太陽を見ていると、地球が自転しているのがたしかに感じられた。ふいに、不安が迫ってくるような奇妙な感覚に襲われた。思わずショウの肩を抱くと、息子は頭をぼくの胸に寄せてきた。

日没を見終えると、ホテルの部屋に戻り、カラフルな花柄の浴衣に着替えた。男性は青、女性は赤だ。ぼくは下着の上から浴衣を羽織り、腰の周りを木綿の帯で結んだ。

エイコがサヤの帯を結んでいる。二歳のサヤにも、浴衣は驚くほどよく似合う。

ぼくは鏡で自分の格好を確認しながら言った。「いつもわからなくなるんだ。男は右側が上だっけ？　それとも左側？」

エイコが言った。「私もよくわからないの。日本人だったらみんな知ってることだと思うかもしれないけど、そうでもないのよ。右側を上にしたらどう？」

「オーケー。どっちが上かは、きっとそんなに重要なことじゃないんだな」

一階からエレベーターに乗り、大きなロビーを抜けて広い廊下を進み、スリッパのパタッ、パタッというちょっとばかり間の抜けた音を聞きながら、ホテル内の温泉エリアに向かった。サヤのスリッパは、途中で何度も脱げてしまった。土産物店、レストラン、ラウンジ。くつろいだ様子で歩き回る浴衣姿の宿泊客の間を、縫うように進んだ。

「〝オンセン〟のかんばんだ！」ショウが入口にぶら下がっている赤い布を指さして叫んだ。布には大きな白い文字で、「湯」と書いてある。熱い水という意味だ。横の壁に見えるのは、「女」という文字。

「これは女の人用という意味」エイコは壁を指さして言った。「ショウとパパはあっちの青い布の方の入口から入るのよ」

ショウとぼくは、男湯に入ると、浴衣を脱ぎ、畳んで籠《かご》に入れ、棚に置いた。低い位置に鏡のある流し台の前でプラスチックの椅子に座り、備え付けの石鹸とシャンプーで身体と髪を洗い、泡をすべて流してから、広々とした湯船にゆっくりと身体を浸した。湯船に入る前には、身体を洗わなくてはならない。泡をつけたまま入るのはもってのほかだ。湯船には髪の毛を浸さないというのもエチケットだ。湯船はたくさんの人が使うものだから、清潔に保たなくてはならないのだ。ぼくとショウは、何度も日本の公衆浴場を利用したことがあったから、こうした細々としたルールにもすっかり慣れていた。

リラックスし、眠気を覚えながら部屋に戻ると、すぐに深い眠りに落ちた。翌朝、ぼくたちは一緒に観光をする約束をしていたサイトウさんと、ホテルの前で待ち合わせた。ぼくがバンのハンドルを握り、エイコと子どもたちは後部座席に座った。サイトウさんがホテルの横に自転車を停めて、車に乗り込んできた。

「おはようございます！」サイトウさんが助手席でシートベルトを締めた。「車に乗るのはなんだか不思議な感じがします」

「そうだね、クッションが柔らかいからお尻も痛くない！」ショウがにやりと笑いながら言った。

ホテルを出発し、海岸沿いの道を抜けて丘を登ると、ウトロの町と海を一望する見事な光景が開けた。ぼくたちは、道路脇の展望スペースに車を停めて、眺望を楽しんだ。巨大な岩がいくつか、海岸線沿いの丘から突き出ている。

「あれが有名なオロンコ岩ですよ」。六〇メートルほどもある一番大きく印象的な岩を指さして、サイトウさんが言った。

再び車を走らせた。道路は海岸を離れ、深い森を蛇行し始めた。立ち込めてきた霧が、鮮やかな緑のなかをゆっくりと移動していく。

「パパ、見て！ 鹿！」ショウが興奮して叫んだ。

「どこ？ どこ？」サヤも叫ぶ。

茶色い鹿が数頭、道路脇で草を食《は》んでいた。ぼくたちに気づくと、動きを止め、こちらを見つめた。ぼくは徐行しながら、ゆっくりと鹿たちの横を通り過ぎた。ショウとサヤは、顔と手を車の後部座席の窓に貼りつけて、小さくなっていく鹿を眺めていた。数分後には、カーブを曲がったところでキツネが飛び出してきて、森のなかに消えていった。

知床五湖のフィールドハウスに到着し、バンから降りて建物に入った。サイトウさん、エイコ、サヤは、公園スタッフのいるカウンターに歩いていった。ショウとぼくは、日本語で書かれた看板の説明を読んだ。のっしのっしと道を横切る三頭のヒグマの絵が描かれている。

「パパ、何て書いてあるの？」ショウが尋ねた。

「こう書いてある。〝知床には多くのヒグマが生息しています。最近は、人間を恐れないと思われるヒグマも見られるようになってきました〟」

「こわいね」そう言ったショウが、英語と日本語の説明文が併記された別の看板を見つけた。「あなたとヒグマの両方を守るために」というタイトルで、ヒグマとの遭遇を回避するためのヒントが書かれている。

　ぼくが読み終えると、エイコが戻ってきて言った。「公園の人に聞いたら、ヒグマの活動期なので、観光客は五湖のうち三つの湖の周りは歩けないんだって」

「二つの湖でもいいよ」ショウはすぐに言った。

　フィールドハウスを出ると、ぼくはサヤを肩車し、知床五湖の一つに向けて森のなかの遊歩道を進んだ。エイコとサイトウさんがおしゃべりしながら歩き、ショウはぼくたちの前を駆け回り、何かを発見する度にそれを伝えに戻ってくる。

　知床五湖は、地下水を水源とする。神が地面に五本の指をついた跡だという伝説もあるこの湖は、地元の硫黄山の噴火によって数世紀前に誕生したものだ。ぼくたちは緑の木々の間を進んでいった。時折、節くれだった巨木の脇を通り過ぎた。うねった根が、複雑な形をつくりだしている。一つ目の湖のほとりに到着し、美しい光景に息を呑んだ。遠くには雪を戴いた山脈の稜線が見え、静かな湖面に映った山々は見事なシンメトリーを描いていた。サヤが景色を見て、「わあ」と声を漏らした。ぼくはサヤを肩から降ろすと、写真を撮るためにひざまずいた。

突然、ショウが背後から近づいてきて、ぼくの背中を何度も強く叩いた。

「痛いよ。どうしたんだ」ぼくは思わず立ち上がり、顔をしかめた。ショウはいじけたような表情をしている。写真を撮り、再びサヤを肩車した。歩き始めると、ショウが駆け寄ってきて、ねだるような声で言った。「パパ、ぼくも肩車してよ」

サヤがすぐに反応した。「だめ！」

「落ち着いて」ぼくは言った。「ショウ、すぐ肩車するから少し待つんだ。今はサヤの番だよ」

「パパはいつも、ぼくに何もしてくれない！」突然、ショウが大声で叫び、駆け出した。

エイコがサイトウさんのところを離れ、ぼくのところに来た。「何があったの？」

「わからない。順番で肩車するって言っただけなのに、いきなり泣き出してしまった」

湖の周りをハイキングしながらショウの姿を探したが、見つからない。遊歩道を進むうちに、とうとうスタート地点の駐車場が見えてきた。もう二〇分もショウを見ていない。不安が高まった。そのとき、木の後ろにショウがいるのが見えた。拗ねた顔をして、こっちを覗いている。

「こっちに来るんだ！」ぼくは言った。

「嫌だ！」叫んだショウが走り出した。ぼくはエイコにサヤを渡して言った。「つかまえてくる。この状況で、子どもを見失いたくはない。ヒグマの活動期なんだぞ」

ぼくは駐車場まで走った。五メートルほどの幅の小さなコンクリート製のトイレの後ろに、ショウが隠れたのが見えた。建物の端から少しだけ顔を出してこっちを覗いている。ぼくが近づくと、再び全速力で逃げ出した。「戻ってくるんだ、ショウ！　今すぐ戻ってこい！」

トイレの裏側を反対方向に向かって逃げようとしたショウの動きを読み、先回りして立ちはだかった。ぼくは、脇をすり抜けようとしたショウの腕をつかんだ。「落ち着け。いったいどうしたんだ?」。日本人の観光客がぼくたちを見ている。恥ずかしさで顔が赤くなるのがわかった。

「嫌だ、離してよ!」ショウが叫んだ。

「離さない」ぼくは怒って言った。「みんなからはぐれたりして、ダメじゃないか」

「離して!」ショウが再び叫んだ。

「すぐに車に戻るぞ」ぼくは言って、ショウを肩に担ぎあげた。ショウは手足をバタつかせながら叫んだ。「嫌だ、やめてよ!」

ぼくは周りの人たちの視線を無視して、そのままバンに向かって歩いた。ショウを離さないように片腕でしっかりと押さえながら、ポケットの鍵をまさぐるのは大変だった。バンのなかにショウを押し込めると、ショウがぼくを睨み、涙を流しながら叫んだ。

「パパなんて大嫌いだ!」

第14章　知床峠

ウトロの知床プリンスホテルに戻る車の後部座席でも、ショウはずっと拗ねていた。そっぽを向き、窓に頭を押しつけて、パーカーのフードを深くかぶり、涙の跡がついた顔を隠した。

「ママ、ショウはどうしたの?」サヤが尋ねた。

ふたりの子どもの間に座っているエイコが答えた。「機嫌が悪いのよ。しばらく放っておいてあげましょう」

「お騒がせしてすみません」ぼくは運転しながら助手席のサイトウさんに言った。

「気にしないでください。私の子どもたちも、小さい頃は同じでしたよ。そうやって子どもは育つんじゃないですか」

ぼくはサイトウさんの言葉に感謝した。

ホテルに着き、入口付近にバンを停めた。自転車に乗って戻ってきたサイトウさんが、ホテルの前でヘルメットの紐を締めながら言った。「日暮れ前に羅臼《らうす》に到着するつもりなので、そろそろ出発しなければなりません。皆さんと一緒に過ごせて本当に楽しかった。よい旅を」

サイトウさんはぼくとエイコにお辞儀をし、子どもたちに手を振った。

エイコに抱っこされたサヤは、元気よく手を振り返した。ショウはエイコの後ろに隠れ、地面を見つめながら、脚をぶらぶらさせている。ぼくたちは、急な坂道を下っていくサイトウさんを、その姿が見えなくなるまで見送った。エイコが言った。「子どもたちがお腹をすかせてるわ。お昼にしましょう。ショウの機嫌が直るかもしれないし」

海沿いの断崖の上に、よさそうなレストランがあった。窓際に席をとると、流木が散乱する砂浜を、何人かが歩いているのが見えた。その遠くに、巨大なオロンコ岩が見える。

ショウがトイレに行ったのを見て、ぼくはエイコの方を向いた。「ショウはどうしたのかな？　君の意見を聞かせて欲しい」

エイコはしばらく考えてから、こう言った。「たぶん、この旅に圧倒されているのよ。この一週間、あまりにもたくさんのことがあったわ。悪天候に、終日のサイクリング、毎晩変わる寝場所。ショウはこの状況にどう対処すべきかを、必死で考えてるんだわ。それに、あと二日で私とサヤはアメリカに帰る。これから二カ月、母親と妹に会えなくなることに、不安を感じてもいるんでしょう。父親の大きな期待に応えられないかもしれないと心配しているのかもしれない。八歳の男の子にとって、この旅は厳しすぎるのかもしれない

わ」

ぼくはうなずき、エイコに感謝した。そして、機会をみて、ショウと話し合おうと思った。ぼくとエイコは、新鮮なカニやウニがトッピングされた海鮮丼、ショウはシーフードカレーを食べた。エイコは、ひなに餌を与える親鳥のように、箸でサヤの口に食べ物を運んでいる。カレーを一口食べたショウが、ぼくを見て、何かを思い出したように言った。「形は気持ち悪いし、臭いけど、美味しい食べ物ってあるよね。たとえばイカとか」

「ウニもそうだな」ぼくは箸でドロリとした茶色の身をつまんで言った。「最初にウニを食べたとき、吐き出してしまいそうだったよ。見た目はものすごく不味《まず》そうだ。でも、パパはすぐにウニが好きになった」

「うん、ぼくがイカを好きになったのと同じだ」ショウがうなずいた。

「機嫌が直ったみたいじゃない」エイコがショウに言った。「ハイキングのとき、なんであんな風に騒いだりしたの?」

ショウは顔を赤らめ、下を向いてスプーンでカレーをかき混ぜながらつぶやいた。「わからないよ」

「いいさ。気にするな」ぼくはショウに身を寄せて、頭にキスした。「これからは、かんしゃくを起こすんじゃなくて、どんな気分なのかを言葉で説明するようにしてごらん」ぼくはつけ加えた。「ところで今、かんしゃくを起こしてもしょうがない人がいる。誰だかわかるか? そう、サイトウさんだ。知床峠のお化けみたいな坂道を登ってる」

「サイトウさんが自転車から飛び降りて、脚をバタバタさせてたら面白いね！」ショウが目を輝かせながら言った。

「そうだな。そして、赤ちゃんみたいに泣き始めるんだ！」ぼくは笑いながら言った。

「パパ、サイトウさんは大丈夫だと思う？」ショウが尋ねた。

「たしかに気になるな。そうだ、知床峠まで様子を見に行こう。半島を横断する唯一の道路の最高地点にある峠で、羅臼岳と国後島《くなしりとう》の素晴らしい景色を見ることができるんだ。ショウに言われて、サイトウさんのことがすごく心配になってきたよ」

　食事を終えて、知床半島を横断する国道三三四号を進んだ。昼下がりの空は曇っていて、涼しくていい気持ちだった。ぼくはウィンドウを下ろして新鮮な空気を楽しんだ。森全体が呼吸をしているようだ。ぼくは自然に感謝しながら、さわやかな酸素を吸い込んだ。知床峠に向かってさらに登ると、フロントガラスに水滴が浮かぶようになり、急に冷え込んできた。道路と森を覆う霧が、先に進むにつれてますます濃くなっていく。

　悪化する状況のなかを、ゆっくりと運転した。カーブを曲がったところで、ショウが叫んだ。

「いた！」

　サイトウさんが、前傾姿勢をとり、上半身を前後に揺らしながら、重たい荷を積んだ自転車のペダルを漕いでいる。「すごくゆっくりしか進んでないよ」ショウが観察した。

「急な登りだし、荷物もたくさんあるからだよ」

　ぼくはサイトウさんの脇に車を寄せ、窓の外に少し顔を出した。サイトウさんは、前輪を見つめながら、苦しそうに呼吸をしている。ヘルメットの縁に、今にも下に落ちそうな大粒の水滴が垂れ下がっている。名前を呼ぶと、彼は驚いて足を止め、笑顔でぼくたちを見た。

「様子を見に来たんです」ぼくはウインカーを出してバンを停めた。「調子はどうですか？」

サイトウさんは息を整えたあと、後部座席のショウとサヤに微笑み、「やあ、元気かい？」と挨拶すると、ぼくに向かって言った。「なんとかなるでしょう。でも、これは大変です。坂は急だし、風も正面と横から吹いてくる。時間がかかりそうです」

「かなり進んでいますよ」エイコが助手席から言った。「距離を測ってみたんです。もう、半分近くまで来ています」

「つまり、一時間半かけて、まだ八キロも進んでないということか」サイトウさんは首を横に振った。「頂上まで、あと三時間はかかりますね」

「何か必要なものはありますか？」ぼくは尋ねた。

「いいえ、大丈夫です。でも、様子を見に来てくれてありがとう」

「ぼくたちはこのまま峠に行ってみます。戻ってくるので、そのときに状況をお知らせしますね」

「ありがとう。ご親切に」

「どういたしまして、頑張ってください」。ぼくは車を出発させた。ショウとサヤが、手を振って叫んだ。「ゴー！　サイトウさん！」

さらに峠を上り、何度もカーブを曲がった。道路も周りの森も、厚い霧に包まれている。ぼくは眉をしかめて濃い霧を見渡し、小さな声で「うーん……」とつぶやいた。

エイコもぼくと同じことを考えていた。「これはよくないわね」

「正直なところ、かなり厳しいな。ますます霧は濃くなるぞ」

「雲のなかにいるみたい」ショウが窓の外を見て言った。「すごい！」

ついに峠の頂に達し、展望スポットの駐車場に車を停めた。「霧で何も見えない。せっかくここまで上ってきても、景色を楽しめないわ」

「それに、こんなに視界が悪ければ、下りも相当危険になる。路面が濡れているし、勾配のきつい急カーブがたくさんあるはずだ。ものすごく慎重に走らないと」

車を降りると、冷たく湿った強風に晒《さら》された。眼鏡がすぐに曇る。ぼくはジャケットの襟を首元に寄せた。「少し歩かないか？」ぼくは尋ねたが、みんな、快適なバンから出たくはなさそうな顔をした。

「わかった。すぐに戻ってくる」ドアを閉めると、木に覆われた急な斜面の端にある、大きな石碑のところまで歩いた。白い文字で「知床峠」と彫り込まれた石碑の周りに、霧がたなびいている。

ぼくはビデオカメラで動画を撮影し始めた。突風で声をかき消されそうになりながら、「晴れていたら、素晴らしい眺めだったはずなんだけど」とナレーションを入れ、カメラを石碑から真っ白な空間へとパンした。一〇メートルほど先は何も見えないが、それでも広大な自然に取り囲まれているのをひしひしと感じる。ずっしりとのしかかってくるような静寂のなかで、このまま森を彷徨《さまよ》えば、危険な目に遭うだろうという畏怖《いふ》を感じた。

ぼくたちはサイトウさんのところまで引き返して伝えた。「峠まであと六キロほどあります。最後の三キロはものすごく霧が濃くなります。車からは自転車が見えにくくなるので、十分に気をつけてください」。サイトウさんの自転車の赤い点滅灯が、霧のなかでぼんやりと光っている。

「羅臼に着いたら必ず電話してくださいね」エイコが言った。「それから、下りではスピードを出さないように！」。「はい、奥様」サイトウさんは笑顔で言い、出発した。ぼくたちはそのままバンのなかで、サイトウさんが強風に吹かれながら山道を上っていく姿をしばらく見守った。

その夜、ショウとぼくは、湯気の立ち込める温泉で、折り畳んだタオルを頭に載せて、一緒に湯船に浸かっていた。ぼくのタオルはきちんと頭に載っていたが、ショウのは傾いて今にも落っこちそうだ。湯船には他に五人の客がいて、皆、静かに疲れを癒している。ひとりが、前を小さなタオルで隠しながら、湯がはねないようにそうっと立ち上がって湯船を出た。

ぼくは石造りの大きな浴槽の縁に頭をのせ、脚を伸ばして深呼吸した。ショウもぼくの動作を真似した。ぼくと同じく、心からくつろいでいるように見える。

「天気予報では、明日は大嵐だ」ぼくは言った。

「それでも乗るの？」

「うん、九〇キロほど離れた、美幌《びほろ》という町にいく。ずぶ濡れになるだろう。気温も低い。だから、雨具を着て、長靴を履かなくちゃいけない。わかったかな？」

「うん」

「この前みたいに、嵐のときにかんしゃくを起こしたりしないね?」

「はい」

「よし」ぼくはショウの目を見て言った。「いいかい。パパとショウはチームなんだ。ママとサヤは明後日アメリカに帰る。そのあとは、パパとショウのふたりだけで、ルートを決め、食事や泊まる場所を探し、自転車の修理をしなければならないんだ」

ショウはうなずいた。ぼくは続けた。「だから自分のことを、小さな子どもではなく、チームのメンバーだと考えて欲しい。言いたいことがあったら、かんしゃくを起こすんじゃなくて、言葉で説明してくれ。パパが決めたことについて、意見があればなんでも言って欲しいんだ。パパはどんなアドバイスでも歓迎する。ショウの意見をぜんぶ取り入れることはないかもしれないけど、必ず耳を傾ける。約束するよ。ショウの協力がなかったら、この旅を続けることはできないんだ。パパは、ショウなら力になってくれるって信じてる」

ショウの顔に笑みが広がった。ぼくはショウが差し出した手を握った。ショウはぼくの目を見て言った。「うん、約束するよ!」

第15章　別れのとき

ホテルの部屋を照らす稲光で目覚めたとき、次の瞬間に何が起きるかわかった。少し間を置いて、巨大な落雷の音が響き、木製のサイドテーブルの上のグラスが震えた。再び眠りにつこうとしたが、猛《たけ》り狂う豪雨の音が邪魔をする。嵐でウトロの町全体の電話とインターネットサービスが不通になったと、警察が町の中心地から、数分おきに拡声器でアナウンスをしている。ご丁寧にも、いつ復旧するかはまったくわからないということまで伝えている。

時計を見た。五時ちょうどだ。窓の外で稲光が走り、仰向けになったぼくの真上の天井全体に奇妙な影が走った。遠くで大きな落雷の音がして、隣で眠っていたショウが目を覚ましかけた。寝苦しそうに小さくうめくと、目を閉じたまま尋ねてきた。「パパ、本当に今日も乗るの?」

「そうだ。ごめんよ。天気がいいときだけ乗っていたら、アメリカに帰る日までに、四〇〇〇キロ先の佐多岬に着けないんだ」。旅を始めて一週間で、すでに予定より一日遅れていた。平均速度を少々甘く見積もっていたのに加えて、強い向かい風と横風で計算が狂ったからだ。「でも、まだ起きる時間じゃない。もう少し眠っておくんだ」

ショウはちょっとばかり残念そうな顔をすると、目を閉じ、枕に頭をうずめた。

数時間後、ショウとぼくは雨具を着込み、冷たい強風が吹きすさぶなか、ホテルの駐車場から出発した。美幌町までの約九〇キロの道のりには、七時間ほどかかるはずだ。エイコとサヤも、クラクションを鳴らして出発した。バンのワイパーが、フロントガラスの側面に雨水を弾き飛ばしている。ヘルメットのなかで、重たい雨粒が打ちつける音がこだましている。走っているときにショウが何か言っても、聞こえないだろう。もっともショウは、目に雨水が入ってこないように、ハンドルバーに覆いかぶさるようにして、黙ってペダルを漕いでいた。

レインウエアの下に何枚も重ね着していたが、すぐに身体が冷えた。吹きさらしの海岸に沿って走りながら、早く上りにならないかとすら思った。坂道はきついが、そのぶん身体は温まるからだ。雨のなかを二時間半乗ったあと、セブン‐イレブンの駐車場でエイコとサヤに合流した。コンビニエンスストアのひさしに自転車を停め、バンに乗り込む。エイコが座席にタオルを置いていてくれた。バンのエンジンは止まっていたが、それでも車内は暖かい。

「わあ、車のなかはあったかい!」ショウが後部座席に滑り込みながら言った。ぼくは濡れそぼったレインパンツでぐじゅぐじゅと音を立てながら、助手席にどさりと腰を下ろした。

「ぬれてる!」サヤがショウの頭を指さして言った。「ぜんぶびしょびしょ!」

「ショウ、震えてるじゃない!」エイコがぼくを咎《とが》めるようにチラッと睨むと、「濡れた服を脱ぎなさい」と言って運転席から身体を伸ばし、タオルでショウの頭をこすった。ショウがジャケットとシャツを脱ぐのを手伝いながら、エイコがぼくに尋ねた。「ショウの乾いた着替えはある？」

「うん、自転車に積んである」ぼくは言った。快適なバンからまた雨のなかに戻らなくてはならないが、仕方がない。車を降りると、一面が水たまりになった駐車場を走り、店のひさしの下に避難した。サイドバッグからショウの着替えを取り出していると、頭上のスピーカーから「セブンイレブン　いい気分」という日本語のキャッチーなCMソングが聞こえてきた。近くに停まっている車のなかで、男性がアイドリングしたまま、窓を開けてタバコを吸っている。

ぼくは走ってバンに戻り、ドアをバタンと閉めると、フロントシートに飛び込んだ。車の屋根を雨がリズミカルに叩き、曇った窓に雨水が滴っている。エイコは後部座席に移動していて、自分が持っていたトレーナーをショウの肩にかけ、ショウの頭をタオルで拭いていた。ショウは母親に寄り添いながら、ぼくを見て満足そうに笑った。ぼくはその笑顔に、不意を衝《つ》かれた。ぼくがどんなに頑張ってショウの世話をしようとも、母親の腕のなかで感じる心地よさに叶《かな》うわけがない——そんな思いに襲われて、寂しくなった。

身体を乾かしたあと、車内で雨の音を聞きながら、四人で身を寄せ合って鮭のおにぎりを食べた。

「北海道には梅雨がない。だからスタート地点に選んだのに」ぼくが不満を漏らした。

「そうね。まるで梅雨が北に移動したみたい。午後には雨が止みますように」

食べ終えたあと、ぼくは言った。「予定通りに走っている。暗くなるまでには美幌に着けるはずだ。しばらく雨は止みそうにないな。ショウ、出発の準備はいいか？」

服を着替え、満腹になって元気をとり戻したショウは、ぼくを見て言った。「雨にぼくたちのすごさを教えてやる！」

「その意気だ！」ぼくはエイコの方を向いて言った。「六時に会おう」

ショウとぼくはサヤにキスをし、さよならを言って、自転車を停めていた場所に戻った。黒光りする濡れた路面を走り出し、ほどなくして曲がりくねった山道に入った。ペダルを漕ぐ脚に、荷物の重たさが響く。ペースが落ちていく。膝が痛い。農村を抜け、森を抜けた。濃い緑の葉が、水滴で震えていた。午後遅くになって、ようやく雨が上がった。まだ空は曇っていたし、寒かったけれど、自転車を漕ぐことで受ける風が、濡れた服を乾かしてくれた。

道路の左側に、小さな店が見えた。正面には、数台の自動販売機が並んでいる。商店を見るのはずいぶんと久しぶりだった。ぼくたちが停車すると、五十代とおぼしき女性が出てきた。周りはすべて農地で、他に客の姿はない。

「こんにちは」店主らしいその女性が、笑顔で言った。「その自転車、気に入ったわ」

「ありがとう。息子が漕いでくれるから、ぼくは何もしなくていいんです」ぼくはショウを指さして言った。

彼女は笑った。「それにしても、今日はとてもじゃないけど自転車日和じゃなかったね。天気が悪くて気の毒だわ。この夏は、いつもより雨が多いの」。女性はサイドバッグを見た。「どこまで行くの？」

日本縦断の旅をしていると伝えると、彼女は驚いた。「すごい！　たった二人だけで？」

「そうです、そしてこれは、植林キャンペーンのチャリティーライドでもあるんです」

「ちょっと待ってて」女性は急いで店に戻ると、おにぎり二つと千円札を持って戻ってきた。「お腹が空くでしょう。これを持っていって。お金はいらないわ。それから、これはチャリティーへの寄付よ」

「ありがとうございます」ぼくは言った。ショウはすぐにおにぎりを食べ始め、満足そうに言った。「う〜ん、美味しい！」

「今夜はどこに泊まるの？」

「美幌の民宿に泊まります」

「あら、そこは私の地元よ。ここから二〇キロはあるわ」女性はショウの方を向いて尋ねた。「ビホロってどういう意味かわかる？」

ショウはちょっとだけ考えて答えた。「ゲームセンターのある場所？」

女性は笑った。「うーん、ちょっと違うわ。この辺は農家ばっかりだから、ゲームセンターはないかもね。美幌は、アイヌ語の〝ピポロ〟に由来しているの。〝水の多い場所〟っていう意味よ。この辺りには、湖が多いでしょ。あなたたちが来た方角には網走湖があるし、美幌峠からは屈斜路湖《くっしゃろこ》を見晴らせるわ。でも、あの峠は、車でもきついくらい険しいのよ。自転車で行くなんて想像できないわ」

「ぼくたちは国道二七四号で内陸に向かって、そのあとで二三七号を海岸まで南下する予定なんです」ぼくは言った。

「それは大胆なルートね。いくつも峠を越えないといけないし、長いトンネルもあるわよ」

「まあ、あまりにも勾配がきついところは、自転車を押して歩かなければならないでしょうね。ともかく、挑戦してみます」。ぼくたちの計画に賛成していないのは表情からわかったが、彼女はそれ以上、何も言わなかった。

その夜、ぼくは子どもたちと一緒にベッドに寝そべり、ふたりの真ん中で本を読み聞かせた。ぼくたちは宿で熱い湯にゆっくりつかり、快適な木綿の浴衣に身を包んでいた。エイコはベッドに腰掛け、ショウの脚をマッサージしている。ショウは夢見心地のようなとろんとした目をしている。「人生は素晴らしい」と顔に書いてあるみたいだ。冷たい雨のなか、一日中ペダルを漕いでいただけに、宿で感じる快適さもひとしおだった。明日になれば、エイコとサヤは帰国する。それを思うと、ふたりが側にいてくれる幸せがいっそう身に沁《し》みた。

翌日、ショウとぼくは五五キロ先の陸別町に向けて出発した。曇りで肌寒かったが、冷たい雨風に吹かれていた昨日に比べればなんでもない。脚が重かったので、無理のないペースで進んだ。津別という町でエイコたちと合流し、美味しい蕎麦《そば》の昼食をとり、「つべつ木材工芸館」で展示物を鑑賞した。

午後遅くに陸別に着き、人口二八〇〇人のこの町の宿泊研修施設にチェックインした。コンビニエンスストアのセイコーマートの隣にあるコンクリート製のシンプルな建物で、小さなゲストルームが数部屋ある。明日の早朝、札幌発の便に乗るエイコとサヤは、これから四時間半をかけて千歳空港に向かい、近くで前泊する。

ぼくたちは、コンビニの駐車場で、バンの脇に立った。とうとう別れのときが来た。ぼくはひざまずき、何度もサヤを抱きしめた。「パパはへんよ！」サヤがぼくを押しのけた。「さあ、いよいよだ」ぼくはエイコに言い、優しく彼女を抱きしめてキスをした。「本当にありがとう。寂しくなるよ」

エイコはぼくにキスをした「このクレイジーな旅に、ちょっとだけでも加われてよかったわ。気をつけて旅を続けてね。無理をせず、常識的な判断をするって約束して」

「約束する」

エイコはショウを長い間、抱きしめた。「パパを困らせちゃダメよ。わかった?」。ショウがうなずくと、エイコが言った。「愛してるわ」

ショウとぼくは、駐車場で手を振り、エイコとサヤを見送った。バンの姿が見えなくなったとき、ショウがぼくを見て言った。

「これからは、ぼくたちふたりだけだね」

第16章　思いがけない好意の数々

翌朝、自転車に荷物を積んでいたとき、電話が鳴った。エイコだ。これから飛行機に搭乗するという。「私のメール、読んだ？」エイコが尋ねた。

「いや、まだだ。どうしたんだ？」

「昨夜、あなたたちのルートになってる国道二七四号を走って空港に行ったの。つづら折りの急な山道が続くし、霧も濃い。長いトンネルや、危険な下り坂もあるわ。あの道を通るのは危険よ」

ぼくは二日前に、道路脇の店の女性が心配そうにしていたのを思い出した。たしかにあの山々を越えるつもりではあったが、万全の準備ができているとは言いがたい。重い荷物を載せて走ってきたことで、膝と腰も痛んでいた。

ぼくはバッグから地図を取り出して言った。「ルートを変更して、山を避けるために海の方に引き返してもいいかもしれないな。一、二日は余計にかかってしまうだろうけど」

「そうよ、そうして」エイコがほっとしたような声で言った。「そろそろ行くわ。搭乗開始のアナウンスが聞こえてるの」

電話を切ると、ショウに計画の変更を伝え、地図を見ながら数分間、ルートを検討した。そして、浦幌《うらほろ》町までの一〇〇キロ強を走ることに決めた。休憩を含めると、八時間ほどかかりそうだ。

ぼくたちは午前中、このルートを走り、本別《ほんべつ》という小さな町の「道の駅」で昼食をとることにした。

レストランに入り、小さなテーブルに座って注文をすませると、ぼくはアイヌ文化についてのパンフレットを取り出した。「ショウ、見てごらん。これまで、名前が〝別〟で終わる町をたくさん通ってきただろう?」

「昨日の陸別みたいに?」ショウが言った。

「そうだ。浜頓別や津別《つべつ》も通ってきたし、今は本別にいる。このパンフレットによれば、〝別〟の由来はアイヌ語で川を意味する〝ペッ〟だ」

「つまり、名前に別がついた町には、近くに川があるってことだね!」

「その通り。賢いぞ」

ショウはちょっとばかり自慢気にうなずき、尋ねた。「ぼくはこんなことも考えてた。お腹の赤ちゃんがおならをしたら、ママはゲップをするのかな?」。ぼくは思わず吹き出した。近くにいた客がこっちに視線を向けた。

昼食後、浦幌までのルートが正しいかどうかを確認するために、ぼくたちは、お菓子などを扱う売店にいる、白髪の年配の男性店員に近づいた。男性の額には肝斑《かんぱん》があり、目の下は大きくたるんでいた。水色の半袖シャツの上に、「本別　道の駅」と記された黄色いエプロンをつけている。

「すみません。ちょっとお尋ねします」ぼくは地図を出して言った。「浦幌まで自転車で行きたいのですが、このルートで間違いないでしょうか？」

男性は、ぼくが指した地図上のポイントを見て「うん、これで合ってるよ」と言った。ショウに目をやり、「ボクも乗ってるのかい？」と尋ねた。

「はい、乗っています！」

「自転車に乗っていて、何が一番楽しいかな？」彼は微笑みながら尋ねた。

「農家や馬や牛を見るのが好きです」

「それはよかった。他にも君が気に入るかもしれないものがあるよ。来てごらん」男性はそう言って小さなカウンターを出た。ぼくたちは彼に続いて勝手口から外に出て、角を回った。男性が、建物の日陰側にある大きな窓を指さした。「この虫を見たことがあるかい？」

地上一メートルくらいの高さの窓の縁に、大きな光沢のある黒い虫がじっとしがみついていた。体長五センチくらい。鎧《よろい》のような外骨格と、その大きな身体を支えるには細すぎるような、小さなとげのある脚。最大の特徴は、頭部の下の方から突き出ている長い角だ。頭部の上にも、サイのような短い角が生えている。「カブトムシ！」ショウが叫んだ。

「その通りだ」男性が言った。「こんな風に、角があるのはオスなんだ。他のオスと戦うためについてるんだよ。刺したりしないから、触っても大丈夫だよ」

ショウはカブトムシには触れなかったものの、写真を何枚か撮った。

「カブトムシは夜行性だから、昼間にこんなところにいるのは珍しいんだ」男性は続けた。「でも、この数週間で、ここにカブトムシがいるのを何度も見た。窓ガラスが温かいからかもしれない」

ぼくたちは彼の好意に感謝し、自転車に向かおうとした。

「ちょっと待って」男性はそう言うと、慌てて売店に戻ると、中身がいっぱいに詰まった小さな袋を持って再び現れた。男性は袋をショウに手渡して言った。「長い旅だから、エネルギーがたくさん要る。よかったら、このお菓子をどうぞ」

「わぁい、ありがとうございます！」ショウは袋を受けとり、丁寧にお辞儀をした。

再びペダルを漕ぎ始めたとき、ショウは本別の道の駅を振り返って言った。「これまでで一番の休憩所だった！」

ぼくたちはそれから数時間、平坦で美しい光景が楽しめる北海道道五六号を走り続けた。ときおり、広大な農地も通り過ぎた。昼下がりの太陽は雲の後ろに隠れていて、風は冷たかった。ぼくは薄手のジャケットを着た。鬱蒼《うっそう》とした森林が遠くに広がり、大きな柵で囲まれた牧草地が点在しているのが見える。道路脇の牧草地で、大きな図体をした一〇頭ほどの牛が、平然と草を食んでいた。ショウが牛に呼びかけた。

「モー！　そう、ぼくはキミに話しかけてるんだよ。左から三番目の茶色のキミだよ！

モー！」。牛たちは草を嚙む動作を一斉にやめ、こっちを見上げた。

「友達ができたかな？」遠ざかる牛を見ながら、ぼくは尋ねた。ショウは質問を無視して言った。

「パパ、明日は七月四日の独立記念日でしょ？」

「そうだ」

「花火はできる？」

もっともな要求だったが、難しいのではないかと思った。日本では夏になるとあちこちで花火大会が催されるが、ぼくは花火がどんなところで売っているのか知らなかったからだ。自信のなさをショウに悟られないように答えた。「楽しそうだな！　次の町に着いたら人に聞いてみよう。どこかに花火を売っている店があるはずだ」

「最悪！」ショウがイライラした口調で言った。

「おい、どうしたんだ。パパは店を探すって言ったんだぞ」

「花火の話じゃないよ、チェーンが外れたんだ！」

ぼくはショウのチェーンを直し、再出発した。だが、しばらくすると今度はフロントのサイドバッグを電柱にぶつけてしまい、ネジ止めしている部分が弱くなり、サイドバッグが不安定になってしまった。走っている最中にネジが外れてしまえば、サイドバッグが前輪のスポークに当たって転倒するおそれもある。ぼくたちは修理のために、町に着いたら自転車店を探すことにした。

何度も人に道を尋ねながら、ようやく郊外のキャンプ場に到着した。浦幌町には自転車店はなかったが、公衆浴場があることがわかった。まずはキャンプ場で使用料の一五〇〇円を払い、テントを設営して荷物をなかに入れた。ぼくたちのテントは、重さ二キロ弱、二人用の「ビパイン2」だ。隣のキャンパーの巨大なテントと比べると、おもちゃみたいに見える。ぼくたち以外の客はすべて車で来ていて、駐車した車の横に、大きなテントを張っている。優に一〇人は入れるだろうテントを張り、その前に炭火焼きのバーベキューセットとラウンジチェアを置いている家族連れもいた。

荷物をテントにしまうと、再び自転車にまたがり、食事と風呂を求めてキャンプ場を出た。荷物を積んでいない自転車は素晴らしく軽かった。ペダルを踏むと、全力で駆け出したくてうずうずしている馬のように反応してくれる。

「花火はいつ買うの？」ショウが寂しそうに尋ねた。ぼくは花火のことを完全に忘れていた。

「そうだな、店を探してみよう」ぼくは少々自信なさげに言った。生まれ故郷のテネシーでは、花火を売っている店は、国道脇に大きな看板を出していた。でも北海道では、そんな看板はまだ一回も見ていない。

ショウは疑い深そうにぼくを見ていたが、それ以上、何も言わなかった。もう午後七時近く。すぐに暗くなるだろう。公衆浴場に向かいながら、ぼくはハンドルバーに装着したライトをつけた。

二〇分かけて公衆浴場で身体を洗い、浴槽に浸かったあと、さらに町中を走り、居酒屋を見つけた。鮮やかな色の長方形の布が、入口に渡された竹の棒から吊り下がっている。これは暖簾と呼ばれているものだ。店内に風が入るのを防ぐと同時に、店が営業中だということを客に知らせている。その店の暖簾は地面すれすれまで垂れ下がり、切れ目が二本、入っていた。

ぼくたちはカラフルな暖簾をくぐり、狭く、煙の立ち込める店内に入った。五つしかないテーブル席はすでに埋まっていたが、愛想のよい店主が、カウンター席に案内してくれた。厨房《ちゅうぼう》の様子がよく見える場所だ。端の席に座ろうとしていると、ビールを飲んでいた二十代半ばくらいの若い男性が、「詰めましょう」と言って自分の椅子をずらし、スペースを空けてくれた。

ぼくは会釈をし、壁に貼られた手書きのメニューを見た。何を注文しようかとショウとあれこれ話していると、前掛けをした中年の店主が、カウンター越しにトレイに載った熱いおしぼりを差し出してきた。店主はトングで小さな白い蒸しタオルをつまむと、そうっとぼくの手のひらに置いた。一瞬ものすごく熱いが、左右の手のひらで転がすようにほぐしていくうちに、すぐにいい加減になる。触れていると、心が安らぎ、リフレッシュするような感覚がする。ショウは「熱い！　熱い！」と言いながら、お手玉のようにおしぼりを宙に浮かせて、早く冷まそうとした。

その様子を見て、横に座っている若い男がにっこりと微笑んだ。

ぼくは「アサヒビールを一つと、息子にオレンジジュースをください」と言い、続けてタコの唐揚げ、枝豆、刺身、焼き鳥を注文した。

「かしこまりました」店主が言い、料理をつくり始めた。

飲み物が到着したとき、隣の若い男がビールグラスを掲げてぼくたちを見てうなずき、「乾杯！」と言った。顔は真っ赤だったが、目つきはしっかりしている。かなり出来上がっているようだが、酔っ払っているわけではない。ぼくたちと話したがっているみたいだ。ぼくもおしゃべりは歓迎だった。

「乾杯！」ショウとぼくもグラスを掲げた。

「この近くに住んでるんですか？」彼が尋ねた。

「いや、旅の途中で立ち寄っただけです。地元のかたですか？」

「生まれも育ちもここ。この店の客はみんなそうです」と彼は居心地のいい居酒屋を見回して言った。

店員が刺身を運んできた。マグロにハマチ、イカ、サバ。細長く切った大根と大葉が添えてある。店主が手慣れた動きでわさびをおろし金ですりおろし、小皿に載せてぼくたちの前に置いた。

若者はわさびをちらっと見て、「チューブのじゃなくて、すりおろした新鮮なのが一番」と言い、ショウに目をやって忠告した。「新鮮なわさびはツーンとくるよ。気をつけて」

「わさびはつけないよ。辛いから」ショウは小皿に醤油を注ぐと、脂の乗ったマグロの刺し身の先を浸した。

「うん、その方がいい」若者は笑い、ビールをおかわりすると、ぼくたちに尋ねた。「旅の目的地はどこですか？」

「広尾町、その次は襟裳岬《えりもみさき》。自転車で旅をしてるんです」

「そりゃあすごい。海岸沿いは風が強いから気をつけて」

「うん、宗谷岬からずっと風は強かった」ショウが言った。

「宗谷岬から自転車でここまで来たの？」若者は信じられないといった表情でぼくたちを見た。

「実は……」ぼくが計画を説明すると、彼は頭を横に振って微笑んだ。

「あなたたちはすごい！　飲み物をおごらせてください」

「いえ、もう十分飲んだから大丈夫です。気持ちだけ受けとっておきます」。彼は少しがっかりしているように見えたが、それ以上、勧めてはこなかった。

ぼくは言った。「今年の北海道は、例年より雨が多いんじゃないかと思うんです」

「そうですね。みんな、地球温暖化のせいだって言ってます。でも、ぼくには問題が大きすぎてピンと来ません。ぼくは失業中だから、仕事さえ見つかればそれで満足です」

「それは大変だ」ぼくは彼に同情してうなずいた。

「勤めていた製紙工場が、数カ月前に火事で燃えてしまったんです。社長は建物には保険をかけていたんだけど、機械にはかけてなかった。結局、工場は倒産し、ぼくはそれ以来、職なしです。人口六〇〇〇人の町では、なかなか仕事が見つからなくて」

しばらく会話をしたあと、彼はまたビールをおかわりし、ぼくたちに料理や飲み物をおごると言った。でも、ぼくたちは遠慮した。

「どこで寝るんですか？」

「キャンプ場です」

彼は眉をひそめて言った。「毎年、この時期になると熊が出ます。たぶん大丈夫だとは思いますが、テントのなかに食べ物を置かないようにしてください」

居酒屋を出て、キャンプ場に向かって自転車を漕ぎ始めた。まだ夜の八時半だが、浦幌の町は、もう静まり返っている。ショウは不安げな顔をしていた。一〇分ほど走ると、人気のない、気味の悪い脇道に入った。時折、オレンジ色の街灯が、霧のなかでぼんやりと光を放っているのが見えた。「パパ、怖いよ。みんなどこに行っちゃったの?」

「きっと寝る準備をしてるのさ。パパたちと同じだ」ぼくは落ち着いているふりをしたが、実は自分もちょっとばかり怖かった。町の外れで街灯は途切れた。キャンプ場のある森に入ると、そこは漆黒《しっこく》の闇だった。自転車のライトが、前方の道路に不気味な光と影をつくりだしている。ショウが泣き出し、ぼくは速度を上げた。

テントに到着し、自転車を木に立てかけていると、ショウが不満を口にした。「花火はなかったね」

「そうだな。居酒屋であのお兄さんに聞けばよかった。明日、人に訊いてみよう」。ぼくは、ショウのリクエストを何度も後回しにしている自分を少しばかり恥じた。花火で息子を楽しませてやりたかったが、一〇〇キロも走ったあとは、まず風呂や食事を済ませ、寝場所を探し、自転車の修理をするのが先決で、花火を探すのは後回しにせざるを得ない。

ふくれていたショウが、何かに気をとられた。ショウと同じくらいの年頃の男の子が、虫あみを持って、忍び足で歩を進めている。少年は真剣な顔をしてぼくたちを一瞥《いちべつ》すると、唇に人差し指を当てて、「シーッ」と言った。

「何してるの?」ショウがささやき声で尋ねた。

「虫を探してるの」少年もささやき声で答えた。

「今日、カブトムシを見たよ!」ショウが言った。

「ぼくが探してるのもカブトムシだよ」少年は答えた。「一緒に探す?」

　ショウがぼくを見上げた。「パパ、いい?」

「いいだろう。でも、パパが見えないところまで行っちゃダメだぞ」

　ふたりは一緒に虫を探し始めた。すると、同じ虫あみを持った男性が近づいてきた。

「こんばんは」男性は丁寧に会釈をして言った。「オオモリと申します。あれは息子のカズキで七歳です。あそこのテントにいます」男性は、近くの大きなテントを指さした。木炭グリルの赤い炎が光っている。近くでは、オオモリさんの妻と三歳くらいの男の子が、木を注意深く観察していた。「家族でカブトムシを探してるんです。あと少ししたら、花火をしようと思っています。ぜひ息子さんとご一緒にどうぞ」

　ぼくたちは、オオモリ一家と一緒に、一時間ほど過ごした。ショウはオオモリさんから線香花火を手渡されると、嬉しさのあまり笑い出し、何とも言えないおかしな表情を浮かべた。花火に火がついたときには、思わずぼくに抱きついてきた。「パパ、信じられないよ! こんな

ところで花火ができるなんて！」

ぼくはオオモリさんに事情を説明した。「息子がずっと花火をしたがっていたんですが、どこに売っているかわからなかったんです。そうしたら、あなたが突然、魔法のように現れたものですから」

彼は笑った。「花火なら、コンビニで売ってますよ。簡単に見つかります」

オオモリさんは、アウトドアが大好きで、妻と子どもをキャンプに連れて来たのだと言った。「私は釣りのブログを書いています。家族にも、自然のなかでもっとたくさんの時間を過ごして欲しかったんです。子どもたちはテレビやゲームばかりしていて、自然の素晴らしさを知りません。夏の夜にカブトムシを探すくらい、楽しいことはないのに」

翌日の午前中も、ぼくたちはオオモリさん一家と過ごした。ショウはオオモリ家の二人の男の子と近くの小川を探索した。ぼくはテントを撤収し、自転車に荷物を積んだ。後輪のタイヤがパンクしていたので修理し、フロントのサイドバッグを固定していたバンジーコードをさらに一本増やして安定させた。

出発の時間になり、ショウは名残惜しそうに新しい友達とさよならをした。浦幌を出て道道五六号を走り、国道三八号を東に進んだ。猛スピードのトラックが、轟音を立てながら脇を通り過ぎていった。数キロ走ると、交通量が少なく景色のよい国道三三六号に入れた。ぼくは安堵のため息をついた。道路沿いには店も自動販売機もなかったが、食料はまだたっぷり残っていた。六時間かけて八〇キロを走り、夕方、北海道の東海岸にある海辺の町、広尾に到着した。

セイコーマートに寄って、食料や花火を買った。レジで、ショウが制服の店員に尋ねた。

「この辺に、ゲームセンターはありますか？」

「近くのデパートの最上階にあります」彼はデパートの方角を指さして言った。

「キャンプ場と銭湯は？」ぼくが尋ねた。

「銭湯はデパートからそう遠くないところにあります。キャンプ場も、一キロほど先の砂浜の隣にありますよ」

ショウが瞳を輝かせながらぼくを見た。「ゲームセンターと花火！　なんてラッキーな日なんだろう！」

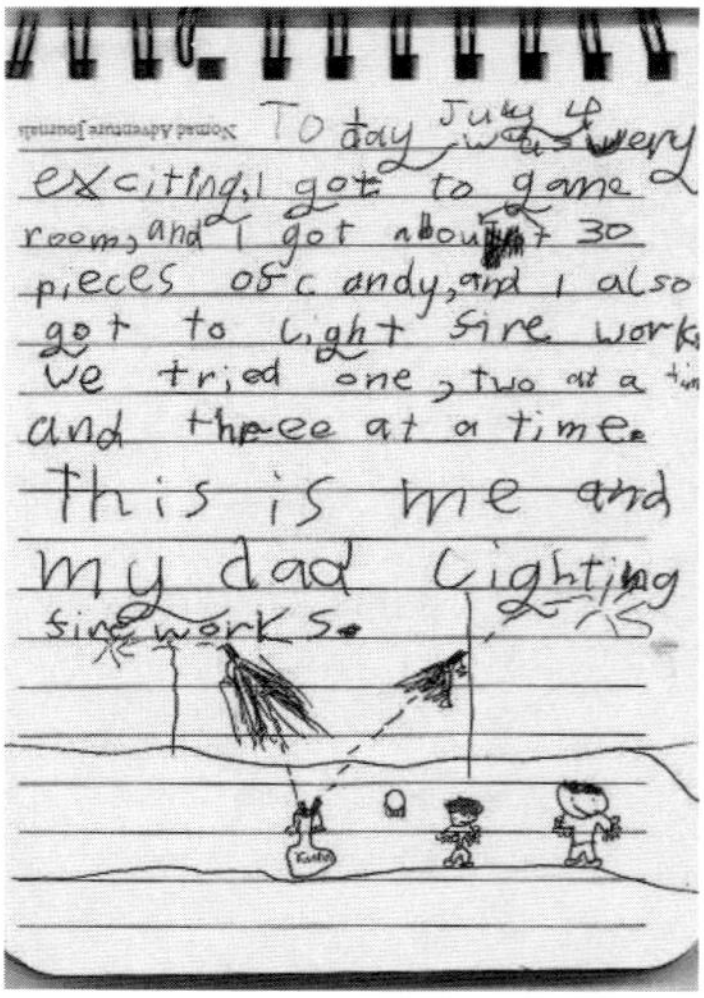

第17章　転倒《クラッシュ》！

翌朝早く、キャンプ場の数百メートル先から聞こえてくる力強い波の音で目が覚めた。リズミカルな音に、心が癒された。テントで仰向けになって目を閉じ、波音に意識を向けていると、寄せては返す波のサイクルの複雑な仕組みが見えてきた。静けさと緊迫感、砕け散る波の轟音、抗いながら後退していく波、再び訪れる静寂――。永遠に繰り返されるこのプロセスは、人の一生のメタファーかもしれない。それは宇宙そのものの律動のような、太古から連綿と続く何かを思わせるものだった。

自然の音に包まれた平和なひとときを楽しみつつも、何かよくないことが起きるという胸さわぎもした。波はぼくに、自分の力ではどうすることもできない大きな力が、無限に変化していく様を想起させた。それは、この旅の成功を過信することへの警告のようにも思えた。

ぼくはしばらくそのままじっとしていた。ショウが目を覚ました。ぼくたちは朝食をとり、テントを出て早朝の日差しを浴びた。テントを張っていたのは、海から四〇〇メートルくらい離れた雑木林のなかだった。周囲の木々はかすかに霧がかかっていたが、きらめく水面の彼方から昇ってきた太陽は、すでに熱く燃え始めている。

かがんだ姿勢から背伸びをしたら、思わずうめき声が出た。ショウが尋ねた。「パパ、どうしたの?」

「ずっと自転車を漕いでたから、身体が痛いんだ」

「ぼくは平気だよ」

「本当に?」ぼくは驚いて——正直にいえば、少しイラッともしながら——尋ねた。「知床で一日休んだだけで、これまで一週間、平均で一日六時間半も走ってきたんだ。本当にお尻は痛くないのか?」

「痛くないよ」

「指が痺れたりしてない?」

「ううん」

「首の筋肉は? 腰の痛みは? 太ももは?」

「痛くない。どこも痛くないよ。砂浜で遊んできてもいい?」

ショウがテントの外に置いてあった靴に足を突っ込んだ。

「いいとも」ぼくはあまり考えずに言った。「気をつけるんだぞ。あまり遠くに行かないように」

「うん」

二〇分後、テントを解体して自転車に荷物を積み終えたあと、ぼくはショウを探しに歩いて砂浜に出た。キャンプ場からは、海辺は部分的にしか見えなかった。雑木林を抜けて、初めて危険に気づいた。辺りを見回したが、砂浜にショウの姿はない。海藻に覆われた無数の岩や巨大な消波《しょうは》ブロックの塊《かたまり》があるせいで、死角になっている場所がたくさんある。岩の後ろで遊んでいるのではないかと思い、何度も名を呼ぶものの、その声は波風の音にかき消されてしまう。二〇メートルくらいしか離れていなくても、ぼくの声はショウに聞こえないかもしれない。

遠くの岩場で、防水のつなぎ服を着た釣り人が六人、立ったまま釣りをしているのが見えた。長い竿からピンと張った釣り糸が、波打つ海面から伸びている。ちょうどそのとき、猛烈な波が押し寄せて岩場にぶち当たり、激しくしぶきが上がった。釣り人たちはずぶ濡れになりながら、足を踏ん張っている。

普段なら、海の美しさや力強さに驚嘆していたかもしれない。だが、荒々しい波の光景を見て、ぼくは突然、パニックに陥った。左右を見渡すが、誰もいない砂浜が遠くまで続いているだけだ。海岸に大きな波が押し寄せ、悪魔のような力強さで消波ブロックにぶつかり、空高くしぶきを噴射して、また深い海へと戻っていく。容赦のない引き波にさらわれ、溺れて両手をバタつかせながら、助けを求めて叫ぶショウの姿が脳裏をよぎった。

なんとしても、息子を見つけなくては――。

ぼくは近くの岩の後ろに人の気配を感じて全力で駆け寄った。だが、そこには箒《ほうき》とごみ箱を持って歩いている作業服の男性しかいなかった。ぼくは息を切らせて彼のところまで走り、「すみません、この辺で八歳くらいの男の子を見かけませんでしたか？」と尋ねた。

男性は砂浜の方角を指さして言った。「さっきまで、あの辺の岩場で遊んでましたよ。どこに行ったんだろう?」

彼の指の先にある岩場に、巨大な波が押し寄せて砕け、上空にしぶきが舞い上がった。男性はぼくの不安そうな目に気づくと、清掃道具をその場に置き、「一緒に探しましょう」と言ってくれた。ぼくは、男性の後ろに続いて、彼が最後にショウを見たという場所に行った。岩場の一部はしぶきで濡れていたものの、波は届かない位置にある。大きな岩に近づくと、細長い緑色の海藻を手にしたショウが、のんびりと歩いているのが見えた。ショウは何事もなかったかのようにぼくを見ると、「パパ、一緒に海藻を探す?」と言った。

男性は笑顔でうなずいた。「よかった!」

ぼくは彼にお辞儀をした。「ありがとうございました。ご迷惑をかけてすみません」

「いいえ、どういたしまして」男性は肩越しにそう言うと、清掃道具を置いた場所に戻って行った。

ぼくはショウを強く抱きしめた。「パパはどうしようかと思ったよ」

「なんで? ぼくがお化けみたいな波に近づくとでも思った? まさか!」

ぼくたちは、海藻を集めて山積みにし、水を絞ってぬるぬるした感触を楽しんだ。それから岩の上に座って、しばらくの間、砕け散る波をじっと見ていた。ぼくはずっと、ショウの肩に腕を置いていた。

この日の目的地は、海岸線の五〇キロ南にある襟裳岬。北海道の南東に突き出た岬だ。ぼくたちはまずキャンプ場を出て、広尾の町で自転車店を探した。でも、何度も道を尋ねてたどり着いたのは、〝ママチャリ〟と呼ばれる、前カゴ付きの廉価な自転車しか扱っていない一般向けの店で、ぼくたちが求めていた、サイドバッグ用のネジはなかった。

サイドバッグが走行中に外れないことを祈りつつ、コードをもう一本増やして、きつく固定した。広尾を出発し、岩場の多い海岸沿いの国道三三六号を南に進んだ。きらめく海が、澄んだ青い空の下で輝いている。絶好の自転車日和だ。町を離れ、短いトンネルを抜けると、見事な光景に目を奪われた。明るい太陽の下でキラキラと光る水面。右手に見える峻険な滝からは水が降り注ぎ、海の先には半島の山々が望める。ぼくは絶景に圧倒され、海の歌声に誘われるかのように、夢見心地のまま無意識のうちに自転車を海側に傾けていた。

突然、夢見る時間は終わった。サイドバッグが縁石にぶつかり、その衝撃で不安定になっていたネジが外れ、ラックが前輪に突っ込んだ。スポークが折れる不快な音がし、それが強烈なブレーキになって、自転車が急停止した。ぼくは転倒して肘を地面に擦ったが、ショウは自転車から飛び降り、無傷ですんだ。

「自転車は、こんな風に停まってしまうこともある」ぼくは立ち上がり、腕の後ろについた砂利を払った。

「パパ、ぼくのジャンプを見た？　忍者みたいだったでしょ？」。ぼくたちは笑い、大きな怪我をしなかったことに感謝した。ショウは壊れた前輪を見て言った。「修理に時間がかかりそうだね。砂浜で遊んできてもいい？」

「いいよ。でもパパから見えない場所に行っちゃダメだぞ」

ショウは短い柵を飛び越え、海沿いに設置された消波ブロックの方に向かって緩やかな斜面を降りると、波から離れた安全な場所で、海に向かって流木の破片を投げ始めた。

ぼくはショウの安全を確認しつつ、自転車の点検に着手した。スポークが一本折れ、もう一本が曲がっている。左フロントのサイドバッグ用ラックを留めるネジが完全にダメになっている。前輪を取り外し、ガードレールに自転車を立てかけて、一・五メートルほどの幅の路肩に修理道具を広げると、スポークレンチを手に『路上での自転車修理方法』という小冊子を取り出し、その指示に従いながら、修理を始めた。

道路に座り込んで作業をしている脇を、車が通り過ぎて行く。波音が奏でるリズムと、晴れわたった空、優しいそよ風が心地よい。なんとかスポークを予備と交換した。応急処置にしては悪くはない。だが、新しいネジがなければ、前輪の左にサイドバッグを固定できない。ぼくはやむを得ず、七、八キロほどの重さのあるサイドバッグをリュックのように背負って走ることにし、ショウと一緒に美しい海岸沿いを走り始めた。前輪のサイドバッグを右側だけにしかつけていないのでバランスが取りにくく、肩にサイドバッグの紐が食い込んだ。

その午後、ぼくたちは言葉にできないほど美しい光景のなかを走った。日高山脈は、数千万年前にプレートの衝突によって生じたもので、北海道の内陸からはるか一五〇キロ先の海に向かって続いている。広尾と襟裳岬を結ぶ国道三三六号には、「黄金道路」という通称がある。海辺から峻険な山腹に至るルートを切り開くためには、国が大量の税金を投じなければならなかったからだ。ぼくたちの姿は、上空から見ればどれほど弱々しく見えるだろう。荒々しい海と迫り来る崖山に挟まれた道を、ゆっくりと這うように動く小さな生き物——。

えりも町に到着し、公衆浴場で風呂に入ってさっぱりしたあとで、ショウとぼくは他に誰も利用者のいない吹きさらしのキャンプ場で、唯一のテントを設営した。ロケット花火を打ち上げ、梢よりも高く上がった花火が、風に吹かれて夜の闇に消えていくのを見守った。


翌朝、四時四五分。ぼくは明るい太陽の光で目を覚ますと、側でショウがぐっすり眠っている間、テントのなかで二時間かけて、楽しみながら旅の記録をつけた。ショウが起きると、ぼくたちは残っていた食料を分け合った。スルメ、菓子パン、チーズ。豪華な朝食とは呼べないが、自転車で二五分ほどかかる、岬の先端にある売店にたどり着くまでのカロリーとしては十分だ。

襟裳岬までの急な登りを懸命に走った。美しい大自然のなかに、土産物店が軒を連ねている光景は、正直に言えばあまり好みではない。とはいえ、食料を補充できたし、忘れられないほど美味しいウニ丼も堪能できた。日本人にとって襟裳岬は、同名の有名な演歌（日本の伝統的な感傷的なバラード）によって、ロマンチックなイメージを喚起させる場所になっている。毎年、三〇万人を超える観光客がこの岬を訪れる。広い駐車場の横には売店が立ち並び、長い階段の先にある岬の先端が見下ろせる。遠くに、黒い岩でできた小さな島がいくつも見えた。

階段の一番上で景色を楽しんでいると、年配の夫婦が近づいてきた。女性がショウに言った。

「あそこにアザラシがいるの、見える？」

「どこ?」ショウが尋ねた。「見えないよ」
「岩のところをよく見てごらん」女性ははるか下の海に突き出た黒い岩場の端を指さして言った。大量のカモメが鳴き声をあげ、互いに押し合うようにして岩場で羽を休めている。

　小さな黒い岩のように見えたものが、突然動いた。ショウが興奮して言った。「いた!」。さらに、岩だと思っていたものがいくつも動き、ようやくぼくたちは、波打ち際にたくさんのアザラシがいるのに気づいた。女性はぼくたちに、襟裳は風の強さで有名なこと、えりも小学校は風力発電で起こした電気を使っていると教えてくれた。女性に勧められ、近くにある「風の館」という風をテーマにした展示館にも入った。ショウは秒速二五メートルの人工の強風を体験できるコーナーがとても気に入り、風の前を行ったり来たりしてははしゃいでいた。

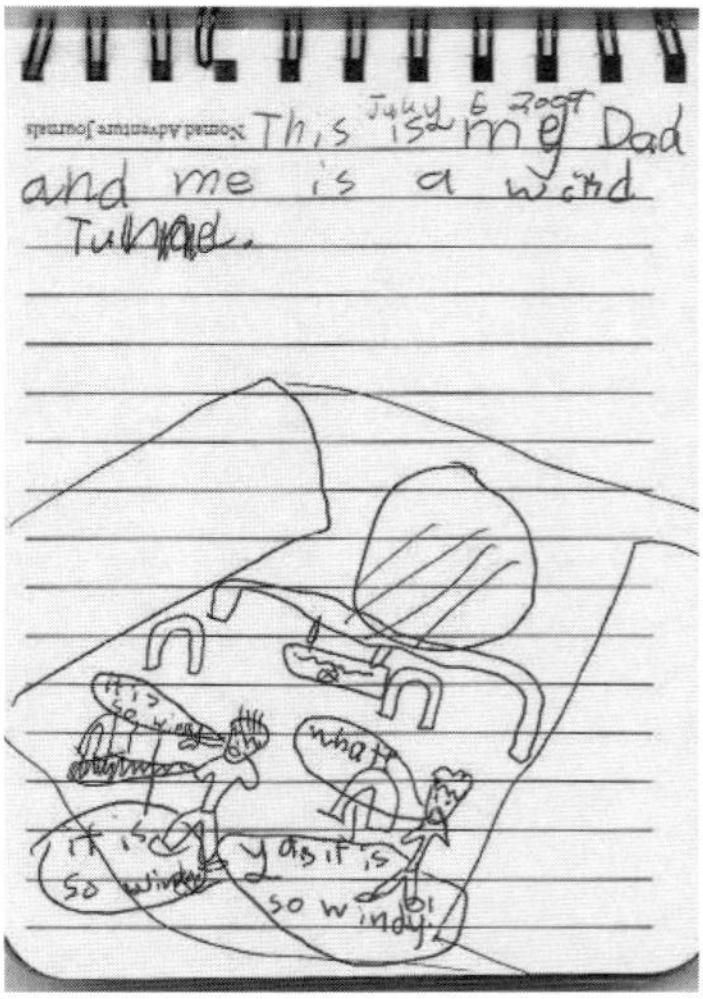

　襟裳岬を離れ、容赦ない向かい風を浴びながら、一時間半、ペダルを漕ぎ続けた。背負ったサイドバッグで、肩が痛かった。ようやく休憩をとろうとしたら、そこはたまたま、ブリヂストンの小さな自動車修理センターの前だった。息を整え、肩からサイドバッグを降ろしたとき、ひらめいた。これまでずっと、フロントフォークのラック用のネジを求めて、自転車店はないかと探していた。だが、必要なのはネジだけだ。自転車専門店でなくてもいいはずだ。

ブリヂストンの自動車整備士は、あちこちの引き出しを開けて、お目当てのネジを探し出してくれた。これで、サイドバッグをラックにとりつけることができた。もう背負わなくてもいい。

ぼくたちは再びペダルを漕ぎ始めた。海沿いでは、人々が海藻を浜にぎっしりと並べて干していた。この地域の名産として全国的に有名な日高昆布をつくっているのだ。夏になると、地元の人は昆布の収穫に参加する。母親と一緒に子どもたちが昆布を干していた。

後ろからミニバンが近づいてきて、ぼくたちの隣でスピードを落とした。車に乗っていたのは、襟裳岬でアザラシがいるのを教えてくれた、優しい年配の夫婦だった。夫婦がぼくたちに停まるよう合図した。

「差し入れがあるの」妻が車から出てきて、ショウに袋を渡した。なかにはお菓子やレモネードの缶ジュースが入っていた。「あなたたちが襟裳岬の駐車場を出発するのを見るまで、自転車で移動してるとはわからなかったの。お腹が減るだろうから、食べ物を渡そうと思って」

ぼくたちは夫婦に感謝し、記念に一緒に写真を撮った。夫婦が去ったあと、ショウが言った。「これまで、ぼくたちを助けてくれた人が何人いたか数えてたんだけど、もうわからなくなっちゃった」

その日は、浦河《うらかわ》で夜を過ごす予定だった。でも、目的地の一〇キロ手前の様似《さまに》のキャンプ場の遊び場や砂浜を一目見て気に入り、そこに泊まることにした。砂浜の隣の草むらでテントを張り、流木を拾うと、夢中になってチャンバラごっこをして遊んだ。

第18章　二風谷の新しい友人

翌日、ショウとぼくは早朝に目を覚まして砂浜に出た。穏やかな海がキラキラと輝き、ぼくたちを誘うように目の前に広がっている。波の音をサウンドトラックに、澄んだ空を背景にして、ぼくたちはチャンバラごっこを再開した。脇を通りかかったオートバイが何台か停止して、こっちの様子を見ているのがわかった。モジャモジャのひげを伸ばした外国人が、戦いの雄叫《おたけ》びを上げ、流木を手に八歳の男の子を追いかけているのを見て、驚いたのだろう。ぼくたちはたっぷりとチャンバラごっこを楽しむと、テントを解体して自転車に荷物を積み始めた。隣の駐車場にスポーツカーが停まり、降りてきた若いカップルがテーブルに座った。海の景色を見に来たのだろう。しばらくして、ふたりは温かい飲み物が入った紙コップを手にしてこちらに近づいてきた。「よかったらコーヒーをどうぞ」

「ありがとうございます」ぼくはコップを受けとった。「ご親切に感謝します」

ふたりは恥ずかしそうに笑顔でうなずくと、駐車場に戻り、車で去っていった。

しばらくして、キャンプ場の管理人の中年の女性が近づいてきた。彼女とは前日の夕方、使用料を払うとき、少しだけ話をしていた。女性はゆで卵を五個と、凍らせた水のボトル三つが入った袋をぼくに手渡した。「お腹が減るでしょう。運動したときは卵が最高よ。氷はゆっくり溶けるから、一日中、冷たい水が飲めるわ！」彼女はショウにウインクして言った。「私が子どもの頃に覚えた技よ」

数々の見知らぬ人たちの親切と好天に恵まれ、ショウとぼくは晴れやかな気分で走り出した。「北海道の人は、世界で一番親切だと思う」ショウが言った。ぼくは、人々の寛大さは、客を大切にする日本文化とも関連があるが、なかでも厳しい自然のなかで暮らす北海道では、困っている人を助けることが社会全体にとってとても重要なことなのかもしれないという自説を展開した。ショウが言った。「違うよ、パパ。みんなが親切なのは、ぼくがすごく可愛いからだよ！」

ぼくたちはそれから七時間、何度か栄養補給のための休憩を入れながら、疲れた脚で出せる精一杯のペースで走り続けた。ショウは、自分だけの空想の世界に入り込んだ。大声で歌っていたかと思えば、想像上の会話をする。思いつくままに、ぼくに質問をしてくることもあった。「水はどうやってつくられるの？」「なぜ、虫は熱で死ぬこともあるのに光に寄ってくるの？」。〝究極の選択〟というのもある。どちらとも答えたくないような二つの選択肢のうち、どちらかを選べというのだ。

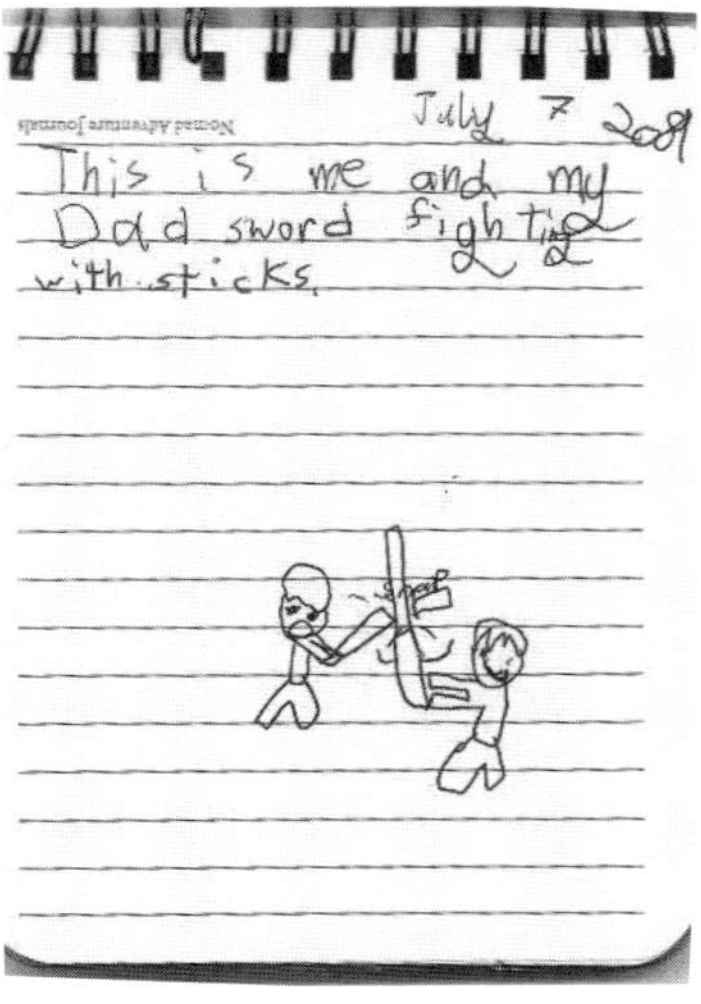

ぼくはすでに、何十回もこの究極の選択に答えていて、少々うんざりしていた。でもショウは、断固としてこのゲームを続けようとした。「パパ、夏の一番暑い日に二〇枚の上着を来て外で五分間立っているのと、冬の寒い日に裸で外に五分間立っているのと、どっちがいい？」

「いいかげんにしろ！　もうそんなくだらない質問はたくさんだ。なんの意味があるんだ？」。ぼくが声を荒らげると、ショウは気を悪くしたようで、数分間口をきかなかった。ぼくはかんしゃくを起こしたことを後悔した。いつもは、ショウとのとりとめのない会話を楽しんでいる。ショウの質問や意見にイライラするようになったら、それはぼくが休憩をとるべきという合図なのだ。中学の理科の授業で、苛立ちは脱水症状や疲労の兆候であると教わったように。

　ぼくは自転車を止め、水をたっぷり飲むと、道路脇の草むらに腰を下ろした。スルメを取り出し、一切れ口に入れると、一切れをショウに差し出した。「スルメでも食べよう。さっきは怒ったりしてすまない。パパは息抜きが必要なとき、あんな風になってしまうことがあるんだ」。ショウは食料と謝罪を受け入れた。それから一五分、ぼくたちは地面を掘り起こして虫を探した。

　朝から一一〇キロ近くも走ってきたので、ペダルを踏むごとに、足の裏が痛んだ。ショウも不機嫌になり、早くその日のサイクリングを終わりにしたいと不満を漏らした。だが、目的地まで、まだ一時間はかかる。

「あと少し我慢しよう。二風谷までもう少しだ」ぼくは言った。

「もう疲れたよ」

「わかってる。パパも疲れてるさ。冒険家は、苦しみを味わうこともある。もうすぐだ」

「どこで寝るの？」

「着いたら人に聞いてみよう。キャンプ場があるかもしれない」

午後六時半、ぼくたちは二風谷の通りの赤信号で停止し、息を整えた。二風谷は、アイヌの人々が多く暮らしていることで知られる村だ。ぼくはペダルから足を離し、恐る恐る、痛む脚をぶらぶらさせてみた。そのとき、通りの向こう側に、「アイヌ料理」の看板を出しているレストランがあるのが見えた。店名は「ランチハウスＢＥＥ」。

突然、エプロン姿の元気そうな女性がレストランから現れ、ぼくたちの方に走り寄ってきた。

「こんばんは！」彼女は笑顔で言った。「カッコいい自転車ね、どこから来たの？」

「様似から来ました」ぼくは、日本縦断の旅をしていると告げた。

「まあ、ぜひ家族や友達に会って、旅の話を聞かせて！」彼女は興奮して言った。「うちのレストランに来て。お腹が空いてるでしょう？」

ショウは激しくうなずくと、女性の後ろについて歩き始めた。ぼくは自転車を押してそれに続いた。彼女は笑顔でショウに言った。「あなたと同じくらいの歳の娘がいるのよ。あとで紹介するわ。私はセキネマキ」

「ぼくはショウです。日本語で、〝翔ぶ〟という意味です」

「ええ、わかるわよ」彼女は笑いながら言った。

マキは、レストランの中庭の、長い木製テーブルにぼくたちを案内してくれた。テーブルではすでに、四人の男性がビールを飲んでいた。ショウとぼくは、興味津々といった様子の彼らにうなずいて挨拶をすると、端の席に座った。

「新しい友達を紹介するわ」マキは男たちに言った。「自転車で日本縦断の旅をしてるんですって」

男たちはビールグラスを掲げてぼくたちに乾杯すると、ひとりずつ自己紹介をしていった。五十代くらいの茶色い上着の男性が言った。

「一時間前に、ここに車で来る途中であんたたちを見かけたよ。茂みで立ち小便してただろ?」。男たちが笑った。

「ごめんなさい」ぼくは顔を赤らめて言った。「休憩所のトイレを使おうとしてはいるんだけど、どうしようもないときもあって……」

「そうそう、しょうがないよ」黒い短髪と顎ひげの、優しそうな顔をした若い男性が言った。タンクトップから、太い腕が突き出ている。彼らはみな逞しかった。ボディビルダーみたいに筋骨隆々というわけではないが、オクラホマ州のぼくの祖父が〝カントリー・ストロング〟と呼んでいたような、自然と共に生きている人間が持つ、がっしりした強健な体つきをしていた。

「コウキといいます。自転車で日本縦断なんて本当にすごい。それも子どもと一緒になんて」

彼の向かいに座っていた男性が、ぼくに真剣な顔で言った。「コウキは地元の有名人だよ。北海道で腕相撲が二番目に強いんだ」

ショウはぼくにささやいた。「驚かないよ。この人の腕はぼくの脚より太いもん」

コウキは笑って謙虚に言った。「でも、ぼくには自転車で日本を縦断なんてできないよ」

マキが戻ってきた。「このふたりは今日、一一〇キロも自転車に乗ってきたのよ。お腹がペコペコでしょう」マキはぼくたちの方を向いて言った「せっかくだから、アイヌ料理を試してみて」

「もちろん！」ぼくは言った。「お勧めは？」

「鹿肉の味噌汁と、アイヌ風の豚丼。デザートに団子。米粉じゃなくて、芋粉と甘い煮豆でつくってるのよ」

ショウとぼくは喜んでマキの提案を受け入れた。彼女が厨房に戻ると、スポーツマンタイプの引き締まった身体をした男性がテーブルにやってきて、ぼくたちの向かいに座った。「マキの夫のケンジです。娘を紹介させてください」彼はそう言うと、厨房の近くに立っていた女の子に合図を送った。「マヤ、九歳です」ケンジがそう言うと、女の子はぼくに丁寧にお辞儀をし、ショウに向かって微笑んだ。

ケンジが、ぼくたちの旅のルートや、自転車の仕組みなどを尋ねてくれた。ぼくはこの冒険についてたっぷり話せて楽しかった。ケンジの物腰は柔らかく、テーブルの他の男たちと違って、ビールではなくお茶を飲んでいた。

食事を運んできたマキが、テーブルに加わった。ショウとぼくは、貪《むさぼ》るようにして、この珍しくて、美味しい料理を食べた。食べ終わると、ショウは唐突にポケモンカードを取り出し、興奮してマヤに説明し始めた。同じくらいの歳の子どもたちが他にも集まってきた。マヤが言った。「私たちと一緒に来ない？　道路の向こうに、夜しかつかまえられない虫がいっぱいいる場所があるの」

「パパ、行ってもいい？」

ぼくはうなずくと、ショウは子どもたちと一緒に道路に向かって駆け出した。二車線の国道を、トラックが轟音をたてながら通り過ぎていく。マキが、信号が青に変わるまで道路を渡ってはダメだと叫んだ。

それから一時間、ぼくはマキの親戚や友人に二〇人ほども紹介された。

「スコットさんのルートだと、二風谷は遠回りしているように思えますが」

「海岸からは遠いです。でも、ぼくはアイヌの文化についてもっと知りたいんです。二風谷には、アイヌがたくさん住んでいて、アイヌ文化の博物館があると聞きました」

マキが反応した。「私はその博物館でアルバイトをしていたのよ！　私の家族や、この店にいる大勢の人は、アイヌの子孫なの」。彼女はアイヌ語で札幌は「乾いた大きな河」、アイヌは「人間」を意味するのだと説明した。

ぼくはマキやケンジと、北海道の先住民族の歴史や文化について一時間ほど語り合った。一八〇〇年代後半に独立を失ったアイヌ人は、日本への同化を強制され、独自の言語も廃れていった。ケンジは、オヒョウの樹皮で〝アットゥシ〟と呼ばれる織物をつくっている義母の仕事場にも案内してくれた。

「ところで、今夜はどこに泊まるの？」テーブルに戻ると、マキが尋ねた。

「まだ決めてないんです。近くにキャンプ場はないかな？　テントは持っています」。マキがぼくの肩を叩いて言った。「今夜は雨が降るわ。あなたたちは私たちのゲストよ。ケンジがさっき案内した部屋に泊まって」

「それは素晴らしい。本当にありがとう。そういえば、ショウの姿をしばらく見ていないな」

ぼくの言葉を合図にしたかのように、数十メートル先の暗闇から、マヤとショウの興奮した声が聞こえてきた。声のする方に注意を向けると、野原から二車線の国道に向かって走る、二人の子どもの影が見えた。マヤとショウが、手に持った容器をぼくたちに早く見せようとして急いでいる。つかまえたばかりの虫が、いっぱい入っているのだろう。

そのとき、国道を猛スピードで進んでくるセミトレーラー・トラックのライトが見えた。目の前の光景が、スローモーションに変わった。ドライバーは、レストランの手前にある交差点の青信号にしか注意を向けていないようだ。横断歩道の信号は赤だったが、子どもたちは虫をぼくたち大人に見せたくてたまらない様子で、まったく周りを見ていない。全速力で、こっちに駆け寄ろうとしている。

マキもトラックに気づいた。ぼくたちは、交差点に向かって全速力で走りながら叫んだ。「止まるんだ！　止まれ！」。ショウは車道に足を踏み入れる直前にようやく危険に気づき、腕を後ろに回して急停止しようとしたが、勢いあまってそのまま車道に飛び出した。ショウを見たドライバーが急ブレーキをかけた。トラックはニュートン力学に反するかのように前にスリップしながら急停止した。ショウは慌てて歩道に飛び戻ると、マヤに抱きついた。二人は、ほんのわずか手前で停止したトラックの大きなタイヤを凝視したまま、しばらく固まって動かなかった。

トラックはゆっくりと動き出すと、暗い夜道に消えていった。マキとぼくは、顔を見合わせてため息をついた。「もう少しでトラックに轢かれるところだったじゃないか！」ぼくは、近づいてきたショウとマヤを叱った。

「うん、ごめんなさい」ショウは申し訳なさそうに言った。

「昨日は砂浜、今日はトラック。パパは生きた心地がしないよ」

「ごめんなさい……」ショウはうつむいてそう言うと、すぐに楽しそうな笑顔に戻ってぼくたちを見上げた。「どんな虫をつかまえたと思う？　見たらびっくりするよ！」

第19章　アイヌ民族博物館《ポロトコタン》

翌朝、激しい雨のなか、ぼくたちは土砂降りの雨のなかを出発した。二風谷を離れる前に、「ランチハウスＢＥＥ」に立ち寄った。マキがショウを抱きしめて言った。「白老町《しらおい》に着いたら、〝ポロトコタン〟という通称のアイヌ文化の博物館に寄ってみて。そして、この人を訪ねて」マキが、ぼくにメモを手渡した。

内陸の森を抜けて海岸沿いの国道に戻った。今日の目的地はむかわ町だ。この一週間は、めったに商店の見あたらない過疎の田舎を走ってきたので、食料の配分を慎重に計画してきた。それなのに突然、数分ごとにコンビニエンスストアを通過し、車やトラックと絶え間なくすれ違う、郊外の真っ只中にいる。ぼくは、この変化に対する自分の反応に驚いた――ぼくは緊張し、戸惑っていた。何より、奇妙な喪失感に襲われていた。

それまでの二週間はずっと、自然がつくりだす音を耳にしてきた。海のさざ波、遠くに響きわたる野生動物の叫び声、風にそよぐ木々の枝――。それらは今、エンジンの轟音に変わった。潮の香りや、森の新鮮な空気の代わりに、排気ガスを吸わなければならない。

自然の音を聞くのは、人間にとってよいことだ。おそらくその理由は、自然がつくりだす音が、何百万年も前の古代からまったく変わっていないためだ。人類はその音を耳にしながら進化してきた。ぼくたちは、自然の音と調和するようにできている。ぼくはエンジンの轟音に不快さを覚えながら、自分が田舎や自然をどれほど恋しく思っているかに気づいた。都市部に近づき、人工物がさらに密集度を高めるにつれ、自然に戻りたいという強い衝動にかられた。

ぼくたちは、むかわ町の休憩所の脇にある草地にテントを張った。隣の広い駐車場には、オートバイやRV車がたくさん停めてあった。翌朝は、朝の日差しとカラスの鳴き声で、五時前に目が覚めた。

自転車に荷物を積み、駐車場を出て、海岸沿いの国道二三五号を再び走り始めた。時刻は七時ぴったり。なぜそれがわかるかというと、町民を起こすためのサイレンが鳴り響いていたからだ。日本では、この町のように、早朝に人々を目覚めさせるためにサイレンを鳴らす町がたくさんある。平日朝の七時ちょうどに、町の中心部にある建物の屋上に設置されたスピーカーから、三〇秒間ほど、大きな音でメロディーが流れる。前の晩に夜ふかしをした人には同情する。きっと、枕の下に頭を押し込んでいるに違いない。

ショウとぼくは、サイレンの鳴り響く町をあとにし、そのまま数時間走った。今日の最初の目的地は人口一七万三〇〇〇人の苫小牧《とまこまい》市。これまで訪れたなかで最大の市だ。交通量が増えるにつれ、路上のゴミも増えてきた。何かを見つけたショウが叫んだ。「パパ、ちょっと止まって」。ぼくが自転車をストップさせると、ショウは路肩に落ちていたプルタブをいくつか拾い、

「これは宝の山だよ！」と興奮して叫んだ。

「なんでそんなものを拾うんだ？」ぼくは尋ねた。

「カッコいいからだよ。アメリカに戻ったら、いとこにプレゼントするんだ」

ショウはハンドルバーバッグに宝物をしまい、ぼくたちは再びサイクリングを始めた。重いサイドバッグを積み、ゴミの多い道を走っていたので、後輪のチューブから空気の抜けるスーッという音が聞こえたときにも、驚きはなかった。道路脇に自転車を停め、いい機会なのでショウに直し方を教えながら、パンクを修理した。

ぼくたちは都市の秩序ある混沌のなかを、苫小牧の中心部に向かって走った。いくつもの信号を渡り、駅前の大型ショッピングセンターに着いた。ぼくは、日本で自転車が通勤や近場への移動手段として広く普及していることを好ましく思っている。でも、駐輪場がどこもいっぱいであることには苛立ちを覚えた。駐輪できる場所は百箇所ほどもあるように思えたが、ぼくたちの自転車を停めるスペースはどこにもなかった。

しばし彷徨ったが、駐輪できる場所は見当たらない。やむを得ず、警察に見つからないことを祈りつつ、道路標識の柱に自転車をロックした。

ショッピングセンターの五階に、アウトドア用品店のモンベルがあった。サイドバッグ用のレインカバーを買い、店員に自転車店への道順を聞いた。ショウが釣竿を見ながら言った。

「パパ、海で釣りをしてもいい？　そうしたら魚も食べられるでしょ？」

「いいけど、その前に魚をさばかなきゃいけないぞ」

ショウは五メートルほどの長さの竿を手にとって眺めると、真顔で言った。「この竿を買ってもいい？」

「どうやって自転車に積むんだ？」

苫小牧を出たところで、またパンクした。やれやれと思ったが、ショウにさっき教えたばかりのパンクの修理方法を復習させる、よい機会ではあった。

午後遅くに白老町に到着し、そのままアイヌ民族博物館《ポロトコタン》に向かった。入口に近づいたとき、低いうなり声が辺り一帯に響いた。ぼくたちはその場に凍りついた。ショウが驚き、ぼくを見上げた。「パパ、今のは何？」

ぼくは答えた。「たぶん、熊だろうな」

アイヌ民族博物館は、アイヌ語で「大きい湖の集落」を意味する「ポロトコタン」の通称で親しまれている。この施設は、ポロト湖畔にあるアイヌの居住地を彷彿とさせるつくりになっている。入口にそびえ立つのは、高さ一六メートルもあるアイヌの村長の巨大な像だ。華やかな民族衣装を身にまとい、片手には剣を、もう一方の手にはアイヌの祭具を持ち、村と、自らの背後に広がる森を守る番人のように屹立《きつりつ》している。

ショウとぼくは自転車をロックし、小川の上に渡された短い木橋を渡って、入口に向かった。「こんにちは、ノモトマサヒロさんを訪ねて来ました」ぼくは受付の若い女性に、二日前に「ランチハウスＢＥＥ」のマキから紹介された人物の名を告げた。

女性は丁寧に頭を下げた。「はい、お待ちしておりました。ノモトは館長です。すぐに参りますのでお待ちください」。ぼくたちが待っていると、また、低いうなり声が響きわたった。

驚いたショウが、ぼくの手を握りしめた。

カーキ色のズボンと青のシャツを着た眼鏡の細身の男性が、笑顔でぼくたちに近づいてきた。髪の毛やヒゲ、長いもみあげに、白いものが混じっている。

「ようこそ！　マキさんからあなたたちの冒険の話を聞いていますよ。二風谷では楽しく過ごされたようですね。当館に立ち寄ってくださりありがとうございます。ポロトコタンをご案内しましょう」

ショウが手を挙げた。「すみません。ここは安全ですか？　熊の鳴き声みたいな音を聞いたんです」

ノモトさんはショウを安心させるような表情をつくって言った。「そう、それはヒグマだよ。ここにはヒグマが三匹いるんだ。見たいかい？　心配しなくて大丈夫。檻《おり》のなかにいるからね」

ぼくたちはノモトさんに続いて、観光客が行き交う、施設の敷地内を歩いた。左手にはポロト湖の水面がきらめき、右手には村を守る深い森が見える。「この施設は、アイヌ文化の保存を目的とする野外博物館として、一九六五年に設立されました。伝統的なかやぶき屋根の住居が五軒あります。これらは、アイヌ語で〝チセ〟と呼ばれています。ここには、アイヌ人が薬や食用にしていた植物を栽培する野草園や、アイヌの文化財を保存する博物館があります。でもまずは、ヒグマを見てみましょう」

三匹の大きなヒグマが、一匹ずつ窮屈で殺風景な金属の檻のなかに入れられ、物憂げに座っていた。まっすぐに立ち上がれば、二メートル五〇センチにはなるだろう。だが厚い茶色の体毛の下の逞しい筋肉も、狭い檻のなかでは弱っていくだけにちがいない。ぼくたちが近づくと、ヒグマは耳をピンと立て、黒い鼻で匂いをくんくんと嗅いだ。ぼくは小さい頃にお気に入りだったぬいぐるみを思い出し、この熊たちをペットにしたいという不合理な衝動にかられた。

檻からは、細長い落とし樋《ひ》が突き出ている。ノモトさんは、ショウに三センチほどの長さの固形エサ《ペレット》の袋を手渡して言った。「樋に餌を落としてごらん」。ショウが落としたペレットは、樋を伝って檻のなかに転がっていった。その音を聞いたヒグマがゆっくりと立ち上がり、床に落ちたペレットをかじると、さらなる餌を期待して、樋の受け口で待ち構えた。

ノモトさんがショウに言った。「アイヌの人々は、神様はさまざまな動物の姿を借りて人間界にやってくると考えていたんだ。そして、動物の身体は、神様の変装のためだけにあるわけではなく、人間への贈り物でもあった。だから、食べてもよいものだったんだ。最も重要な神は、ヒグマの姿でやってくる。実際、アイヌ語では、ヒグマは神を意味する〝カムイ〟と呼ばれているんだ。熊を仕留めたあと、狩人は〝イヨマンテ〟と呼ばれる儀式をして、神の魂をもとの世界に戻そうとする。ショウ君、もっと神様に餌をあげたいかな？」

ショウはうなずき、ヒグマが口を開けて待っている樋の端に、さらにペレットを落とした。ヒグマの強靭《きょうじん》な力も、野生の本能も、小さな檻のなかでは役に立たない。一つずつペレットを食べるヒグマの瞳からは、退屈と敗北感が伝わってくるようだった。

続いてアイヌの古式舞踊を鑑賞したあと、ぼくたちはノモトさんに礼を言い、そのまま博物館を見て回った。アイヌの人々の衣服や道具、狩猟技術や歴史についての展示があった。鮭の皮でつくられた靴や、動物の膀胱《ぼうこう》でつくられた容器に驚嘆した。ショウのお気に入りは、イヨマンテの儀式で使われた熊の頭蓋骨《ずがいこつ》だ。

展示されていた長槍を見て、ショウは強がった。「あの槍があれば、ぼくはヒグマに勝てるよ」

「さっきうなり声を聞いたときは、そんなに自信がありそうには見えなかったぞ」ぼくはからかった。

「だって、あのときは槍がなかったんだもん」

「北方圏の少数民族」というタイトルの、大きな地図が展示されていた。北海道から始まり、北極、そしてカナダとアメリカへと続くエリアだ。こんな過酷な環境のなかで、狩猟採集に基づく優れた文化が生まれたのは、驚くべきことだ。さすがに当時の人々と同じような暮らしをしたいとは思わないが、ぼくは何世紀も前に厳しい大自然のなかを生きてきた祖先とのつながりを強く感じていた。ニューヨークでの暮らしは柔《やわ》で、自然のリズムから切り離されている。祖先が何百世代にもわたり、自然が定めた過酷なルールに従って厳しい暮らしを営んできたあとで、自分が今、これほどまでに快適な生活を送っていることを、ぼくは以前からずっと不条理に感じてきた。そしてその度に、もっと苦労をし、もっと自然の厳しさを体験しなければならないという衝動にかられた。息子と共に、森や海の側を毎日何時間も走るこの旅行は、古代の記憶を蘇らせるものだとも言えた。人間の身体は、野生のなかで狩りをし、生活をするようにつくられているのだ。大自然に囲まれながら、身体の限界まで自転車を漕いでいると、自分のなかの原初の本能が目覚めるのを感じた。

博物館を出たあと、湖の反対側の森の奥深くにあるキャンプ場まで自転車を走らせた。ぼくたち以外の利用客は、RV車の隣にテントを張った老夫婦だけだった。ショウとぼくがテントを設営していると、老夫婦が微笑みながら近づいてきた。

男性が言った。「味噌汁とトマトが余ったので、よかったら召し上がってください。私はムツオ、妻はタエコと言います。私たちは数カ月かけて、全国をキャンプしながら旅しているんです」。ぼくたちは喜んで老夫婦のテントのところまで行き、味噌汁とトマトをご馳走になり、そのまましばらくおしゃべりをした。自分たちのテントに戻る頃には、日は沈み、キャンプ場は闇に包まれていた。

朝、目覚めると、激しい雨が降っていた。ショウとテントのなかで身を寄せ合い、ゲームをしたり、話をしたりして過ごした。外で人の声がした。顔を出してみると、そこにはムツオさんが傘をさして立っていた。「朝食を召し上がりませんか?」

ぼくたちは好意に甘えることにし、タエコさんが用意してくれた食べ物のある夫妻のテントまで、豪雨のなかを走った。味噌汁、焼き豚、米、ゴマペースト、ものすごく酸っぱい自家製の梅干しというご馳走だ。ショウが梅干しをとても気に入ったので、タエコさんが瓶ごとくれた。

ぼくたちは親切な夫妻とおしゃべりを楽しんだ。夫妻はゲームや紙飛行機でショウと遊んでくれた。

ようやく雨足が弱まってきたので、自転車に荷積みをした。ショウは、タエコさんから日本の漫画のキャラクターが描かれた切手を、ムツオさんから五〇〇円玉をもらった。キャンプ場を出発したぼくたちに、夫妻が別れの言葉をかけてくれた。「気をつけてよい旅を」

それから六時間、ぼくたちは時折降る雨のなか、水たまりの上でペダルを漕ぎ続け、室蘭に到着した。岬の先端にある、第二次世界大戦の末期にはアメリカ軍に空襲されたこともある市だ。ぼくたちは室蘭の道の駅で今夜の宿を探すことにした。目の前にはマリーナがあり、巨大な白鳥大橋のイルミネーションが眩《まぶ》しく輝いている。ニューヨークのジョージ・ワシントン・ブリッジみたいだ。

事務所に入ると、なかには青い制服の中年男性がひとりいるだけだった。「すみません」声をかけると、男性はこちらを見上げた。「今夜ぼくたちが泊まれる部屋か、キャンプ場はありませんか？」

「いえ」彼は言った。「うちには、宿泊施設がないんです」

「テントを持ってるんですが」ぼくは提案した。「適当な場所に張らせてもらえないでしょうか？」

男性は頭を横に振ったが、ショウを見てその動きを止めた。考えを変えてくれたようだ。「ついてきてください」彼はそう言って屋外に出ると、裏側に向かった。あとをついていくと、小さな建物のなかに案内してくれた。室内にはL字型のクッションソファがひとつと、机がひとつあった。「隣にあるパークゴルフ場の利用客用の更衣室なんです。ここでよければ泊まりますか?」

ショウとぼくは同時にうなずき、雨のなかで眠らなくてもよくなったことに感謝した。

「朝九時までは、この部屋を使う人はいません」彼は説明した。「それまでには、出るようにしてくださいね」

翌朝早く、朝の光が、居心地のよい小屋に入り込んできた。海側から強い風が吹きつけ、雨粒がパタパタと屋根を打っていた。ショウは隣でぐっすりと眠っている。ぼくは空模様の変化を楽しみながら、二時間ほどかけて旅日記を書いた。

洞爺湖《とうやこ》に向けて室蘭を出発するとすぐに、雨足が強まってきた。雨具を身につけ、悪天候に負けずに、予定通り目的地を目指すことにした。最短ルートは、昨晩ぼくたちの宿泊場所を煌々と照らしていた白鳥大橋を渡ること。だが、この巨大な橋は交通量が多く、自転車で渡るのは危険すぎる。二〇キロほど遠回りにはなるが、迂回《うかい》することに決めた。

激しい雨風のなか、丸一日走り続けた。途中で何度か雨足が弱まり、太陽が厚い雲の切れ目から顔を覗かせた瞬間があった。でも、その都度、ぼくたちのぬか喜びを嘲るかのように、数分後には天候が悪化するのだった。起伏の多い道のりを進みながら、ぼくは一七日前の出発時と比べ、ショウが力強くペダルを漕げるようになっていることに気づいた。夕方、利用客で賑わう仲洞爺キャンプ場に到着した。ぼくたちはずぶ濡れになり、疲れ果てていた。記帳をするときは、キャンプ場のスタッフにタオルを貸してもらわなければならなかった。宿帳《ゲストブック》が水浸しになるからだ。

テントを張り、乾いた服に着替えた頃、雨はついに止んだ。キャンプ場から、洞爺湖の反対側で行われている花火大会が見えるかもしれないと期待したが、雲に邪魔され、遠くで爆音が聞こえるだけだった。ぼくたちは、近くを流れる小川の音を聞きながら、深い眠りに落ちた。

翌日の目的地は、七〇キロほど離れた海岸沿いの町、長万部《おしゃまんべ》だ。国道三七号は、地図上では海岸沿いの比較的平坦な道に見えたが、実際には起伏が激しく曲がりくねっていて、いくつものトンネルを抜けると、雲海が見えるほどの高さに達した。午前中は晴れて暖かかったが、高度が増し、冷たい霧が立ち込めてきたので、上着を着た。霧のなか、深い谷にかけられた橋をいくつか渡った。ショウがはるか下を覗き込んで言った。「ここから落ちたら、絶対に死んじゃうね」

気温は低かったが、急な登りでペダルを漕いでいると、ヘルメットの縁から汗が滴り落ちてきた。筋肉が痛んだ。これから先のことを思うと、気が遠くなった。回復のための時間が不十分なまま、毎日、過酷なサイクリングを自分の身体に課しているのだ。太ももの筋肉がひきつる。午前中に一度そうなったように、動けなくなってしまうかもしれない。ショウはしっかりとハンドルバーを握り、顎を引き、舌を出して必死にペダルを漕いでいる。この予想外の上り道はそれからさらに二時間も続いた。頂上に着いたときには、思わず歓声を上げた。

だがその安心も、下りに入るとすぐに恐怖に変わった。山間部から海抜ゼロメートル地点までの急な下り坂。コントロールを失わないように、ブレーキを握りしめながら走った。なんとか無事に平坦地にたどり着くことができたが、指先は完全に麻痺していた。

長万部では、温泉と、町で唯一のコインランドリーがある民宿を見つけたので、奮発して七〇〇〇円の宿泊料を払って泊まることにした。ぼくは温泉にゆっくりと浸かりながら、手を握る動作を繰り返して指先の感覚を取り戻した。ショウが、ありったけの衣類を洗濯機に突っ込んだ。これでようやく、嫌な臭いとおさらばできる。

遅くに飛び込みで部屋をとったので、予約客のみにしか提供されない夕食にはありつけなかった。それでも、宿のスタッフが部屋にカニを二杯、差し入れしてくれた。

ショウとぼくはカニを貪り、温かい布団に潜り込んだ。一日中自転車を漕いだあとに、心地よい布団にくるまることに匹敵する喜びは、そうはない。ぼくたちはその贅沢を堪能した。

深い眠りに落ちる直前に、ショウに言った。「ショウとパパはすごく頑張ったんだ。これくらいの贅沢をしてもバチは当たらないよ」

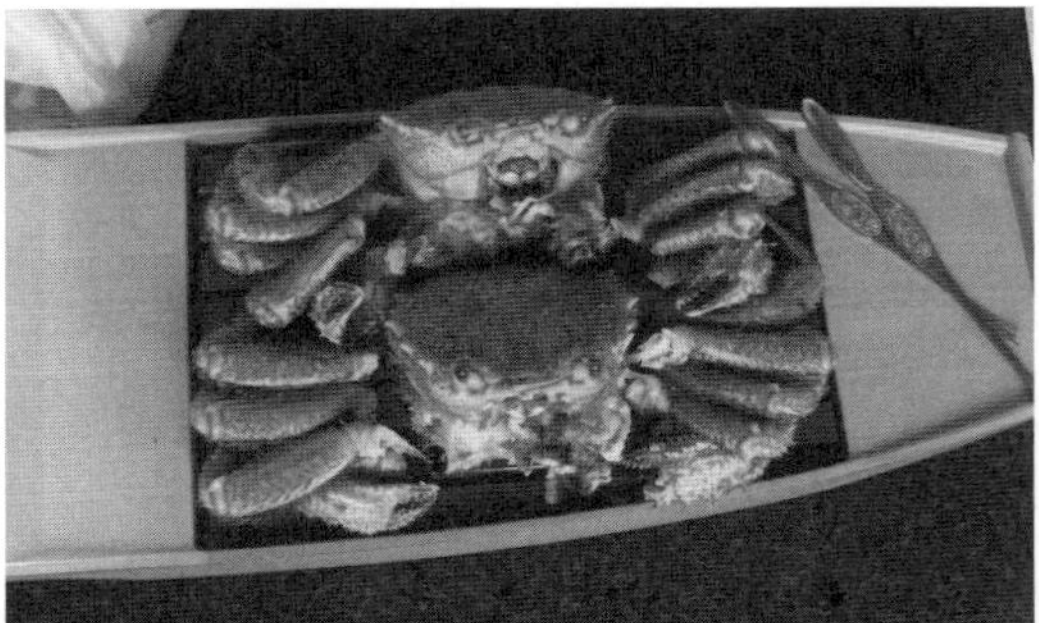

第20章　さすらい人

目覚めたとき、脚に強い疲労を感じた。昨日の長く急な登りで痛めたふくらはぎも、まだ回復していない。外は豪雨だ。ぼくたちの泊まっている畳部屋の小さな木窓に、雨が激しく吹きつけている。昨夜は、テントではなく旅館に泊まることにしてよかった。ぼくは嵐の日に走らなくてはならないことを嘆きつつ、ショウが眠る布団に自分もくるまった。出発まで、少しでも横になっておきたかった。

目を覚ましかけたショウが、掛け布団を引き寄せてそのなかに潜り込んだ。奥の方に、いたずらっぽいふたつの目が見える。柔らかく暖かい布団のなかにいたいのは、ショウも同じらしい。

ようやく目を覚ましたショウが、突然、枕でぼくの頭を叩き、「枕投げ《ピローファイト》!」と叫んだ。しばらく、思い切り枕投げをして遊んでいたら、お腹が鳴った。浴衣（布団の横に丁寧に折り畳まれて置いてあったものだが、枕投げのおかげでくしゃくしゃになってしまった）とスリッパの出で立ちで廊下に出て、大きな畳部屋に入った。一〇人ほどの日本人客が、長いローテーブルに沿って座り、綺麗に盛りつけられた朝食をとっていた。テレビが一台、神棚みたいに置かれていて、NHKのニュースが流れている。宿泊客は全員、番組に注意を向けていた。

食事を終え、まだテレビを見ている他の客を残して、そのまま温泉に向かった。温泉は男湯と女湯に分かれている。男湯には、ぼくたち以外に客はいなかった。ショウがゆっくりと湯船のなかを移動した。ぼくは脚を伸ばして目を閉じ、浴槽の縁に頭をのせた。小さな波が顎の辺りにヒタヒタと押し寄せ、蒸気が顔を包んだ。贅沢な感覚を楽しみながら、寒さに負けず走れるように、できるだけ体の芯まで温めようとした。

ゆっくりと温泉を楽しんだあと、部屋に戻ってくつろいだ。チェックアウトまであと二〇分。部屋を出る前に、枕投げで乱れてしまった布団を畳むことにした。日本の旅館では、部屋を汚したまま去るのはマナー違反だと考えられている。「騒々しく、乱雑」という、日本でのアメリカ人の紋切り型のイメージ通りには振る舞いたくなかった。

それから五時間、強い雨風に負けずに走り続けた。やがて海岸線を離れ、二車線の道に入り、いくつもの小さな町が点在する森林地帯を抜けた。脚は疲れ、ずぶぬれになり、もう限界だった。ぼくたちは森町《もりまち》に到着した。自然が豊かな、大きな公園のある町だ。広大な敷地に建てられた道の駅が見えてきたときには嬉しかった。特産物店や案内所、食堂もある。建物のひさしの下に自転車を停め、雨水を滴らせながら蕎麦屋に入り、温かい麺とスープにありついた。冷たい雨のなかを激しく走ってきたので、手が震え、頭がぼうっとした。ぼくは椀を引き寄せてスープをすすった。

「こんなに美味しい蕎麦は初めてだよ」ショウが蕎麦を口に含みながら言い、ぼくも口をもぐもぐさせたままうなずいた。

食事で元気を取り戻したあと、ビジターセンターを見て回った。優しそうな女性が農産物を売っていた。彼女は、ショウのことをたちまち気に入り、母親が息子に接するように話しかけてくれた。白の長ズボンと青のタートルネックのシャツに、灰色のエプロン。おそらく地元の農家で、自分でつくった作物を売っているのだろう。

「近くに温泉はありませんか？」ぼくは尋ねた。「息子と一日中自転車に乗っていたので、身体を洗いたいんです」

「びしょ濡れね」彼女は微笑みながら言った。「ワールド温泉牧場というところに、公衆浴場があるわよ。キャンプ場もあるレジャー施設で、ここから一〇キロほど先にあるわ」

「それはいい。ありがとうございます」

旅の目的地を告げると彼女はひどく驚き、「ちょっと待って」と言い、ビニール袋にトマトを五つとさくらんぼを一パック入れてぼくに手渡した。「これを持っていって。お金は要らないわ」彼女はポケットから五〇〇円玉を取り出してショウの手のひらに置いた。「よい旅を。無事を祈ってるわ」

ぼくたちは感謝のお辞儀をし、童謡の「レイン・レイン・ゴー・アウェイ」を歌いながら自転車のところに戻った。キャンプ場に向けて走り始めると、ぼくたちの願いに応えるかのように、ついに雨が止んだ。風で荷物が乾くように、レインカバーを外した。道の駅で休憩していた間にすっかりこわばってしまった脚が、もうこれ以上は働かないぞと言わんばかりに抵抗する。ぼくは思わず、いかにも中年男が漏らすような声でうめいた。なだらかな丘を上るうちに、硬くなった筋肉が温まることを願いながらペダルを踏んだ。

森町の緑豊かな景色のなかを蛇行しながら進んでいると、道路の先に、こちらの方に向かってとぼとぼと歩くひとりの男性の姿が見えた。大きな円錐形《えんすいけい》の笠をかぶり、袈裟《けさ》を身にまとい、ぼろぼろの草履《ぞうり》を履いている。自転車を止め、挨拶してみた。

男は笠をとった。剃《そ》り上げた頭に、白い布を巻いている。柔和な表情をしているが、眼差しは力強い。ぼくたちの自転車を覗き込み、「このような自転車は初めて見ます」と言った。日本縦断の旅をしていると伝えると、驚いた様子もなくうなずいた。ぼくは尋ねた。「あなたはどこに向かっているのですか?」

「宗谷岬。あなた方が出発したところです」彼は言ったが、その答え方にはどこか謎めいたものがあった。訊けば、三九歳の仏教の僧侶で、金を持たず、お布施だけで徒歩で修行の旅を続けているのだという。質素な草履を履き、腰から薄い青のビニールシートを垂れ下げている。毎晩、適当な寝場所を見つけては、このシートを寝床にして眠っているそうだ。荷物は、小さなビニール袋が二つだけ。タオルや小物が入っているようだ。

ショウとぼくは、信じられないといった表情で顔を見合わせた。ぼくたちはこの旅で毎日、大量の食料をとっている。それなのにこの人は、食べ物も持たずにこんなに身軽で歩いているのか。「一日中歩いてるの? お腹がペコペコになっちゃうよ」ショウがささやいた。

「宗谷岬に着いたら、家に帰るのですか?」ぼくは尋ねた。

僧は恥ずかしそうに微笑んだ。「いいえ、海岸沿いを進み続けます」

「ずっと歩き続けるの?」ショウが尋ねた。

「はい、日本を一周します」

「どれくらいかかりますか?」ぼくは驚いて尋ねた。

「一年くらいです。今は、六周目を歩いているところです」

「六年間も歩いているの?」ショウが信じられないといった様子で尋ねた。

「そうです。もうすぐ丸六年になります」

「それはすごい」ぼくは頭を振った。「素晴らしい体験をたくさんしたことでしょう」

熱心にそう尋ねたぼくに、僧侶は微笑み、穏やかな口調で言った。「歩き続けても歩かなくても、旅をしても旅をしなくても、あらゆる行為は、それをどう体験するかによって、素晴らしくもなれば、ありふれたものにもなるのです」

話を聞きながら、延々と日本一周の旅を続けるのは、さすがに馬鹿げていると思わずにはいられなかった。その冒険はあまりにも長すぎ、あまりにも浮世離れしている。ぼくは大学を卒業してアジアを旅していたときに、バンコクで出会った人たちを思い出した。日がな一日、通りをぶらつき、マリファナを吸い、無為に過ごし、一日わずか数ドルで生活している彼らは、社会からドロップアウトしていた。ある男は、年間一〇〇〇ドル未満で生きていると自慢気に語った。

ただし目の前の僧は、放浪はしているものの、ぼくがバンコクで会った人たちのように、日々を無為に過ごしているわけではなかった。袈裟を身にまとい、人々からのお布施で糧を得ている彼は、仏教の伝統に従って修行の旅を続けているのだ。物質的な欲望を捨て去ることで、世界はまったく違ったものとして見えてくるに違いない。〝どのように体験するかによって、素晴らしくもなれば、ありふれたものにもなる〟という彼の言葉は、〝求めすぎることで、求めていたものが見えなくなる〟という、ヘルマン・ヘッセの『シッダールタ』の一節を思い起こさせた。

ぼくは僧侶の写真を撮り、食料を差し出した。彼は感謝して受けとってくれた。別れの挨拶をし、再び放浪の旅に向かおうとする僧を見送りながら、ぼくは思った。「人生は贈り物だ。祝福することも、捨てることもできる。その選択は、自分次第だ」

ぼくは振り返り、彼に声をかけた。「すみません。お名前を尋ねるのを忘れていました」僧は立ち止まると、謎めいた回答をした。「名乗らない方がよいでしょう」

走り始めて数分後、後ろから励ましの声が聞こえた。道の駅で農作物を売っていた女性が、車の窓からぼくたちに向かって手を振っていた。「頑張って！　頑張って！」。車がぼくたちの前方に遠く離れていくに従い、声も小さくなっていった。

ワールド温泉牧場は、幹線道路から少し離れた場所にある家族向けの広大なレジャー施設で、温泉やキャンプ場以外にも、アーチェリーやバドミントン、迷路などを楽しめる。

午前中なら遊べたのだが、すでに夕方だ。テントを張らなくてはならない。キャンプ場に行き、テーブルに自転車をもたせかけて、荷物を降ろした。雨は止んでいたが、頭上には暗く渦を巻く雨雲が果てしなく広がっている。突風で小さな荷物が飛ばされるので、何度も走って取りにいかなければならなかった。ようやくテントを張り終え、なかに潜り込んだ。

夜の闇に包まれながら、ぼくはショウに日本のおとぎ話を読み聞かせた。テントは荒海に漂う小舟のようにガタガタと揺れた。外は大きな風音が響いていたが、一日の過酷なサイクリングで疲れていたぼくたちは、すぐに深い眠りに落ちた。午前零時を回った頃に、ぼくはふと目を覚ました。テントの外を覗いてみると、澄んだ夜空に星がきらめいていた。雲もなく、風も止んでいる。平和な夜に感謝しながら、あのさすらいの修行僧は今どこで眠っているのだろうかと思った。ぼくはテントに戻り、柔らかな寝息を立ててぐっすりと眠っているショウの隣に寝そべった。

午前四時。最初に吠え始めたのは犬だった。仲間が全員目覚めていることを確かめるように、代わる代わる互いを呼び合っている。続いてヤギが鳴き声を上げ、カラスも負けじとそれに加わった。最後に、テントの近くの馬小屋にいる馬が、ヒヒーンと大きく声をたてて、動物たちの不協和音をさらに騒々しくした。すぐに止むだろうと思ったが、どうやらこのコンテストは、日の出後も

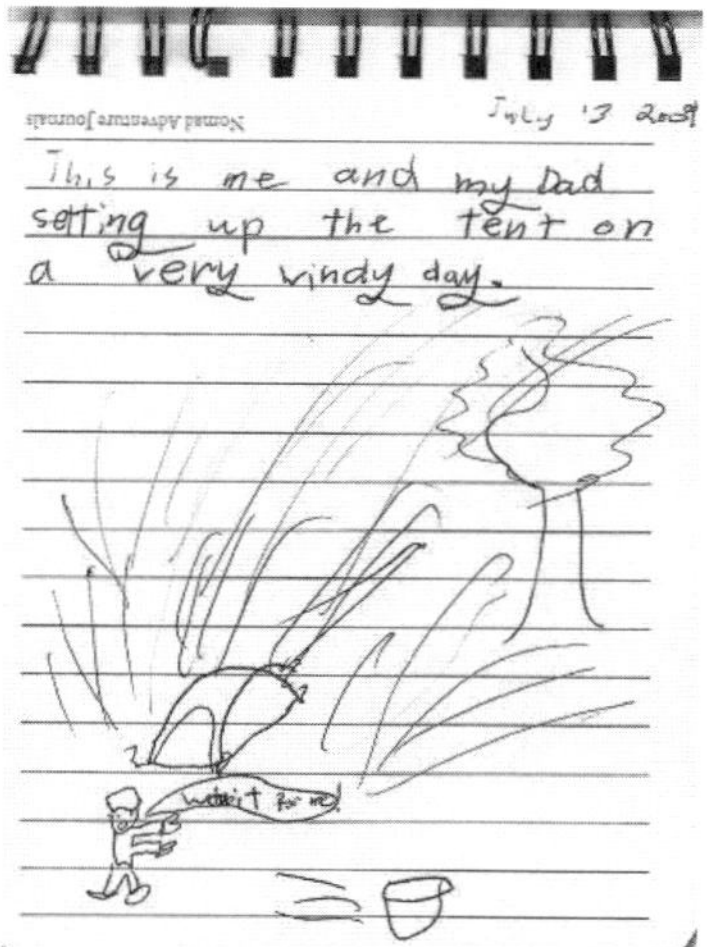

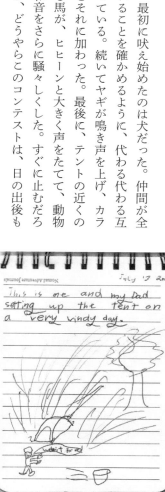

しばらく続くらしい。

テントに寝転がった。ショウはわずかに目覚めかけただけでまだ眠っていたが、ぼくはそれから二時間半、眠れなかった。目を閉じていると、この辺り一帯の動物地図が頭に浮かんでくるようだった。

午前六時半。ショウが突然、飛び起きた。「パパ、牧場でゴルフをしてもいい？」

「テントをばらして、自転車に荷物を積んでからだ」。ショウは記録的な速さで仕事を終えた。

ぼくたちは、ワールド温泉牧場の主だったアトラクションをすべて、悠々と楽しんだ。退屈そうなスタッフ以外、誰もいなかったからだ。

「なんで人がいないの？」ショウが尋ねた。

「普通の人は、火曜の朝にこういう場所で遊んだりしないんだ」

一八ホールのパークゴルフを楽しんだあと、ぼくたちはアーチェリーの腕試しをし（たいして上手ではなかった）、迷路を三二分で通り抜け（スタッフによれば「ごく普通のタイム」）、テレビゲームで少しばかり遊び、オレンジジュースを飲んだ（果汁《ジュース》といっても、実際にはオレンジ色の着色料と高果糖コーンシロップを混ぜ合わせたものだ）。ショウは夢心地だった。

今日の目的地は函館。北海道の南端に位置する海岸沿いの市で、この島でのぼくたちの旅の

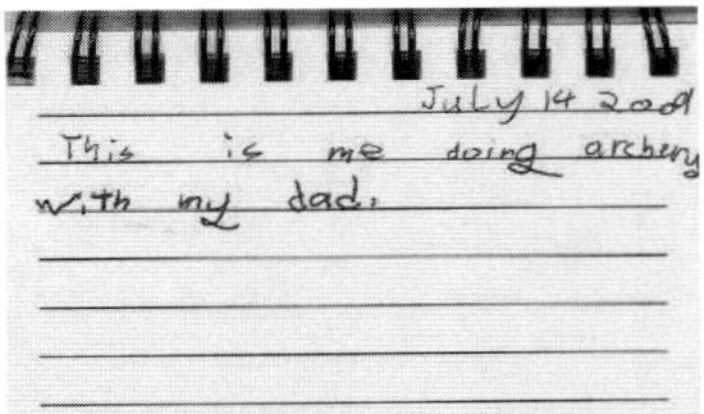

最後の宿泊地になる。函館からは、日本列島最大の島である本州の北端にある青森へフェリーで向かう。今日の行程を思い浮かべると、頬が緩んだ。走行時間はわずか二時間半。自然の光景が美しい国定公園、大沼公園の豊かな森を抜ける下り坂もある。

昨日の嵐とは別世界だ。ぼくたちは素晴らしい太陽の下、ショートパンツに半袖シャツの出で立ちでペダルを踏んだ。交通量の少ない、深い緑の森を抜ける道を走りながら、気持ちが安らぎ、身体が元気になるのを感じた。ショウは鼻歌を口ずさんでいる。道端の野花が風にそよぎ、シマアオジの美しい歌声が聞こえた。

「こうして自転車に乗っている方が、車のなかにいるよりずっといいだろう?」ぼくは新鮮な田舎の空気を深く吸い込みながらショウに言った。「それなのに、どれだけたくさんの人から〝自転車で日本縦断なんて馬鹿げてる〟って言われたことか」

「ぼくたちより、アイヌのハンターの方がよっぽどたいへんだ」ショウが言った。「森で熊を追いかけて、槍で仕留めないといけないんだよ」

緩やかな丘を滑り降りながら、しばらく何も言葉を交わさなかった。ショウが口を開いた。「ぼくは大きくなったら自分の子どもが欲しい。一緒に遊びたいからね。でも、お嫁さんはいらない。学校には、ぼくのことを好きな女の子がいっぱいいて、すごく面倒くさいんだ。だから、養子をとろうと思ってる」

ぼくはすぐに自転車を止め、メモ帳にショウの言葉を書き留めた。ときどき、ショウがあまりにも面白いことを言うので、こんな風にその場でメモしなければならないことがある。

牧歌的な田園地帯の光景はほどなくして郊外に変わり、交通量も増えてきた。おそらく自然の魔法にうっとりしていたからだろう。ぼくは国道が高速道路に合流することを示す標識を見逃していた。一目見てわかるはずの降り口に気づかず、そのまま、まっすぐに傾斜路を上っていってしまったのだ。ミスに気づいたのは、六車線の恐ろしく広い道路で、時速一〇〇キロ以上の猛スピードで車が走り抜けていく光景を目にしたときだ。

「なんだこれは?」ぼくは思わず声を上げた。引き返すことも考えたが、路肩が狭く、長い自転車をターンさせると車線にはみ出してしまう。ぼくは、路肩の左端をそのまま進むことに決めた。一キロ弱先にある次の出口にできる限り早くたどり着くために、懸命にペダルを漕いだ。ぼくたちの脇でスピードを落とした車の窓から、ドライバーが叫んだ。「高速は自転車禁止だぞ!」

「わかってます!」そう言い返して、頭を下げ、ありったけの力でペダルを踏んだ。

アドレナリンが全身を駆け巡るのを感じた。心拍数は一八〇くらいになっていたはずだ。すぐ隣を、車が野生動物の大群みたいに轟音と共に通り過ぎていく。少しでも接触してしまえばひとたまりもない。脚が燃えるように痛く、肩が緊張でこわばった。ぼくは頭を下げ、息も絶え絶えになりながらハンドルを握りしめた。「なんてことをしてしまったんだ。この馬鹿野郎」ぼくは自分を責めた。

ようやく降り口を見つけ、安全な場所にたどり着いた。振り返って、ショウに謝った。

「すまなかった」

「問題ないよ。スリルがあって楽しかった」

「二度と同じミスはしない。約束するよ」

GPSを使い、自転車が走りやすいルートを探して走り続けた。函館に着くと、ぼくはすぐにこの市が気に入った。広い道幅、美しい海の景色、史跡、市を見下ろすようにそびえる函館山。市の中心部に向かい、駅に寄って、ホテルや青森行きのフェリーについての情報を調べた。明日は休養日にして、駅近くの「スマイルホテル」に二泊することにした。

ホテルの安全な場所に自転車を停め、路面電車で函館山の麓に行き、ロープウェイで山頂に上った。山頂には何本ものテレビ塔が屹立していて、せっかくの景観を損なっているようにも思えた（野獣に突き刺した巨大な槍のように見える）。それでも、ぼくたちは眼下に広がる活気ある街と港の眺望を楽しんだ。ショウと一緒に南の海を見下ろした。水平線の先にある本州のことを想像すると、達成感がこみ上げてきた。ぼくたちは、この旅の最初の大きなブロックである、北海道を走破したのだ。

「やったぞ」ぼくはショウの肩に手を置いて言った。「三週間が終わった。あと七週間だ」

ショウがうなずいた。「あと二年たって、ぼくが一〇歳になったら、自分の自転車に乗って日本を縦断するよ。そうすれば、パパはサヤをトレーラーサイクルに乗せられるでしょ」

「自信満々じゃないか。パパは嬉しいぞ。でも、まだ道のりは長い。正直に言うと、日本アルプスを越えられるかどうか、心配なんだ」

「大丈夫だよ、パパ。ぼくがものすごく頑張るから、必ず山を登れるよ」

やっぱりこの冒険は無謀なものだったのかもしれない——そんな不安を少しばかり感じながら、ぼくは髪の毛がくしゃくしゃになるくらい強く、ショウの頭を撫でた。

第21章　本州へ

翌朝は強風が吹き、大きな雨粒がホテルの部屋の窓を激しく叩いていた。ぼくは、この日を休養日にしてよかったと安堵した。

降りしきる雨のなか、上着のフードをかぶり、近くの建物の入口まで走った。「朝市」と書かれた看板が出ている。ぼくたちは雨を振り払い、大勢の人で賑わう屋内に入った。大型の倉庫のなかが小さく仕切られ、魚屋が肩を寄せ合うようにして獲れたての魚介類を売っている。人間に食べられるのを待つほかはない、夥《おびただ》しい数の海の生物が陳列されていた。ショウは、大きな水槽のなかを素早く動き回るイカに驚嘆し、即興の「イカ踊り」を踊った。あまりにもおかしいので、ぼくは思わず吹き出し、大笑いした。朝食はここでとることにし、数時間前に水揚げされたばかりの新鮮な生ウニやカニ、イクラをご飯に載せた海鮮丼を賞味した。

そのまましばらく雨宿りをしながら、サイクリング仲間のサイトウさんに電話をしてみた。彼とは、あのものすごい知床峠の上りで別れて以来、会っていない。どうしているのかずっと気になっていたのだ。

「サイトウさん、お久しぶりです。今どちらですか？」

「森町です。今日は函館に向かっています。午後五時の函館発のフェリーで、青森の大間《おおま》に行く予定なんです」

「それはちょうどいい！　ぼくたちも函館にいるので、フェリーのターミナルでお見送りします」


その日の午後、ショウとぼくはターミナルビルの前でサイトウさんを出迎えた。駐車場に姿を現した彼は、体調がよさそうだった。腕と脚のジャージで守られていない部分がこんがりと日焼けしている。サイトウさんはお辞儀をすると、ぼくをしげしげと見て、「ずいぶんワイルドになりましたね」と笑った。三週間ひげを剃っていないので、ぼくはちょっとした口ひげと顎ひげをたくわえていた。

「ええ、これからギリシア神話の神様みたいになりますよ」ぼくは言った。

「というよりも、モジャモジャ頭の危ない人みたいだよ」ショウが言い、ぼくたちは笑った。ぼくたちは海を見下ろす喫茶店に入り、お互いの旅について和気あいあいと語り合った。サイトウさんが写真を見せてくれ、ショウはゲームセンターがないことの不満を述べた。ぼくはさすらいの修行僧についてサイトウさんに興奮して話した（隣席の老人に、「うるさい」とたしなめられてしまったくらいだ）。そうこうしているうちに、サイトウさんのフェリーが出発する時間になった。「またどこかで再会できることを願っています」サイトウさんが言った。


ぼくたちは、青森から本州の日本海沿いを走る予定にしていたが、サイトウさんは大間から太平洋沿いを走る（当然ながらその当時のぼくたちは、サイトウさんがこれから走る東海岸の市町村が、一年半後に大津波によって甚大な被害を受けることになるとは知る由もなかった）。ぼくたちは、スケジュールがうまく合えば、五週間後に、お互いのルートが重なる四国で合流しようと話し合った。

自転車を押してフェリーに乗り込むサイトウさんに手を振りながら、ショウが言った。

「サイトウさんにまた会える？」

「会いたいけど、簡単じゃないだろうな。別のルートを走っている者同士が、一カ月以上先に、同じ時期に同じ場所にいる確率は低いから」

「そうか」ショウが寂しそうに呟いた。「サイトウさんはすごくいい人だった。他の人には、子どもには日本縦断は無理だって言われるけど、サイトウさんは〝ショウくんならできる〟って言ってくれた。それから、パパよりもはるかに写真が上手い――ごめん、パパ。気にしないで」

翌日、ぼくたちはターミナルに戻り、重量一七七七トンの大型フェリーの前に立っていた。色あせた船体の側面に、大きな青い文字で「はやぶさ」と船名が描かれている。トラックの行列が、船の前で搭乗を待っている。そのうちの一台は、荷台に大人しい牛を数頭載せていた。

制服のスタッフの指示に従い、自転車を押しながらフェリーに乗り込んだ。そのときぼくは、緑色のネバネバした液体の上を歩いてしまっ

た。細長い減速帯《スピードバンプ》の隙間を埋めるためのものらしい。自転車は古びたロープで壁に結ばれ、重たく汚い布で覆われた。ぼくは階段に向かって歩きながら、靴の底についた緑色の物体を、固まる前に剝がそうとしたが、なかなか取れず、指先や爪の間も緑色になってしまった。

「パパ、超人ハルクみたいだね」

この緑色のペンキは、そのあともずっと自転車の車輪や靴底から剝がれなかった。

ジョン・スタインベックは『チャーリーとの旅』のなかで、犬と旅をしたのは、見知らぬ人と知り合いになるための最善の方法だったと書いている。犬と一緒にいると、他人に迷惑を詫びる機会が多くなる。そこから会話が始まることが多いのだ。スタインベックは、犬ほどではないものの、子どもと旅をすることにも同じ効用があると述べている。犬であれ子どもであれ、この格言は真実だ。フェリーの甲板で風に逆らってどれだけ立っていられるかという遊びをしていたショウが、三十代から四十代とおぼしきカップルとぶつかりそうになってしまったときもそうだった。

「すみません」ぼくは言い、ショウにも謝るように促した。

「大丈夫ですよ」男性はそう言い、ショウを見て微笑んだ。「楽しく遊んでたんだもんね」

ぼくたちはそのまま海を見ながら話をした。ふたりは夫婦だった。姓はアオヤギ、名前はケンジとナオコ。ケンジは写真家で、ミニバンに愛犬のヴィーノを乗せて、日本全国を旅しているのだという。

ふたりに誘われ、船内でトランプをすることにした。カーペット敷きのフロアにテーブルや摩耗《まもう》したソファが置かれていて、乗客がくつろいでいた。タバコの煙で空気が灰色に淀《よど》んでいて、プレイを始めてしばらくすると、気分が悪くなってきた。

「すみません。ちょっと新鮮な空気を吸いにいってきます」ぼくはゲームの途中で席を外した。

船酔いなどみじんも感じていない様子のショウは、そのまま新しい友達とのトランプに興じた。強くて涼しい風に吹かれていたら、すぐに気分がよくなってきた。到着までの残りの三〇分、ぼくはデッキから、水平線に浮かぶ津軽半島を眺めて過ごした。ついに、青森市が見えてきた。

フェリーから降り、ケンジ、ナオコ、ヴィーノに別れを告げた。生のホタテが載った美味しい丼の食事をとってから、今夜の宿泊場所を探した。

青森では、縄文遺跡や美術館を訪れたいと思っていた。でも、どちらにも行けなかった。北海道で自転車のトラブルに見舞われたり、ルートを変更したりしたことで、すでに予定より五日も遅れていたからだ。時間は無駄にできない。青森では、翌朝に二時間だけ市内観光をしようと決めていた。

でも、実際には観光もできなかった。ショウに、代わりにゲームセンターに行こうと、しつこくせがまれたからだ。青森を出発し、ペダルを漕ぎ始めてからも、しばらくけたたましいゲーム音が耳から離れなかった。

二時間後、ぼくたちの日本縦断の旅が、あやうく終焉を迎えそうになる出来事が起こった。ショウが道路脇に、いくつもの遊具がある広大な公園を見つけた。子どもと一緒に自転車の冒険旅行をしていると、休憩の意味合いが大きく変わってくる。そのときも、大人であるぼくはもちろん、サイクリングで疲れた身体を休ませたかった。だがショウの頭のなかには「公園の遊具で遊ぶ」ことしかなかった。ぼくはベンチをちらりと見て、そこで寝っ転がっていたいと思ったが、ショウがどうしても一緒に遊びたいというのだからしょうがない。

ジャングルジム、雲梯《うんてい》、ブランコ、シーソー、滑り台、障害物コース、メリーゴーランド、鉄棒――。ぼくたちは公園のあらゆる遊具で遊んだ。それも、一回だけではなく、何回も。ここではショウがリーダーだ。容赦なく指示が飛んでくる。

「パパ、座っちゃダメ！　こんなに楽しい公園は初めてだよ！」。しばらくして、ぼくはさすがにもう十分だと思い、自転車に戻ろうと言った。だがショウは、最後に一つ、まだ試していなかった遊具で遊ぼうと言った。

その遊具は、「ターザンロープ」と呼ばれるもので、「A」の形をした背の高い二つの木製フレームの間にケーブルを渡し、滑車《かっしゃ》からぶら下がったロープで滑り降りるというものだった。ぼくはスタート地点に立ち、ショウの身体を持ち上げた。ショウはロープにつかまると、あっという間にものすごい速さで滑り始め、反対側のフレームに到達する直前に、地面に着地した。ショウはこっちを見て、楽しそうににっこりと笑った。

「次はパパの番だよ！」

ぼくは滑車を元の位置まで引き上げると、スタート地点に立ち、両腕でロープを握って、脚を前に振って勢いよくスタートした。滑り始めてすぐに、あまりのスピードに驚いた。勢いなどつけなければよかったと思ったが、時すでに遅し。ケーブルは、木製フレームの三〇センチほど手前で終わっている。フレームには、衝撃を和らげるための緩衝材《かんしょうざい》のようなものは何も使われていない。今思えば、フレームにぶつかる前に手を離し、着地すべきだった。だがぼくは制御を失ったターザンのように、両腕をまっすぐに伸ばし、脚をバタバタさせたまま、滑車がケーブルの末端に激突するまでロープにしがみついていた。その衝撃で、ぼくの身体は勢いよく前方に投げ出され、木製の梁《はり》の尖った部分に右脛《みぎすね》を思い切り打ちつけた。脛骨《けいこつ》の折れる音が聞こえたような気がした。

すさまじい激痛が走った。

ぼくは地面に倒れ込み、必死で拳を噛んで、絶叫しそうになるのをこらえた。

第22章　助けて!

ショウが駆け寄ってきた。「パパ、大丈夫?」

ぼくは喉の奥からうめき声をあげ、草に顔を埋めたまま、身動きもせずにそのままじっとしていた。脚が痺れ、ズキズキと痛むが、怖くて右脛を見られない。家族やブログの読者、ぼくたちの旅の様子を定期的に放送してくれている北米の日本語放送局、テレビジャパンの製作者たちに、こんな馬鹿みたいな事故で旅を終えなくてはならなくなったと説明するのは、どんなに恥ずかしいことだろう。なにより最悪なのは、ショウに旅の終了を告げなくてはならないことだ。

右脚を曲げてみた。脛に激痛が走ったものの、脚は動く。勇気を出して痛むところに目をやった。幸い、骨が突き出ていたりはしなかった。右脛に軽く手を当てると、大きなしこりができていた。ぼくは安堵のため息をついた。怪我の痛みはしばらく続くだろう。だが、骨は折れていないようだ。

真昼の空を見つめながら、草の上に横たわった。次第に呼吸も整い、痛みも徐々に引いてきた。ショウはぼくの隣で心配そうに座っている。ぼくはしばらく休んだあと、脚を引きずりながら自転車を停めていた場所に戻った。ショウはぼくの手を握り、何度も「大丈夫？」と尋ねた。

ペダルに足を置くと、脛に焼けつくような痛みが走った。吐き気がする。しばし目を閉じ、痛みが過ぎ去るのを待った。

「パパ、自転車に乗れるの？」

「痛いけど、大丈夫さ」

「でも、痛いということは、無理をしない方がいいということなんじゃない？」

「本当ならそうだ。でも、予定より遅れているし、今日予定していた距離を走らなくちゃいけない。ひどい打撲だけど、骨は折れていない。だから、ペダルを漕いでも悪化はしないはずだ。それにそもそもパパは、こんなときに泣きながらじっとしていたりするのは好きじゃないんだ」

ショウは半信半疑といった目でぼくを見た。「オーケー。わかったよ。パパの足が千切《ちぎ》れないことを祈ってる」

ぼくたちはつがる市に向けて走り始めた。

その夜は、道路脇にある、黄色い野花と青々とした雑草が茂る野原にテントを張って眠った。

翌朝、ぼくたちは小鳥のさえずりで目を覚ました。

右脛にできた、紫色に腫れ上がったゴルフボールほどの大きさのしこりは、脚を曲げようとすると痛んだ。この日は、白神山地への八〇キロの過酷なサイクリングが待っている。ガイドブックによれば、白神山地は「人間活動の影響をほとんど受けていない、ブナの原生林が残る日本でも数少ないエリア」だという。ぼくはこの手つかずの自然のなかでキャンプをして、ショウと森を歩いてみたいと思っていた。

ショウとぼくは、美しい海岸沿いの道を走った。途中、思わず写真を撮りたくなるような光景に何度も遭遇し、その度に立ち止まった。磯には波が打ち寄せ、険しい崖の間には趣のある漁村が点在していた。ここは東北地方の北西。見事な景観と厳しい気候で知られている地域だ。幸い、この日は過ごしやすい気温で、空も雲に覆われてはいるものの、穏やかだった。

砂浜はショウにとって格好の遊び場だった。海の側の小さな蕎麦屋で昼食をとったあと、一時間ほど、波と戯《たわむ》れて過ごした。

波打ち際で、子どもの集団が遊んでいた。ぼくは仲間に入れてもらったらどうだとショウに促した。だが、子どもたちはショウを無視した。ショウは何度も子どもたちの気を引こうとして、ボール遊びに誘ったり、名前を尋ねたりしたが、彼らは知らんぷりをするばかりだった。

「意味がわからないよ」ショウがしかめっ面をして戻ってきた。

「これまで優しい人たちに大勢会ってきたから、それに慣れてしまっていたのかもしれないな。こんな風に、あんまり楽しくない出会いがあるのも当然なのかもしれない」ぼくは言った。

再び走り始める前に、エイコに電話をした。遊具で怪我をした件を報告すると、エイコは驚き、冒険を続けられるのかと心配した。

「大丈夫だよ。ひどくぶつけはしたけど、ただの打撲だ。骨は折れてない。怪我をした直後は、旅は終わりだと思ったけどね」

「大変だったわね。ところで確認したいのだけど、あなたはインテルで働いてるんだよね？その割には、知性が感じられないから」

「ハハハ。ほっといてくれ。これは突発的な事故だったんだ」

「でも、予測できたかもしれないでしょ。もっと慎重になって。あなたは無鉄砲なことをするから、心配だわ」

「今に始まったことじゃないだろ？」ぼくはからかった。

「まあ、そうね。出会って、付き合い始めてすぐに、あなたが他の人とは違うのがわかったわ」

「褒め言葉として受けとっておく」

「どう解釈しようとあなたの自由よ」エイコが笑った。子ども時代の半分をインターナショナル・スクールに通い、そこでイギリス英語を学んだ彼女の言葉遣いには、今でもどことなく上品な響きがある。「ショウと代わって。声が聞きたくてたまらないの」

「やあ、ママ」ショウは右耳に当てた携帯電話を両手で押さえ、エイコとふたりっきりで話すために砂浜の方に歩いていった。エイコとサヤが二週間前にアメリカに帰って以来、ショウが母親と妹に会えなくて寂しいと不満を口にすることは一度もなかった。ぼくには、ショウが寂しさを感じているのはわかっていた。おそらく、めそめそすれば父親に叱られると思っていたのだろう。父親が苦しいときにいつでもそうするように、辛くても黙って耐えなければならないと自分に言い聞かせていたのかもしれない。広大な海辺の景色のなかに、ショウの小さなシルエットが浮かんでいた。ぼくは息子に同情しながら、八歳の子どもにとって、母親と離れて旅をするのはどれほど大変なことだろうかとあらためて思った。数分後、ショウは通話を続けながらこっちに戻ってきた。ショウがエイコにしゃべる声が聞こえた。「ぼくたちはこっちで、すっごく綺麗な夕日を見たんだ。もしママがいたら、絶対に気に入ったはずだよ」

エイコに別れを告げ、自転車にまたがって、白神山地の大自然に向かって走り始めた。次第に、穏やかだった雲が、黒く不気味に渦巻くようになってきた。雨粒が落ちてきたので、急いでレインジャケットを着て、レインカバーで荷物を覆った。一時間後、森に通じる道に入ったときには、ぼくたちは荒れ狂う豪雨の真っ只中にいた。ヘルメットのてっぺんから、小さな滝のように雨水が降りてきて、目や口に流れ込んでくる。後ろでずぶ濡れになっているショウが、笑いながら荒れ狂う嵐に向かって叫んだ。「楽しい!」

海岸沿いの道にも起伏があり、そうきつくはない短い坂がいくつかあった。だが、白神山地に向かって大きく左に曲がったときにぼくたちを待っていたのは、それまでとは比較にならない急な上りだった。標識が、勾配が一〇パーセントもあると警告している。山道を勢いよく流れ落ちてくる雨水の上で、ショウとぼくは急流をさかのぼる鮭のように必死にペダルを漕いだ。時速わずか数キロの、這うようなペースでしか進めない。脚の筋肉が燃えるように痛み、顔面を雨粒がぴしゃりと打ちつける。ペダルに全体重を乗せる度に、脛のあざが痛んだ。

二〇分間、嵐のなかでペダルを漕ぎ続け、小さなビジターセンターにたどり着いた。ひっそりとした場所で、女性のスタッフが一人いるだけだった。彼女によれば、キャンプ場はここからさらに山を一〇キロ登ったところにある。時刻は午後五時三〇分。すでに、背の高い林冠《りんかん》が道に影を投げかけている。これ以上、この嵐と暗闇のなかで、急な山道を登りたくはない。キャンプ場まで二時間はかかる。この悪条件では、倒木や車にぶつかる可能性も高くなるし、驚いた熊に襲われる危険だってある。ぼくはなんとか解決策はないかと尋ねた。彼女は、広大な敷地にあるリゾート施設に至る道を指さした。「あちらで尋ねてみてください」

ぼくたちはリゾート施設に自転車で移動した。立ち並ぶバンガローが、窮屈な住宅地のように配置されている。「チェックインはこちら」という看板を掲げている建物を見つけ、階段を上り、清潔感のある造りのロビーに入った。ピカピカに光るマホガニーのカウンターがある受付には、気難しそうな顔をした制服のスタッフがいて、チェックインをする宿泊客の相手をしている。気になって自分の足元を見た。びしょ濡れのサイクリング服から滴り落ちた水滴が、小さな水たまりをつくっている。場違いな奴が紛れ込んできたと思われるに違いない。

受付に向かった。フロント係の一人が礼儀正しく会釈をしてくれたが、ぼくには彼がわずかに眉をひそめたのがわかった。「お忙し

いところお邪魔をしてすみません」ぼくは言った。「息子と一緒に自転車で旅をしているのですが、嵐に巻き込まれてしまいました。こちらに私たちが泊まる場所はないでしょうか。部屋があるなら宿泊料を払います。あるいは、敷地内でテントを張らせてもらえないでしょうか」

「申し訳ございません」彼は、まだヘルメットをかぶったままの、びしょ濡れのマペット人形みたいなショウを気の毒そうに見ながら言った。「残念ながら、本日は満室です。当館で部屋を予約するには、通常、少なくとも六カ月前までの予約が必要なのです。それから、テントの設営が許可されているのは、山を登ったところにある森のなかのキャンプ場だけです」

「森にキャンプ場があるのは知っています。ぼくたちはそこで寝るつもりでした。でも、キャンプ場はここから一〇キロもあります。この嵐のなかで、夜道を自転車に乗っていくのは危険です」

従業員は歯の隙間からため息を漏らし、首を横に振った。「申し訳ございません。私には、こちらにはあなたたちが寝泊まりできる場所はないとしか申し上げられません」

外は嵐が吹き荒れ、雨が窓を激しく叩いている。空はもう真っ暗になりつつあった。ぼくはショウを見下ろして言った。

「どうやら、かなりまずいことになったぞ」

第23章　白神山地

フロント係は、きっぱり「ノー」と言っている。これ以上食い下がるのは失礼だとわかってはいたが、引き下がるわけにはいかなかった。「わかっています」ぼくは彼の目を見ながらゆっくりとしゃべった。「でも、私には八歳の息子を守る責任があるのです」。ぼくは日本縦断の旅をしていること、国連の支援を受けていることを伝え、最後にこう言った。「部屋がないのはわかりました。では、責任者の方を呼んでいただけないでしょうか。話し合えば、打開策が見つかるかもしれない」

「少々お待ちください」フロント係はそう言ってうなずくと、カウンターの後ろのドアに消えていった。ぼくは脚を前後にスライドさせて、足元の水たまりをどかそうとしたが、うまくいかなかった。横を見ると、ショウの足元にも小さな水たまりができている。

フロント係が、ダークスーツ姿の支配人と一緒に戻ってきた。支配人はショウに微笑むと、丁寧な言葉遣いで、「こちらにいらしてください」と言い、ドアの方に向かうように合図をした。外に追い出されてしまうのかと思ったが、そうではなかった。支配人は窓の外を指さした。「あれがあなたたちの自転車なのですね？　自転車で日本縦断をしている親子に会ったのは初めてです。いやはや、とんだ大冒険ですね。ぜひお話を聞かせてください」

その場で数分間おしゃべりをしたあと、支配人は本題を切り出した。「本日は満室で部屋を提供できず、申し訳ありません。ですが、せめて少しだけでも、あなたたちのお役に立てればと思っています。まず、うちの温泉に入ってさっぱりしてください。そして、隣のレストランで夕食を召し上がってください。ご心配なく。お代は結構です。準備ができたら、ここに戻ってきてください。うちのスタッフが、車でキャンプ場までお送りします」

大きな安堵感が身体全体に広がった。ぼくは頭を下げて支配人に感謝し、料金を払わせて欲しいと申し出た。だが、彼は頑なにそれを拒んだ。「お役に立てるのなら、それが私たちの喜びです。旅の幸運を祈っています」

風呂と食事を終えた後、ぼくたちはバンでキャンプ場まで運んでもらった。雨の音が、車の天井に響いていた。白神山地の密集した森林のなかを、狭くて急な道が蛇行しながら続いている。想像していた以上に不気味な道のりだ。キャンプ場に到着すると、敷地内にある小屋の外床の上にテントを張った。小屋のひさしで、激しい雨を防ぐことができる。荷物を降ろすのを手伝ってくれた運転手が、帰り際にこう言った。「この時期にしてはとても珍しい天気なんです。残念でしたね。本来なら、一年で一番いい季節なんですが」

その夜、ぼくは何度も目を覚ました。森で荒れ狂っていた暴風が容赦なくテントにも襲いかかり、天罰を与えるかのように激しくぼくたちを揺さぶった。轟音が鳴り響くなか、ショウが夜中に上半身を起こし､微笑んで目を閉じたまま､寝ぼけてつぶやいた。「これこそ冒険だね！」

翌朝、かんしゃくを起こしたあとの子どもがにじませている涙みたいに、前夜の暴風雨のかすかな残滓《ざんし》のような霧雨が降っていた。ショウとぼくは手持ちの食料の残りを朝食代わりにかじった。大豆バーやピーナッツ、クラッカーにリンゴ。周囲の木々がそよ風に揺られて踊っている。ツグミの甲高い歌声やカケスが奏でる旋律が、朝の森に平和をもたらしている。

ぼくたちは雄大な森のなかをハイキングした。歩いていると､森が息づいているのを感じた。大自然の神秘が、強烈な存在感で迫ってきた。森は、突然訪れた不用意な闖入者《ちんにゅうしゃ》に、長い間忘れられていた太古の秘密をささやき、危険がどこにあるかを教えてくれた。金山《かなやま》の池までの二時間のトレッキングの最中、他のハイカーには一度も遭遇しなかった。湖を囲む深い森に朝霧が立ち込め、湖面は静かにきらめいている。ぼくたちは湖岸にそうっと腰を降ろし、水の柔らかな音に耳を傾け、豊かな景色を楽しんだ。水面に映った雲が、さざ波の上を通り過ぎていく。静謐《せいひつ》な時間だった。同時に、ぼくは大自然のなかに、ある種の無慈悲さをも感じていた。金山の池はぼくが生まれるずっと前からあり､ぼくが死んでからもずっと存在しつづけるのだ。

ショウのお腹が空いたという声で、ぼくの空想は遮られた。キャンプ場に戻ることにし、小道を覆う葉をどけながら歩いた。

「ショウ、動くな！」突然、ぼくは叫んだ。

茶色い、まだら模様の一メートルほどのヘビが、目の前の枝にぶらさがっていた。身体を動かさず、首を曲げてこっちを見ている。必要とあらば、ぼくたちに素早い一撃を加えるつもりなのだろう。だが狭い道なので、ヘビを避けずに前に進むことができない。

「シーッ、ヘビ。あっちへ行け！」ショウが言った。「パパ、棒で叩いてもいい？」

「ダメだ！　近づくんじゃない！」ぼくは息子の胸に手を置いて制した。「じっとして、どこかに行くのを待とう」。ぼくたちは待ったが、ヘビはいっこうに動こうとせず、舌をチロチロと出している。ぼくはゆっくりとカメラを取り出し、写真を撮った。

「ヘビは、ぼくたちの方にどこかに行って欲しいみたいだね」

「でも、キャンプ場に戻るには、この道しかないんだ」

数分間、じっと睨み合ったあと、ぼくは後ずさりして、長い棒を二本見つけた。棒を手にしてゆっくりと近づくと、ヘビは攻撃の準備を整えるかのように、かすかに身体を動かした。ぼくは凍りついた。

「パパ、気をつけて！」

ヘビとぼくはお互いを探り合った。ヘビはまったく恐れた様子を見せていない。心臓の鼓動が早まり、手のひらが汗ばむのを感じた。

「パパ、なんで止まったの？　ヘビに睨まれたから？」

ヘビから視線を離さずに、後ろのショウにささやいた。「気が散るから黙っててくれ」

「ごめん」ショウが大きなため息をついた。

「よし」ぼくは小さくつぶやいて、二本の棒の端でヘビの首と胴体をそうっと押さえた。棒が身体に触れたとき、ヘビはリラックスしているように見えた。ぼくはゆっくりとヘビを持ち上げて枝から引き離すと、小道の脇の草むらに投げ捨てた。ヘビはたちまちヤブのなかに消えて行った。

そのあと、ぼくたちは「十二湖エコミュージアムセンター湖郷館」で、白神山地の自然に関する展示物や映像を見た。白神には多様な生物が棲息《せいそく》している。イヌワシやクマゲラをはじめとする百種類もの鳥。ツキノワグマなどの哺乳類。七種類の爬虫類と、一三種類の両生類もいる。日本で手つかずのブナ林が残る最後の地域という理由から、この一帯は国連によって世界遺産に指定された。東アジア全体でも、このようなブナの原生林はほとんど残っていない。日本には多くのブナ林があったが、二〇世紀の急激な近代化によって、そのほとんどが伐採された。ガイドの女性が説明してくれた。白神山地が特別な場所なのは、珍しい植物があるだけではなく、この場所を自然の状態のままで保存しようと人々が決めたことにある。現代は、世界中の自然が急速に消滅しつつある時代だ。だが多くの人々が、自然保護のための取り組みをしている。白神山地もそのひとつなのだ。

それから三日間、ぼくたちは砕け散る波とそそり立つ崖を眺めながら、海岸線をひた走った。サイクリストとも何人か出会った。そのなかには、ロードレーサーの出で立ちの八二歳の男性もいた。子どもの頃から、ずっと自転車に乗り続けているのだという。ぼくは彼に、年をとったらあなたのようになりたいと言った。

雨が降るときもあれば、日差しが照りつけるときもあった。どんな条件であれ、構わず走り続けた。夜は海岸にテントを張った。忘れられないほど美しい夕日を見たり、虫をつかまえたりした。

ある日の夕方、ぼくたちは小さな港町の近くの砂浜にキャンプ場を見つけた。学校の課外活動でキャンプ場にやってきた十代の少年が二〇人ほど、近くでテントを張っていた。夜になって、少年らが打ち上げ花火をしているのを、ショウはわくわくした表情を浮かべながら見ていた。だが、ショウがすぐ近くで仲間に入れて欲しそうな素振りをしているのに、少年たちはそれをあからさまに無視した。しばらくして、ぼくたちはテントに戻り、携帯電話でテレビジャパンのインタビューを受けた。

「友人はたくさんできたかな？」ぼくたちのブログに友好的な出会いがいくつも書かれているのを読んだであろうインタビュアーが、よい答えを期待してショウに尋ねた。だが、たった今少年たちに仲間に入れてもらえずに不機嫌になっていたショウは、素っ気なく答えた。

「それほどでも」

困ったインタビュアーが、質問を変えた。「日本を走っていて、どんな場所が気に入った？」

ショウがぼやいた。「砂浜は好きだよ。でも、ゲームセンターが少ないから嫌になっちゃうよ！」

第24章 新潟の新しい友人

早朝の太陽の光で、海はきらきらと輝いていた。眩しさで早起きしてしまったぼくたちは、そのまま身支度を整えて出発した。なんといっても、この日のゴールの新潟市は一一〇キロも先にあるのだ。ショウが、「リトル・ダンサー」のサウンドトラックを流して欲しいと言う。ぼくは、走りながら音楽を聞くのはあまり好きではない。波や風の音を台無しにしたくないからだ。でも、気晴らしもなく、何時間も自転車に乗らなくてはならない息子に同情し、サドルにとりつけた小型スピーカーにプレイヤーを接続して、アルバムを再生した。ショウは、「手紙《The Letter》」という曲をかけて欲しいとねだり、再生が始まると曲に合わせて歌い出した。この曲は、母親が自らの死の直前に、息子のビリーに宛てて書いた手紙をモチーフにしている。それは、「リトル・ダンサー」の一番感動的なシーンで、ぼくも観ながら涙を流した。

海沿いの道を走りながら、ショウは、母の息子への愛と、そして息子にいつも自分に正直であって欲しいと願う母の気持ちを歌った。曲が終わりに近づくにつれて、ショウの柔らかい歌声が次第に小さくなった。ショウが言った。「ママに会いたいよ」

「わかるよ。パパも同じ気持ちだ。ところで、ずっと秘密にしてたことがあるんだ」

「何？」

「ママからショウに差し入れが届いてる。ママが送った荷物を、新潟のサトウさんが預かってくれてるんだ。サトウさんを覚えてるかい？　名前は似てるけど、サイクリング仲間のサイトウさんとは別人だぞ。サトウさんは、旅を始めて三日目の夜に、サロマ湖で出会ったウルトラマラソンのランナーだ」

「覚えてるよ、車両の近くの建物で一緒に泊まった人でしょ」

「その通り。サトウさんは、今日、ショウとパパが向かっている新潟に住んでる。ママが何を送ってくれたのかは、彼に会うまでわからない」

「そんなのずるいよ！」

新潟に近づくにつれ、交通量が増してきた。路肩は狭く、大型トラックのすぐ隣を走らなければならない。ＧＰＳを使い、別のルートで新潟市内を目指すことにした。地図上では郊外の一般的な道路に思えた道は、牛や鶏をたくさん見かけるような、水田や農家の間を抜ける道だった。いつのまにか民家の私道に入ってしまったり、野原以外に何もない行き止まりに突き当たったりして、なんどか引き返さなくてはならなかったけれど、なんとか新潟市の中心街に到着できた。

その夜は市内の小さなホテルに泊まり、翌朝、ロビーでサトウさんに会った。彼はブルーのジーンズを穿き、ピンクの半袖のカッターシャツを着ていた。痩せて引き締まったアスリート体型をしているので、シャツが少しゆるく見える。左手首には包帯が巻かれていた。サトウさんはぼくたちにお辞儀をすると、ラッピングされた箱をとりだし、ショウに手渡した。「お母さんからだよ」。ショウは即座に箱の中身を猛然と取り出し始めた。引き裂かれた包装紙が床に散らばった。

「アメリカと違って、日本では普通、包装紙は丁寧に剝がして、綺麗に折り畳むものなんだ」

ぼくは眉をひそめた。「ズタズタに引き裂くのは、行儀が悪いんだぞ」

ショウはぼくを無視して、プレゼントを取り出した。ニンテンドーDS用の、ポケモンソフト。ショウは「イエス！」と叫び、スポーツの大会で優勝したかのように拳を高く突き上げた。

「お母さんはショウ君の好きなものを知っていたようだね」サトウさんは笑った。彼は次にぼくに包みを差し出して言った。「妻の手作りの扇子と巾着です。たいしたものではないのですが」

ぼくはサトウさんに感謝した。手首の怪我について質問すると、彼は肩をすくめた。

「ちょっと転んでひねってしまいましてね」

サトウさんは、車で新潟市内を案内してくれるという。さらに、何か困っていることがあれば手助けをするので遠慮なく伝えて欲しいと申し出てくれた。ぼくは親切に感謝し、ありがたく好意に甘えることにした。まず、荷物の一部をアメリカに送り返すのを手伝ってもらった。できるだけ、荷物を軽くしたかったからだ。次に、スポーツ用品店に連れて行ってもらい、自転車用の手袋を買った。今まで使っていたものは、もうボロボロになっていたのだ。ショウはその店で、サイドバッグに収まるサイズの、伸縮式の釣竿を見つけた。ぼくは、サトウさんの車に乗っている間も、テレビアニメの『原始家族フリントストーン』に出てくる人力車みたいに、ペダルを漕ぐように脚を動かしてしまいそうになった。毎日あまりにも長い時間、自転車で走っているので、その感覚が身体に染み付いてしまったようだ。

しばらくして、サトウさんは車を海岸沿いに停めた。浜には無数の大きな岩と巨大な六角形のコンクリートブロックが混在していた。浅瀬にも岩場があって天然の防波堤のようになっている。

「ショウ君がここで楽しく遊べるかもしれないと思いまして」サトウさんが言った。

ショウは車から飛び出し、駐車場と砂浜の間に設けられた短い木の柵を目指して走った。海側からつむじ風が吹いてきて、ショウの髪をかき乱した。ショウは砂が入らないように両手で目を覆うと、指の隙間から、キラキラと輝く海を見つめた。ぼくもそこまで走って行き、ショウの肩に手をかけて海を眺めた。

サトウさんがぼくの横に立って言った。「ここは、私がトライアスロンの練習で泳いでいる場所なんです。岩に登るときは、滑りやすいので気をつけてくださいね。私が手首に包帯を巻いているのも、ここで滑ってしまったからなんです」

「それは災難でしたね」ぼくは言った。

「ぼくのお父さんも、先週、脚の骨を折りかけたんだよ」ショウが言った。

サトウさんがぼくを興味津々の表情で見つめた。

ぼくは言った。「公園の遊具で着地に失敗したんです。森をハイキングしていたときも、へビに噛まれそうになりました。どうやらぼくは、自転車に乗っていた方が安全なようです」

サトウさんが笑った。「お互い、気をつけないといけませんね。私も、怪我さえしていなければ、海に潜って牡蠣《かき》をとってきたのですが。ぜひ召し上がっていただきたかった」

ぼくは彼のもてなしの気持ちに感謝しながらも、驚かずにはいられなかった。ウルトラマラソンを走る前日の晩に、同じ宿舎でわずかな時間を過ごしたにすぎないぼくたちを、これほどまでに歓待してくれるなんて。

一時間ほどした頃、サトウさんが言った。「一度、ホテルに戻り、自転車を車に積みましょう」

「なぜ自転車が要るのですか?」

「ぜひあなたの自転車を診てもらいたい人がいるのです」

三〇分後、ぼくたちは自転車店「アダック新潟」にいて、店主のスズキケンイチさんの前に立っていた。店内のいたるところに、大量の工具や部品が無造作に置かれていた。乱雑なその空間は、店舗というより作業場のように見える。どうやらスズキさんは、商売よりも自転車をいじることが好きなタイプらしい。

サトウさんがぼくの耳元でささやいた。「店を外観で判断してはいけません。スズキさんの腕前は一流です。もう三〇年以上もこの店を続けていますし、オリジナルの自転車もつくっています。ここは、地元の自転車好きやトライアスロンをしている人が集う店なんです」

まさに、ぼくが求めていたような人だった。スズキさんはぼくたちの自転車を、患者を診察する医師のように慎重に調べた。「ずいぶん頑張って走ってきたみたいだね。佐多岬まで行くなら、ちょっとばかり整備が必要だな」

スズキさんは近くの引出しから、プラスチック製の小さな容器を取り出した。ラベルもなにもない容器で、先端に筒状のノズルがついている。「魔法のオイルだよ」彼はそう言って、容器をショウの前に差し出した。「ネジとネジ穴には、適度な油が要るんだ。雨水や砂埃《すなぼこり》に絶えず晒されるから、それに耐えられるようにしておかないといけないからね」

自転車に潤滑油をさし終える頃、スズキさんが言った。「サトウさんから聞いたんだけど、日本アルプスを越えようとしてるんだって？」

ぼくがうなずくと、彼は言った。「それなら、ブレーキパッドを交換しておこう。長く急な下りでブレーキがいかれてしまわないようにするためにも、新品に換えておいた方がいい」。山越えのことを想像したら、急に胸が締めつけられるような気分になった。さまざまな危険をはらんだこの冒険のなかでも、最大のリスクは、なんといっても日本アルプスの横断だ。三つの山脈には、三千メートル級の山々が連なっている。富士山を除く日本最高峰の山々が、そこに密集しているのだ。

ぼくの不安を察してくれたのか、スズキさんが安心させるような口調で言った。「大丈夫。気をつけて走れば、きっと山を越えられる。とはいえ、たいていの人は海岸線を走るけどね。そっちの方がはるかに楽だから」

「ええ、それは知っています。でも、ぼくたちはこのルート上にある、白川郷《しらかわごう》や京都、紀伊山地の霊場と参詣道《さんけいみち》などの世界遺産を訪問したいと思っているんです」

スズキさんは笑った。「なるほど。それなら、どうしても八つの峠を越えなければいけないね」。スズキさんはショウを感心した様子で見下ろした。「これまで自転車乗りをたくさん見てきたけど、あんたたちにはさすがに驚かされたよ」

ぼくたちは自転車の整備を終えたスズキさんと記念撮影をした。謝礼を払おうとしたが、彼はそれを拒んだ。「冒険の役に立てたのならそれでいいんだ。幸運を祈ってる」

その日の夜は、サトウさんのトライアスロン仲間が自宅に招待してくれるというので、お邪魔することにした。サトウさんが六時にホテルに迎えに来てくれることになった。

「じゃあ、その間に花火を買えるね！」ショウが興奮して言った。

ぼくたちは、びっくりするほどスムーズに走るようになった自転車に乗って、ホテルに戻った。

夕方、サトウさんの車で、新潟市の郊外にある彼の友人、ヤナギサワセイキさんの自宅を訪れた。ヤナギサワさんは、ぼくたちを熱烈に歓迎してくれた。見たところ六十代だが、何十年も続けているというトライアスロンで鍛えあげた、逞しい体つきをしている。同じく、彼らのトライアスロン仲間のセイダチカコさんもいた。家のなかにはご馳走が用意されていた。寿司、餃子、サラダ、鳥の照り焼き、生牡蠣、枝豆、おしんこ、ライス――。ヤナギサワさんはぼくのグラスにビールを、ショウにはオレンジジュースを注いでくれた。

にっこりと微笑む彼らに向かってショウが言った。「この旅で一番のご馳走だ！」

宴会は大いに盛り上がった。ぼくたちの冒険の話や、トライアスロン談義に花が咲いた。彼らは優れたアスリートなのに、自分のことを話すときは驚くほど謙遜《けんそん》する。ビールが進むほどに、さらに話が弾んだ。

最後は、家の前の人や車の通りが少ない路上で、昼間ぼくたちが買ってきた花火を楽しんだ。ヤナギサワさんがしんみりした口調で言った。「花火なんてやるのは、子どもたちがショウ君と同じくらいの年頃だった二〇年以上ぶりです」。ショウが両手に火のついた線香花火を持ち、即興でおかしなダンスを踊った。

翌朝、ぼくたちは八〇キロ先の柏崎市に向けて新潟を発《た》った。温泉や、夏の花火大会で知られている市だ。

二五キロほど走ったところで、砂浜沿いに、ショウが数軒のレストランとキャンプ場を見つけ、今日はここでサイクリングをお終いにして、このまま浜で遊びたいと言った。よく晴れた日で、気温は約二五度あった。ぼくはショウの言うとおりにすることにした。息子に砂浜で思う存分遊んで欲しかったのもあるが、ぼく自身も、アルプス越えを少しだけ先延ばしにしたかったからだ。ぼくたちは数時間、砂浜でボディサーフィンをしたり、ビーチボールを蹴ったり、水たまりを飛び越えたりして遊んだ。

ひとしきり遊んだあと、ぼくは近くのレストランの窓側の席に座り、砂浜で遊び続けるショウを横目で眺めながら、書き物をして過ごした。ショウは砂に絵を描いたり、海の水を蹴ったり、空想の世界に入り込んで独り言をつぶやいたりしていた。その姿は、とても幸せそうに見えた。

夕暮れ時になり、ようやくショウが遊びを終えてレストランに入ってきた。夕食をとっていると、陽が海に沈み始め、何色もの絵の具がパレットで交じり合うように、海全体を鮮やかに染めた。水をおかわりしたかったが、ウェイターは、窓際に腰掛けて綺麗な夕日を携帯電話のカメラで撮影していたので、邪魔をしないことにした。海は、オレンジ色にきらめく万華鏡のように輝いたあと、ゆっくりと闇に飲み込まれていった。

ぼくたちは砂浜遊びで相当に疲れていたらしい。その夜は、一一時間も眠ってしまった。翌朝、テントを解体して自転車に荷積みをし、八時三〇分に柏崎に向けて出発した。浜でくつろぐ家族連れや、ウェットスーツを着たサーファーの姿を横目で見ながら、海岸線の起伏のある国道を進んでいると、突然「チャールズさん!」という声が聞こえた。サイクリストのグループが、ぼくたちを追い抜いていった。

ヤナギサワさんたちが、トライアスロンの練習をしているのだ。ロードバイクに乗った彼らは、軽快に峠を上っていく。ぼくたちは、少し先にある公園で待ち合わせることにした。スピードの遅いぼくたちがようやく公園に着くのを、彼らは辛抱強く待っていてくれた。ぼくたちは手持ちの食料を頬張りながら、会話を楽しんだ。最後に記念写真をとって、トライアスリートたちと別れた。トレーニングを再開した彼らは、ものすごいスピードで前方に消えていった。

午後三時、柏崎市に到着すると同時に、大雨が降りだした。ぼくたちはそのまま温泉に向かった。温泉は大勢の客で賑わっていた。ロビーで整理券を受けとり、順番を待って浴場に入ると、雨に打たれながら露天風呂に浸かった。いったんお風呂で身体を綺麗にしたあとで、再びサイクリング用の濡れた服を着て、宿泊場所を探し回らなければならないのは辛かった。結局、コインランドリーのある、廉価なビジネスホテルにチェックインした。

ホテルでシャワーを浴びたあと、表に出て、柏崎の目抜き通りを砂浜に向かって歩く大勢の群衆に加わった。雨は少し前にあがっていた。その夜は、三日間連続で催される地元のお祭りの最終日で、夜は海辺で花火大会が開催された。それから二時間、信じられないほど精巧で美しい花火が夜空を埋め尽くした。滝のように流れ落ちるものもあれば、アライグマの形に広がるものもあった。一五分ごとに、スポンサーの地元企業の名前が拡声器で紹介された。

「夏は花火が一番だ！」ぼくはショウに言い、数千人の見物客でごったがえす街の通りを、手をつないでホテルまで歩いた。

第25章　日本アルプス

日本の国土の約七割は、山に覆われている。そして最も高い山々の多くが、本州の真ん中に集まっている。「日本アルプス」は、一九世紀に来日したイギリス人宣教師、ウォルター・ウェストンによって名付けられた。今回の旅の訪問地に予定している世界遺産の白川郷に行くためには、この山脈を避けては通れない。

美しい海岸線が名残惜しい。これからしばらくの間、もう海を見ることはできなくなる。柿崎からは、海沿いの道を離れ、内陸に入る。ショウが海に投げキッスをして言った。「日本の反対側で会おう！」

遠くに、そびえ立つ山々の岩肌が見える。ぼくはその迫力に気圧《けお》され、本当にいくつもの峠を越えられるのかと不安を抱いた。軽量なカーボンフレームのレース用自転車に乗っているのなら、この山脈を横断する自信はある。だが、三五キロもの重たい荷物を積み、八歳の子どもが一緒なら、話は別だ。たしかにこれまで一カ月以上、ほぼ毎日走り続けてきたし、いくつかの険しい峠も越えてきた。だがこれから一週間でぼくたちを待ち受けている山々の峻厳さは、それまでのものとはまったく比較にならない。自分の心身がアルプスに耐えられるのかどうか不安だったが、ショウにはそれを悟られないように努めた。「さあ、これからものすごい山を登るぞ！」ぼくは言った。

幸い、海岸から内陸部の新井までのルートは、山脈の麓の広大な渓谷に囲まれた水田や農家が広がる、平坦な道のりだった。走り始めに降っていた雨はあがったが、空は曇っていた。気温は二四度。五時間のサイクリングには最高の天気だ。新井に入ると、徐々に山脈の入口に近づいてきた。快適な道もここで終わりだ。ぼくたちは温泉とホテルを見つけた。明日から本格的に始まる山の冒険を前に、ぐっすり眠りたいところだ。

ショウが眠りに落ちたあとも、ぼくは山越えの不安から、なかなか寝つけなかった。深呼吸して気持ちを落ち着かせようとしてみたがダメだった。ふいに、一三歳のとき、父と共に出場したフルマラソンで、肉体の限界にぶちあたった苦い思い出が蘇ってきた。

張り切って走り始めたものの、一時間もするとペースが落ち、一緒に走っていた父について いけなくなった。二四キロ地点で最下位になり、何度も歩きながら、ゆっくりと走った。沿道でオレンジを差し出してくれた母と目が合ったときには、思わず泣きそうになった。母はもうレースを止めて、車に乗って帰ればいいと言った。だけど、途中で棄権するのだけは絶対に嫌だった。ぼくは意地を張り、母の方を振り返りもせずに、足を引きずるようにしてとぼとぼと走り続けたのだった。

翌朝は早起きした。すでに日差しが強まり、気温は二七度近くになっていた。ゆっくりと近所を散歩するにはいい天気かもしれないが、一日中、自転車で坂を上り続けるには適していない。ぼくたちはまず、新井から長野を目指し、約五〇キロを五時間半ほどかけて走った。そのほとんどがきつい上り坂だった。ぼくたちふたりぶんの体重と重いサイドバッグのせいでゆっくりとしか進めなかったが、それでも一定のペースを保てた。脱水症状になるのを防ぐために、頻繁に休憩を入れ、水を飲んだ。ぼくたちは、上りの合間にたまに訪れる平坦な道を、〝山からの贈り物〟と名づけた。急な上りの道がわずかな距離だけ平坦になると、その度にショウが叫んだ。「山の神様、ありがとう!」

休憩所で、少し休むことにした。アメリカから持ってきていた足のお手玉《フットバック》でキャッチボールをしたり、ショウが野球をもとにして即興でつくったルールのゲームで遊んだりした。

その日の最後の走りは、国道一八号の急な坂を下りる、長野までの一五キロだった。ずっと、ブレーキをきつく握りしめていなければならなかった。重たい荷物を積んで数時間も長くて急な坂を上り続けるのも辛いが、傾斜のきつい山道の下りでブレーキを強く握りしめているのも、それに負けないくらい辛い。腕が震え、指先が痺れた。一〇分ごとに坂道の途中で自転車を停め、指先の感覚が戻るまで腕を振り続けなければならなかった。

長野市の郊外の、交通量の多い道を走っていたとき、ショウがバッティングケージのある大きなゲームセンターを見つけた。そこで一時間ほど過ごし、ショウがゲームをしている間、ぼくはその日の宿泊場所を探した。雨が降り始めたので、近くのホテルに泊まることにした。ホテルのコインランドリーで汗まみれの服を洗い、ベッドでラドヤード・キップリングの『ラクダのこぶはなぜできた？』を読み聞かせているうちに、ぼくたちは山岳地帯での初日をなんとか終えたことに安堵しつつ、いつのまにか眠りに落ちた。

翌日の午前中、一三〇〇年以上の歴史を誇る仏教寺院、善光寺を観光した。そのあと、食堂で焼き魚定食を平らげ、自転車に飛び乗った。昨日の坂もきつかったが、今日は山の真っ只中をひたすらに登り続ける、さらに強烈なコースだ。ぼくたちは、一〇パーセントもの険しい勾配の道を合計六時間半、走り続けた(そのうち二時間は雲のなかだった)。雨が降っては止んだ。狭い道路の左手には、緑豊かな森林や山々を抱く広大な景色が広がり、右手には切り立った山が屹立していた。容赦のない重力に苦しめられ、馬鹿みたいに遅いペースでしか進めない。バランスを取るのが難しく、路上に倒れそうになるのを必死にこらえる。下手をしたら、背の低いガードレールの外側にはみ出して、奈落の底に落っこちてしまうかもしれない。猿ヶ馬場《さるがばんば》峠《とうげ》に向かうこの道を走る車はごくわずかしかないので、転落の危険性の少ない、道の中心を走るように心がけた。

脚の筋肉が痛い。雨水と汗が交じり合った雫が、ヘルメットの端からポタポタと落ち続けている。痺れた腕の感覚を取り戻すために、一五分ごとに休憩を入れた。自転車にもたれて息を整えていると、ショウが即興でおかしなダンスを踊った。

「脚は疲れてないのか？」ぼくは息も絶え絶えになりながら尋ねた。

「疲れてるよ」ショウは踊りながら答えた。

梢の奥から聞こえてくる鳥の甘い歌声と、近くの沢を流れる水の音が森に響きわたっている。ぼくたちが高く登れば登るほど、山の景色は雄大さを増していく。山脈は、果てしなく広がっていた。そしてぼくたちがこれから挑もうとしている山も、倒れた相手をまたいで仁王立ちするいじめっ子みたいに不気味にそびえ立っている。ぼくたちはただひたすらにペダルを踏み続けた。

初め、ぼくはこの日の極限の登坂におびえていた。山を恐れ、脚がいつか動かなくなるかもしれないと弱気になった。でも、この怪物のような峠を登り続けているうちに、次第に自信が湧いてきた。日本アルプスを自転車で横断するのは間違いなく過酷な挑戦だ。でも、頻繁に休憩をとり、食料と水分を補給し、前向きな気持ちを保つことで、次第に、山を越えられるはずだという確信のようなものが芽生えてきた。

終わりの見えないつづら折りの峠を這うように登っているとき、心の平穏を保つための呪文《マントラ》を思いつき、何度もそれを唱えた――「今日、ぼくは山を越える」。ぼくのアイデンティティは、山を登るという行為そのものに変わった。重力に逆らって、さらに高く登ることだけを考えた。不思議にも、これが大きな効果をもたらした。愚痴を吐いたり、峠が終わるのはいつかということばかりを考えるのではなく、ただ自転車を漕ぐことだけに集中しているうちに、ぼくは次第に無心になっていった。脚や背中、前腕の痛みや、手の痺れ、ゆっくりと回転するペダルを踏むごとに感じる足裏の鈍痛が、ぼくの一部になった。自転車で坂を登っていることが、自分自身の存在そのものになった。

ショウも力になってくれた。特に、ぼくの呼吸が乱れたときには。ショウは、ぼくが辛いときにそれを感じとることができた。「パパ、あきらめちゃダメだよ。パパならできる」

ショウが疲れ、ペダルを漕ぐ脚を止めたときは、負荷がすべてぼくの太ももにかかってきた。それでも、この五週間ずっと自転車を漕いできたことで、ぼくの身体は何時間もの登坂に耐えられるほど強靭になっていた。

ついに、猿ヶ馬場峠の頂上に到達した。思わずショウと喜びのハイタッチを交わし、しばし休憩した。数分後、心臓の激しい鼓動が収まってきたら、ようやく平和な山の音が耳に入ってきた。

下りも、上りと同じくらいきつかった。ぼくたちは、狭い道路の端から滑り落ちてしまわないように気をつけながら、急なつづら折りの坂道を下りていった。ブレーキを握る手が痺れ、腕と肩が痛んだ。視界に入ってくる美しい景色を、もっとじっくりと眺めていたかったが、安全に下ることに集中しなければならなかった。

ひと気のない山間部を抜け、山から解放されて心を弾ませながら、賑やかな国道一九号を一時間ほど走り、六時四五分に松本駅に到着した。

駅では、スギシタタケオさんと奥さんが、笑顔でぼくたちを待っていてくれた。スギシタ夫妻とその息子さんとは、前の年にアメリカの国内線の機内で知り合った。そのときショウとの日本縦断の旅の計画を話したのがきっかけで、松本の自宅に招いてもらえることになったのだ。

スギシタさんに手伝ってもらってサイドバッグを降ろし、自転車をトラックの荷台に積み込んだ。

到着したのは、日本の伝統的なスタイルの美しい住居だった。庭は手入れが行き届き、竹が植えられていた。夫妻が、畳の客間に布団を敷いていてくれた。三四歳の息子さん、ユウキがつくった美味しい料理をいただきながら、楽しい夜を過ごした。スギシタさん一家に心のこもったもてなしを受け、山越えの疲れが消えていくようだった。ショウはユウキと夢中で遊んだ。ユウキは子どもの扱いが上手く、延々と続くショウのポケモンカードのバトルにも辛抱強く付き合ってくれた。

ユウキは、アメリカに一二年間住んでいたが、最近、日本に帰ってきて、親と同居を始めたのだという。「肝臓を悪くしてしまい、治すために帰ってきたんです」ユウキは言った。

一〇時になり、ショウとぼくはお風呂をいただくと、布団に潜り込んだ。ぼくはショウに、ラドヤード・キップリングの『ゾウの鼻はなぜ長い』を読み聞かせた。ワニが子象の鼻を噛む件《くだり》を、鼻をつまみながら読むと、ショウが大笑いした。読み聞かせをしながら、ぼくが十代の頃、兄のスチュアートがこの童話を丸暗記していたのを思い出した。ナッシュビルの自宅の居間で、何度も暗唱を繰り返す兄の姿が蘇ってきた。兄の横で、うるさいなあと思っていた幼かったぼくには、それから三〇年後、自分が松本で八歳の息子に同じ話を読み聞かせることになるとは知る由もなかった。

第26章　想像以上の困難

翌朝、スギシタさんの奥さんが美味しい朝ご飯をつくってくれた。ショウとぼくは、一家の心尽くしのもてなしに感謝した。その後、ユウキに松本城を案内してもらった。ショウは大はしゃぎで城内を走り回った。天守閣で、ユウキと話をした。肝臓を患ったのは、アメリカで酒を飲みすぎたためだという。ユウキは日本で職を探し、健康的な暮らしをして、人生を立て直したいと言った。それから、彼は、ぼくたちをゲームセンターに連れて行ってくれた。一時間ほど遊んだあと、ユウキと別れた。

松本を出発し、前日とは対照的な奈良井《ならい》までの平坦な道のりを三時間半走った。途中で道路脇の林の向こうの丘に墓地を見つけて、自転車を止めた。大勢の死者について思うとき、ぼくはいつも単なる悲しみだけではない、不思議な感覚に襲われる。

「パパ、どうしたの?」

「墓地の前を通ると、悲しくなってしまうことがあるんだ」ぼくはショウの肩を引き寄せた。

ひょっとしたら、ぼくはもうユウキに会えなくなることを予感していたのかもしれない。翌年、ぼくは彼の母親から手紙を受けとった。その後、ユウキは仕事を見つけて張り切って働いていたが、肝臓の病が悪化して帰らぬ人となってしまったと、したためられていた。

ぼくは以前、東京の郊外にある墓地で、エイコの母親の墓参りをしたときのことを思い出した。ショウとサヤが、墓石にひしゃくで水をかけて、線香をあげる方法をエイコに教わっていた。

ぼくは義父の車椅子を押していた。ぼくたち家族だけではなく、エイコの兄弟や親戚も一緒で、総勢九人でお参りにきていた。

「大勢に来てもらえて、お母さんはきっと喜んでいるよ」エイコの父親が笑顔で言った。膝の上には、線香とマッチが載せてある。「特に、張り切ってお参りをしているショウとサヤを見て、嬉しく思っているだろうね」

家族から〝お母さん〟と呼ばれていたエイコの母親は、一四年前に癌《がん》で他界した。「ショウとサヤを、お母さんに一度でも会わせてあげたかったです」ぼくはでこぼこの道で慎重に車椅子を押しながら義父を見下ろした。齢《よわい》八〇歳。髪は白く、背中は曲がり、弱々しい手で車椅子の手すりをつかんでいる。

義父はずいぶん歳をとった。最初に会ったのは、ぼくが当時付き合っていたエイコの自宅を初めて訪れたときのことだった。当時まだ六十代半ばだった義父は、ゴルフが上手く、企業の役員を務めていた。一九九三年の夏、大学院の一年目を終えたぼくは、二年目が始まるまでの期間、東京で働いていた。エイコは、国連のサマー・インターンとして働くために、ニューヨークに滞在していた。ぼくたちはボストンのタフツ大学フレッチャー法律外交大学院に在学中に出会い、一〇カ月前から付き合い始めていた。ぼくを東京の実家での夕食に招待するというのは、エイコのお母さんのアイデアだった。ぼくは緊張しながらドアの前に立ち、深呼吸してから呼び鈴を鳴らした。

エプロン姿の母親が、温かい笑顔でドアを開けた。会うのは初めてだったが、彼女の目を見たら、すでにぼくについていろんなことを知っているのがわかった。

「いらっしゃい。どうぞ、お入《はい》りください」彼女は言った。なかに入ると、エイコの二人の兄のアキとヒデ、アキの妻のアケミ、ふたりの二歳の娘アリサがダイニングテーブルを囲んでぼくを待っていた。皆、丁寧な日本語で挨拶をしてくれた。父親はテーブルの上座に背筋を伸ばして立っていた。ぼくは彼が娘の新しいボーイフレンドを品定めしているのを感じ、認めてもらえないのではないかと不安になった。

父親がスーツとネクタイ姿なのを見て、ぼくは派手なストライプの半袖シャツにジーンズという格好で来てしまったことをひどく後悔した。母親は夕食の準備をするために台所に引っ込み、ぼくは父親の隣に座った。他の家族も着席した。台所に一番近い席は、母親のために空けられていた。

「ビール、飲みますか?」エイコの父が尋ねてきた。

「はい、お願いします。ビールは好きです。ありがとうございます」

父親は、表情を変えずに黙ってビールを飲んでいる。ぼくは自分に言い聞かせた。〝あんまりいいところを見せようとしたらダメだ〟。アキがぼくにビールを注ぎ、次に父親のグラスを満たしてから、手酌をした。夕食をとりながら、ぼくたちはさまざまな話題に花を咲かせた。アメリカや日本、政治、スポーツ――。ぼくはそうした会話ができるだけの日本語がなんとか話せたが、語彙《ごい》は限られ、文法も間違っていた。特に敬語が苦手で、目上の人に話すときに使うべき言葉をうまく使えなかった。

エイコの母親は、食事の間じゅう、ひっきりなしにテーブルと台所の間を行ったり来たりしていた。料理を運び、空いた皿を片付け、絶えず全員に気を配る。ぼくは何度か、彼女が台所で手を動かしながら、にっこりと微笑んでぼくの方を見ているのに気づいた。

そして一六年後、ぼくたちは彼女の墓石の前に集まっている。義父が線香を包みから取り出すのをエイコが手伝い、アキが線香の束をみんなに配った。ぼくはふたりの子どもたちと一緒に、バケツの水に浸したブラシで墓石を磨くと、一人ずつ抱きかかえて、ひしゃくで掬《すく》った水を墓石にかけさせた。幾筋もの綺麗な水の筋が、石の表面を流れ落ちていった。

次に、目上の者から先に、線香をあげていった。エイコの父が最初だった。長男が支える車椅子からゆっくりと立ち上がると、妻の墓石の前で手を合わせて拝み、目を閉じ、五秒間ほど頭を下げた。その柔らかい表情には、亡き妻への愛や喪失感、万感の思いが入り交じっているように見えた。義父は再び車椅子に腰を下ろした。

長男のアキが同じ儀式を行い、次男のヒデ、末っ子のエイコが続いた。その次はアキの妻のアケミ、そしてぼくの番が来た。

墓石の前に立ち、顎の位置で手のひらを合わせ、目を閉じた。頭をわずかに傾け、祈りを捧げた。「あなたの優しさに感謝します。もっと一緒に時間を過ごし、あなたのことを知りたかった」

エイコの母親には、数回しか会ったことがなかったが、深いつながりを感じていた。第二次世界大戦中、子どもだった義母は歯磨き粉工場で働いた。東京の空襲を生き延び、戦後、日本が米軍に占領され、貧しさに喘いでいた時代に成人を迎えた。大学には通えなかったが、学ぶことへの意欲を失うことはなく、生花の腕前は見事で、料理教室も開いていた。

エイコは母親から、自尊心を持ち、強い決意で目標を達成するところを受け継いでいる。学校の成績がよかったエイコは、十代のときに、大人になったら国連で働くと心に誓った。そして、ひたすらにその目標を追求した。東京の大学を出たあと、タフツ大学で国際関係学を学んだ。卒業後は狭き門を勝ち抜いて国連の試験に合格し、ニューヨークの国連事務局での専門職を得た。ぼくはときどき、戦時中の一九四五年に工場で額に汗して働いていた少女時代の義母は、数十年後に自分の娘が海外で活躍するようになるとは思いもよらなかっただろうと想像した。

初めて出会った頃のエイコは、独立心旺盛で、理想に燃えていた。ぼくは彼女のそんなところに惹きつけられた。墓石の前で頭を下げながら、エイコの性格は、母親を通じて培われたものなのだと気づいた。戦時中の苦しみや恐怖、欠乏のなかで育った人間として、母親は娘に、目標を持つことの大切さと、命のありがたみを教えたのだ。

墓地をあとにし、木曽谷を流れる川に沿って走った。一三〇〇年以上にわたって、山岳部の貿易路として使われてきたルートだ。その日は歴史的な宿場町として知られる奈良井で宿をとり、夜には近くの川で魚釣りをした（一匹も釣れなかった）。

翌日、高山に向けて出発した。走り始めてすぐに、ぼくたちはなぜそこが高山と呼ばれているのかを理解した。その日最初に登った峠は、勾配一〇パーセントものきついつづら折りの坂が続き、頂上に着くまでに一時間半もかかった。二日前の猿ヶ馬場峠と同じだ。太ももは痛み、手は痺れ、一五分ごとに休憩を入れなくてはならない。景色は、息を呑むほどに綺麗だったのだけど。幾度となく湧き上がってくる、本当にこの山を越えられるのかという疑念を打ち消すために、ぼくはここでもまた、「ぼくは山を越える」という呪文を繰り返した。

途中で、日本猿の群れに出会い、おそるおそる脇を通り抜けた。頂上からの景色は感動的だった。霞がかった山々の頂が、ぼくたちを取り囲むようにしてはるか先まで広がっている。下を勢いよく流れる川の音と、森の奥から聞こえてくる鳥の歌声。ぼくは目を閉じて耳を澄ました。

「ねえ、パパはどんなダンスが好き？」

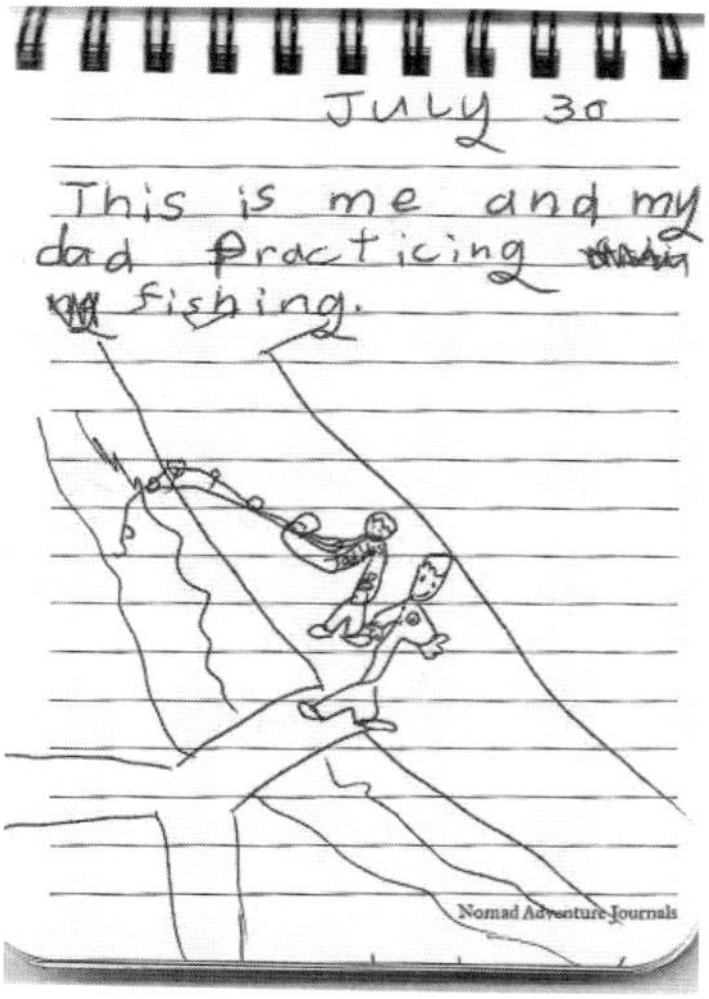

JULY 30
This is me and my dad practicing fishing.
Nomad Adventure Journals

「あとにしてくれ。今は静かに山の頂上の音を楽しもう」

一〇秒後、ショウが口でキィーキィーと意味のないノイズを立て始めた。

「こら、パパは真面目に言ってるんだ。ちょっとだけ、この平和な光景を味わわせてくれ」

ショウはうなずいたが、目はいたずらっぽく輝いていた。数秒もしないうちに、ショウが再び耳障りなノイズを発した。「今のはぼくじゃないよ。鳥だよ」ショウが言った。

ぼくは首を横に振った。これが、八歳の子どもと一緒に旅をするということだ。

その日は、高山まで行く予定だった。しかし、午後六時にその日三つ目の本格的な上りに遭遇したとき、高山にはたどり着けないと気づいた。ぼくはミスをした。その日の大きな上りは二つだけで、それ以降は高山まで楽な下り坂を進めばよいと勘違いしていたのだ。だが実際には、上り坂が果てしなく続いていた。食料はほぼ尽きていたし、暗くなって自転車を漕げなくなるまでに、あとわずかしか時間はない。

通りがかりの農家の人にキャンプ場はそう遠くないと教わったが、いくら走っても見つからない。やがて辺りが暗くなってきたが、狭く急な山道をスローペースで上り続けた。暗い山の中腹で立ち往生したくはない。ぼくは、麓の小さな村まで戻ることにした。もと来た道を一〇キロほど引き返さなくてはならない。

自転車で冒険旅行をしている者にとって、同じ道路を二度走ることほど嫌なものはない。引き返すと告げると、ショウが言った。「いつもは、ぼくがパパを困らせてる。でも、今日は逆だね」

村に戻ったとき、すでに日は沈んでいた。ぼくたちは屋外の公衆トイレの手前のアスファルトにテントを張った。得体の知れない虫がたくさんいる、理想的とは言いがたい場所だったが、狭い山道で寝るよりましだった。わずかに残っていたピーナッツや大豆バーなどの食料を貪り、空腹でお腹を鳴らしながら、眠りについた。九時間の激しいサイクリングでくたくただった。でも、少なくともぼくたちは無事だった。

豪雨が一晩中、テントを浸した。翌朝目覚めると、テントを覆ったレインカバーには二〇センチ近くも水がたまり、テント内に雨水が漏れていた。ショウがくすくす笑いながら、内側からテントの上部をパンチして水を払った。

「思っていたより降ったな」。ぼくは濡れたテントを解体し、自転車に荷物を積んだ。

「うん。朝食はどこで食べるの？」

「最初に見つけたレストランさ」。ぼくたちは走り始めた。最初は身体に力が入らなかったが、すぐに、空腹での登坂に慣れてきた。ほどなくして、峠に到達した。この一〇キロの区間を、ぼくたちは都合三回も走ったことになる。眼下には、木に覆われた美しい谷を抜ける、長い下り道が広がっていた。キャンプ場が三キロ先にあるという看板が目に入り、ぼくは思わず自転車を止め、ため息をついてかぶりを振った。

「ショウ、頂上は、昨日引き返した地点からたった一キロ先の場所にあったんだ。そして、そこから三キロ下ればキャンプ場だった。それなのに、直前であきらめてしまったんだ」

「パパ、いい勉強になったね」ショウが冷たく言い放った。

ようやく山を離れ、一時間ほど走ると、文明の兆しが見え始めた。「あった!」突然、ショウが叫び、道端のレストランを指さした。ぼくたちは店内に駆け込むと、出てきた料理をものすごい勢いで平らげた。

お腹を満たしたぼくたちは、再び走り始めた。途中、小さな町で相撲大会が催されているのを見つけ、寄ってみることにした。小学生の男の子たちのトーナメントが行われていた。驚くほど大きな身体をした大人の力士による、相撲の実演もあるらしい。

しばらく前から雨が降っていたが、土俵は屋根で覆われており、観客のためのテントも設営されていた。ショウは興奮し、トーナメントに出るために、来年もまた日本に来たいと言った。小学生の大会が終わったあと、アナウンサーが観客に向かって力士への挑戦を呼びかけた。ショウが真っ先に手を挙げ、巨体の力士の胸を借りることになった。ショウは必死になって力士を押し出そうとしたが、びくともしない力士に、コミカルな動きで弄《もてあそ》ばれた。力士は体重三〇キロのショウの身体を軽々と持ち上げると、そうっと土俵の内側に降ろした。ショウがもう一度押すと、力士の足が土俵の外に出た。わざと負けてくれたのだ。

ショウがぼくの側に戻ってきたとき、アナウンサーが、ぼくにも力士に挑戦してみないかと促した。「望むところだ」ぼくは思った。上半身裸になり、サイクリングショーツだけの姿で土俵に上がった。

ぼくは筋骨たくましい力士と向かい合った。ヘラジカのような巨体にまわしだけを身につけ、油を塗った黒髪で、昔の侍がしていたようなちょんまげを結っている。隆起した肩と首の筋肉には境目がなく、胴体は樫の木のように太い。それにひきかえ、こっちは顔と腕だけ日焼けした、細身の白人中年。笑ってしまうくらい不釣り合いな対戦だ。

サイクリングショーツ姿はカッコ悪いなあと思いながら、土俵の中央にしゃがみこみ、戦いの準備をした。足元の砂に裸足のつま先をめり込ませた。相手の肩越しに、大勢の見物客がいるのが見える。屋根で守られた土俵の外で、激しい雨が降っている。心のなかで、もうひとりの自分のささやき声がする。「なんて馬鹿なことをしてるんだ。怪我するぞ。これから佐多岬まで走り続けなければならないんだ」。でも、もう遅すぎた。たくさんの観客が土俵を囲み、テントと傘の下に身を寄せ合うようにしながら、興奮した様子でぼくに声援を送っている。あとには引けなかった。

ぼくはぎこちない笑みを浮かべながら、脇でこっちを見ている息子を一瞥した。ショウは、熱心にぼくに向かって手を振った。たった今力士に勝利したばかりの興奮が冷めやらない様子だ。だが、ぼくは土俵の上で、何かが違うと感じていた。力士は、子どもにはわざと負けてやるのだろう。だが、大人にはそのルールは適用されない。ぼくを恐ろしい形相で睨んでいる力士の顔に、そう書いてあった。

また、もうひとりの自分がささやいた。「これは遊びじゃないか。楽しめばいいんだ。むきになって真剣勝負をしなくてもいい。あっさりと負けてしまえば、怪我をしなくてすむ」

七〇キロのぼくは、おそらく相手の半分の体重しかない。しゃがんで仕切り線の前に両手をつき、目の前で顔と顔を突き合わせたとき、ぼくは思わずこうささやいて、微笑みかけた。「息子と自転車で全国を旅してるんだ。怪我をさせないで」。

だが意外にも、力士は一言もしゃべらず、にこりともしなかった。それどころか、それまでにも増して、強くぼくを睨んだ。

一瞬、彼が無反応だったことに困惑しつつ、ぼくはその理由を二つ、思いついた。一つ目は、土俵で相手に話しかけるのは、古代から続く相撲の厳格な規則に反するのではないかということ。とはいえ、彼はぼくがそのルールをよく知らない外国人だとわかっているはずだ。ぼくを無視したというよりも、単に土俵上では無言を貫くというルールに従っただけなのかもしれない。でも、二つ目に気づいた理由は、ぼくの胃を痛くさせるものだった。ぼくは日本語の使い方を間違えていた。それは文字通り痛いミスだった。軽いパニックに陥っていたぼくは、「怪我をさせないで」と言うつもりで、「怪我するなよ」と言っていたのだ。

つまりぼくは、ぼくを二つにポキリと折ってしまいかねないこの大男に、こう思わせてしまった――こういう生意気な野郎は、痛い目に遭わせてやらなくてはいけない。

しかも、息子の前で。

とんでもない状況に追い込まれた。

時の流れが遅くなった。ぼくは低い体勢から、勢いをつけて目の前の巨大な胸にぶつかって

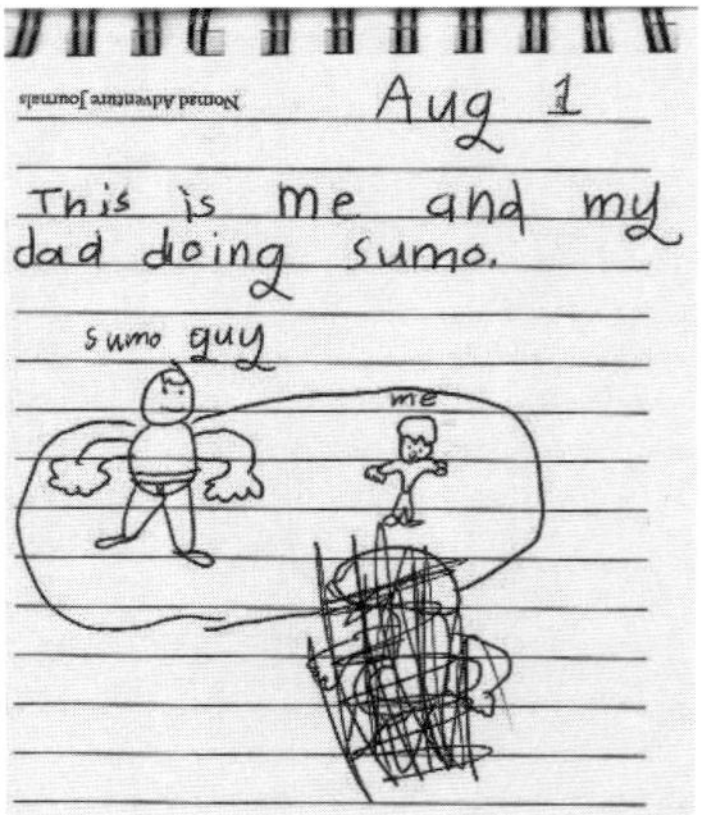

いった。相手の分厚い筋肉と脂肪をうまくかわしながら、すばやく左手で下から相手の左肘をたくってしっかりと押さえ、素早く体勢を変えて右手で相手の廻《まわ》しをつかんだ。突然、自信が湧いてきた。力士を押しながら、ぼくはこの大男に勝つチャンスがあるかもしれないという望みを抱き始めた。この逞しい力士は、弱い相手だと思っていたぼくが、あまりに機敏で強く、技術があることにショックを受けているのではないか——。

もう一人の自分が、八百長を促すボクシング・トレーナーのように叫んでいる。「負けてしまえ、負けてしまえ！」。だが、すでにぼくの闘争本能は目覚め、アドレナリンが体中を駆け巡っていた。もう、相手の身体の大きさなど気にならない。彼はもはや、ぼくの獲物だった。驚きの秘密もあった。彼は知る由もないだろうが、ぼくはレスリングの大会で優勝したことがあるのだ。もちろん、それは二〇年以上も前、テネシーの高校での話だし、階級も六五キロ級という軽量だった。それでも、身体はまだレスリングを覚えていて、感覚はすぐに蘇ってきた。ぼくは、相手の身体を思い通りに動かしていることに得もいわれぬ興奮を覚えた。相手の顔は見えないが、予想以上にぼくが強かったために、さっきまで睨んでいた目を驚きのあまり見開いているに違いない。あと少し相手をしっかりつかみ、体勢が十分になれば、彼の重心を崩して、地面に投げ飛ばせる。ぼくは全身に力を込め、巨体の重みを腰と脚で受け止めた。あと少し、あと少しで彼に勝てる。固い砂をしっかりとつかんでいる右足を素早く動かせば、相手のバランスを崩せるはずだ。一瞬の投げ技で、ぼくは力士に勝てる——。

次の瞬間に何が起きたかについては、わずかなことしか覚えていない。相手の動きが恐ろしく素早かったこと。地面に叩きつけられてびっくりしたこと。身体をひねられているときに、右足の親指に嫌な感覚が走ったこと――。ぼくは身体をつかまれ、丸二周も振り回されたあと、投げ飛ばされ、土俵にしたたかに身体を打ちつけた。脚と腕の皮膚をすりむき、土俵に倒れたぼくを、どうだと言わんばかりに、力士が上からギロリと睨んだ。

ぼくは脚を引きずりながら土俵の端に立ち、相手にお辞儀して、ショウを探した。アナウンサーがぼくの前にマイクを突き出して、陽気に尋ねた。「どうでしたか?」

「そうですね。昨日、息子と自転車で二つの山を越えました。疲れ果てていなければ、おそらく勝てたと思いますね」ぼくは冗談を言った。「あまりにも疲れていたので、早く地面に寝っ転がりたかったんです」

ぼくはテントの外に出ると、雨で身体の砂を洗った。

近くにいた人が、足と肘から出血していると教えてくれた。右の親指がズキズキと痛み、不自然な角度に曲がっている。ぼくはそれを見て、ショッキングな事態を予感した。

かぶったフードの縁から雨を滴らせながら、ショウが言った。「パパ、大丈夫?」

「大丈夫さ。少し回復の時間が必要なだけだ」。ぼくは息子の前で強がってみせようとしたが、うまくいかなかった。よろけて濡れた地面に足を置いたはずみでつま先をねじってしまい、あまりの痛みに吐き気がした。

ショウは、難しい問題にでも直面しているかのように、顔をしかめていた。「パパは、あのお相撲さんより年上だよね?」

「そうだ」ぼくは肘の血を拭きながら答えた。

「なのに、なんで負けたの？」

「いつも年上が勝つとは限らないんだ」。ぼくは仰向けに横たわり、半分目を閉じて、顔を打つ雨の感触を味わった。

ショウは答えを受け入れはしたが、ぼくを妙な目で見ていた。まるで、それまでよりもぼくという存在が複雑で、頼りないものになったとでもいうように。一瞬、遠くを見て、ショウは明るく笑った。「負けたけど、少なくともチャレンジはした。そういうことだよね？」

ぼくは片目をうっすらと開けてショウを見上げた。「そうだ。またひとつ、人生の教訓を学んだな。それからこの件は、パパからママに報告させてくれ」

そして、ぼくは思った。

足の親指を骨折した状態で、残りの距離を、どうやって走ればいいのだろう？

第27章　想像以上の困難――パート2

親指の骨折なんかで冒険を終わらせるわけにはいかなかった。近くの蕎麦屋で食事をとり、しばらく身体を乾かしたあとで、ぼくは自転車に向かって足を引きずりながら歩いた。雨はすでに止み、雲は鮮やかな青空に変わっていた。背中を丸めて地面に座り、怪我をした足を伸ばすと、首筋に強い日差しを感じた。ぼくは蕎麦屋でとってきた割り箸を折って添え木替わりにし、腫れたつま先をテープで固定した。

「これで本当に大丈夫？」側に立っていたショウが、ぼくを覗き込みながら尋ねた。

「骨がまっすぐに繋がるように、添え木で安定させることが大切なんだ」

「こういうときは割り箸がいいの？」

「いや、お医者さんなら割り箸は使わない。パパが小さかった頃、こういうのは〝貧乏人の添え木〟って呼ばれてた。でもパパは、病院の救急治療室で長い時間を過ごすなんて嫌なんだ。これでなんとかしのげるはずだ」。ぼくは少々強い口調で言った。ショウに八つ当りをしてもしょうがないのはわかっていたが、思わぬ形で怪我を抱え込んでしまった面倒と、そもそもなんで相撲などとってしまったのだという後悔が入り混じり、不機嫌になっていたのだ。シューズを履くときは痛みで思わずうめき声をあげたが、いったんシューズをクリートでペダルに固定してしまえば、なんとかペダルを踏めそうだった。

一時間半走り、高山に入った。市の中心部に近づいたとき、ショウが温泉の看板を見つけて叫んだ。「ヤッター！　ついにお風呂があったよ。嬉しすぎると、涙が出ることがあるね」

ホテルで部屋をとり、すぐに温泉に向かった。丸二日間、風呂に入っていない。とにかく湯に浸かりたかった。脱衣所でつま先のテープを剝がしたら、箸が足の親指と人差指の間のつけ根に食い込み、皮膚がすりむけていた。湯に足を浸けると、すりむいたところが痛み、思わずうめいてしまった。

後ろにいたショウが尋ねた。「お湯が熱すぎるの？」

「いや。貧乏人の添え木の副作用だ」。ぼくはそれ以降、箸を使わず、テープだけでつま先を固定することにした。骨が曲がってくっついてしまったとしても、しょうがない。

風呂のあと、ぼくは清潔で快適なベッドに潜り込み、贅沢を心ゆくまで味わった。足の親指はテープで固定し、くるぶしと肘にはバンドエイドを貼った。

翌朝は高山観光を楽しんだ。雨が降りしきるなか、ぼくたちはポンチョを着て、伝統的な木造家屋が立ち並ぶ狭い通りを散策した。なかには、一六〇〇年代に建てられたものもあるそうだ。この一帯はかつて、裕福な商人の町だった。周辺の山で木材が豊富に採れたからだ。

伝統ある商店が数多く残るさんまち通りで、酒蔵があるのに気づいた。高山は地酒処として知られている。酒蔵を見つけるのは難しくない。建物の入口に、「杉玉」と呼ばれる、杉の葉でつくった小さな玉が飾られているからだ。杉玉を探しながら通りを行けば、それは理髪店の看板と同じくらいはっきりと目に飛び込んでくる。

「まだ午前中だけど、高山で地酒の試飲ができる機会なんて、たぶんもう二度とないからな」ぼくは酒蔵の入口に向かって歩き始めた。だが、ショウが「酒蔵なんて面白くないよ。獅子舞のところに行こうよ」とぼくを引っ張り、訴えかけるような目で見上げた。獅子会館には、日本の伝統芸能である獅子舞やからくり人形に関するさまざまな展示品が飾られている。

ぼくはため息をつき、自分を哀れんだ。心のなかで、子どもっぽい声がささやいた。「ショウはいつも自分の望みを叶えている。それなのに、ぼくはしたいことができたためしがないじゃないか！」。それは、サヤが口にするようなセリフだった。ぼくはサヤとエイコのことを恋しく思った。そう、ぼくは父親だった。そして、そもそも八歳の息子と一緒にこの冒険に出たいと言い出したのは自分なのだった。要するに、ぼくには泣き言をいう資格はないのだ。

ぼくはショウの背中を軽く叩いて言った。「そうだな、アルコールを飲んでる場合じゃない。これからきつい峠越えがあるんだから」

獅子会館でのハイライトは、人形遣いが操る大きなからくり人形から、日本語と英語で「平和」と書かれた紙を、ショウが受けとったことだ。ショウは誇らしげに紙を折り畳み、サイドバッグにしまった。

「今度力士に会ったら、この〝平和〟の文字を見せよう。そうしたら相手はパパを怪我させたりしないはずだよ」。ぼくは苦笑するしかなかった。

午後の早い時間に、六〇キロ先の白川郷に向けて高山を発った。平坦な道ならそれほど難しくはない距離だが、越えなければならない山が二つも待ち構えている。奈良井から高山を目指したときの失敗を教訓にして、十分に食料を買い込んだ。山道で食べるものが尽きてしまうのだけは避けなければならない。

人里を離れて、自然のなかに入っていく。雨がパラパラと降り始め、強風が吹きつけてきた。県道七五号は、地図上では幹線道路のように見えたが、実際には寂れた山道で、路面には穴が多く、車一台分の道幅しかない区間も少なくなかった。二時間半走っても、たった五台の車としかすれ違わなかった。途中に農家の小さな集落がいくつかあったが、激しい雨に打たれながら、深い森に覆われた一番目の山を上り、下っている間、まったくと言ってよいほど人には会わなかった。

急斜面の崖を右手に見ながら穴ぼこの多い道を慎重に下っていると、ショウが不満を口にした。「みんな、どこに行っちゃったの？　あんまり誰もいないから、次に来る車が待ち遠しくなってきたよ」

「危ないから車は少ない方がいいじゃないか」

「ぼくが七五号を嫌いな理由をぜんぶ教えてあげるよ。道は急すぎるし、狭いし、濡れてるし、穴だらけ。レストランもない。人がいないから、助けてと叫んでも誰も聞いてくれない」

「そうか？　パパはこの静かな道を楽しんでるぞ。上るのは大変だけど、ショウとパパはこれまでに同じくらいきつい山を越えてきたじゃないか。それに、この美しい森はどうだ。川の流れる音に、動物の鳴き声。素晴らしいと思わないか？」

「まあね。でも、いいことよりも、嫌なことの方が多いよ」

七五号は、国道三六〇号と合流するT字路で終わっていた。三六〇号は、大勢の観光客が訪れる白川郷に通じている。それだけに、ぼくはここからの道のりは交通量も多く、食堂付きの休憩所もいくつかあるだろうと予想していた。だが、このT字路の町は、ゴーストタウンと化していた。まるで、住民が一斉にどこかに逃げてしまったとでもいわんばかりの不気味な雰囲気を醸し出している。板張りされた店の前の空っぽの駐車場を、風に吹かれた古い空き缶がカラカラと音をたてて転がっていった。映画『地球最後の男』や『28日後…』のシーンが頭に浮かんできた。建物の暗がりから、恐ろしいヒューマノイドの軍団が今にも飛び出してきそうだ。

「この町に何が起きたの？」ショウはおびえていた。

「わからない。おそらく、かつてここは、白川郷へのメインルートとして観光客相手に商売をしていたはずだ。だが、何らかの理由によって、人が立ち寄らなくなった。たぶん、別の場所に高速道路ができて、みんなそこを通るようになったからだろう」

「なんだか気味が悪いよ」

「パパもだ。だけど、問題がある。もう五時だ。白川郷に着くまでの間に、大きな山がまだひとつ残ってる。暗くなるまでに、あと二時間しかない。今日はもうあきらめて、この辺りでテントを張るという手もあるけど……」

「山を越えようよ」ショウが遮った。間違いなく、ゾンビの姿を頭に浮かべているはずだ。「今日はもう、ひとつ山を越えたじゃない。もうひとつくらい行けるよ」

無謀だとわかってはいながらも、ショウの提案に同意する自分がいた。ぼくは、きつい坂を上るときに身体を駆け巡るアドレナリンの中毒になっていたのかもしれない。それに、その日はなぜか自転車を漕ぐのを途中で止める気にはなれなかった。山に呼ばれているような気がしたからだ。その誘惑の声には抗えなかった。「よし、このまま進もう」ぼくは男らしく宣言すると、不気味なゴーストタウンを抜けて、山の頂を目指して走り始めた。しばらく前に雨は上がり、曇り空の下を心地よい風が吹いていた。道端の電光掲示板によれば、気温は二〇度。登坂には最適だ。

まさに予想していた通りの、急で狭い道だった。つづら折りの上り、勾配一〇パーセントのきつい坂。脚は思っていた以上に早く疲れた。その前の四時間の峠越えが応えているのだ。全体重をペダルにかける度に、右足の親指がズキズキと痛んだ。苦痛をはねのけているうちに、ぼくは次第に坂を上る行為そのものと化していった。「今日、ぼくは山を越える」——例の呪文を唱えながら、ペダルを踏んだ。

途方もなく険しい山道を、重たい自転車で必死になって進んだ。左手には、落ちたら命を落としてしまいそうな急斜面が見える。それが、ぼくたちの集中力を高めるのに役立った。峠はとらえどころがなく、どれくらい先にあるのか見当もつかない。はるか先から、ぼくたちを嘲笑っているかのようにも思える。

小さな集落を通り過ぎたとき、開いた窓から、十代の少女がハンガーに服をかけているのが見えた。その瞬間、危険な山の誘惑を断ち切り、今日はこの辺りでサイクリングを止めておくべきではないかという思いが脳裏をよぎった。無理をして続ければ、土俵の悲劇と同じ過ちを繰り返すことになるかもしれない。ぼくは、勝ち目のない戦いを認めるのが苦手なのを自覚しなければならない。

「すみません」ぼくは女の子に尋ねた。「この辺りから峠までの間に、キャンプ場や寝泊まりできるところはないですか?」。彼女はすぐに家の奥に消え、母親と一緒に戻ってきた。

母親は、ぼくを怪しそうに見て、きっぱりと言った。「ここから峠までの間に、泊まれるところはありません」

「そうですか。困ったな」ぼくは答えた。「息子とぼくは白川郷を目指しているんです。この調子だと、暗くなる前に山を越えられそうにないぞ」。そう、これはヒントだった。ぼくは、この親子に庭でテントを張らせて欲しいとストレートには言えなかった。テントを張るのにふさわしいような庭ではなかったというのもあるし、そもそも彼女たちは、夕暮れ時に突然現れた、子どもを連れた得体の知れないひげ面の自転車乗りなんかと関わり合いたくはないと思っているはずだからだ。

「すみません」彼女は言い、ぼくたちが立ち去るのをじっと待った。

ショウとぼくは再び峠を目指して走り出した。その日はこれ以降、もう人にも、家にも、車にも出会わなかった。太陽が森の奥に沈みかけ、影が光を覆い始めた。ぼくたちは疲れた足でペダルを踏み続けた。ショウが、道の左端を走るとガードレールの下の急斜面が恐ろしいので、右端を走って欲しいと訴えた。対向車が向かってくるレーンだが、車はまず来ないはずだ。

なかなか峠に着かないので、苛立ちが募った。ぼくは、今夜はこの山道のどこかで眠らなければならなくなったと覚悟した。唯一の選択肢は、二キロごとくらいに道路脇に設置されている待避所で眠ることだった。だが、それは極めて危険だった。夜中に車が待避所に停まろうとしたとき、ぼくたちのテントに気づいてくれるとは限らない。

ぼくは荒く呼吸をしながら、何度もショウに励ましの言葉をかけた。「そんなに遠くないぞ」「頂上はすぐそこだ!」。ショウには言わなかったが、峠ははるか遠くにあるように感じられた。しばらくすると、ショウがガス欠になり、ペダルを漕げなくなった。最初の一時間半、ショウはありったけの力でペダルを漕ぎ、急峻な山道を登るのを助けてくれた。だが、そこでエネルギーを使いきってしまったのだ。ショウは食料をかじり、自転車を降りてぼくの横を少し歩きたいと言った。ショウが再び自転車にまたがった頃、陽は沈みかけていた。もう時間はほとんど残されていない。だがぼくは力尽きていた。峠にたどり着くためのエネルギーは残っていなかった。

この峠で二時間、その前の峠で四時間も、きつい坂を登り続けてきた。もう限界だ。ショウもペダルを漕ぐことができず、疲れ果ててサドルに座り、役に立てなくてすまないと謝っている。

「心配するな。ショウはさっきまですごく頑張ってくれたじゃないか」ぼくは激しく息をしながら言った。「峠まであと少しだ。ここからはパパが頑張るよ」ぼくは自分が嘘をついたのを知っていた。影がどんどん長くなっていく。もう手遅れだった。そう、ぼくたちは負けたのだ。

勝負に勝ったのは、山だった。

第28章　白川郷

陽の光は完全に消えた。ぼくは、熊が出ないことを願った。道路脇に、テントを張れるだけのスペースのある待避所を探したが、見当たらない。容赦のないつづら折りの坂を、信じられないほどのスロースペースで上った。サドルから腰を浮かして立ち漕ぎの姿勢になりながら、なんとか車体が倒れないようにするのが精一杯で、ゆっくり歩いているくらいの速度しか出せない。目に入る汗で周りがよく見えない。ぼくは顎を引き、ハンドルバーを左右に振って勢いをつけながら、ペダルを踏んだ。その度に、フレームがギーギーとうめき声をあげた。

ショウが後ろで何か言った。疲労困憊《こんぱい》でよく聞きとれない。

「何だって？」ぼくは自転車が倒れないように、足元を見つめたまま叫んだ。

「パパ、何か見えるよ！」

顔を上げると、道路の先の左手に広いスペースがあり、木々の間から、オレンジ色の屋根が見えた。小屋だ！　標識は、そこが峠であることを示していた。

ショウとぼくは自転車を飛び降り、歓声をあげてはしゃぎ回った。「やったぞ！」ぼくは叫び、ショウとハイタッチをした。

「イエイ、ベイビー！　イエイ、ベイビー！」ショウが歌い、へんてこなダンスを踊った。

小屋の扉には鍵がかかっていなかった。室内には造り付けの簡易ベッドが二つと、テーブルが一つあった。ハンガーまであった。これで、汗で濡れた服を乾かせる。ぼくたちは懐中電灯で辺りを照らしながら中に荷物を入れて、テーブルに広げた。快適な屋内で食料を食べながら、ぼくたちはこれまでで一番きつかった走りを終えたことを祝福した。

「絶対に着けると思ってたよ」おにぎりを食べながらショウが言った。

一時間後、木製の固いベッドの上で、脚の筋肉がピクッと痙攣して、目を覚ました。ショウはぼくの胸に片手を置きながら、満足そうな笑顔を浮かべて眠っている。ぼくは優しい山の音を聞きながら、再び深い眠りに落ちた。

翌朝五時四五分。ぼくは、明るい朝の日差しで目を覚ました。ショウがまどろんでいる間に小屋を出て、雄大な景色のなかで、鳥の歌声や、木々が風にそよぐ音を聞いた。夜明け前の灰色の空が、次第にオレンジ色に染まっていく。

自転車に荷物を積んでいると、緑色の制服と登山靴という姿の、年配の森林管理人が、トラッ

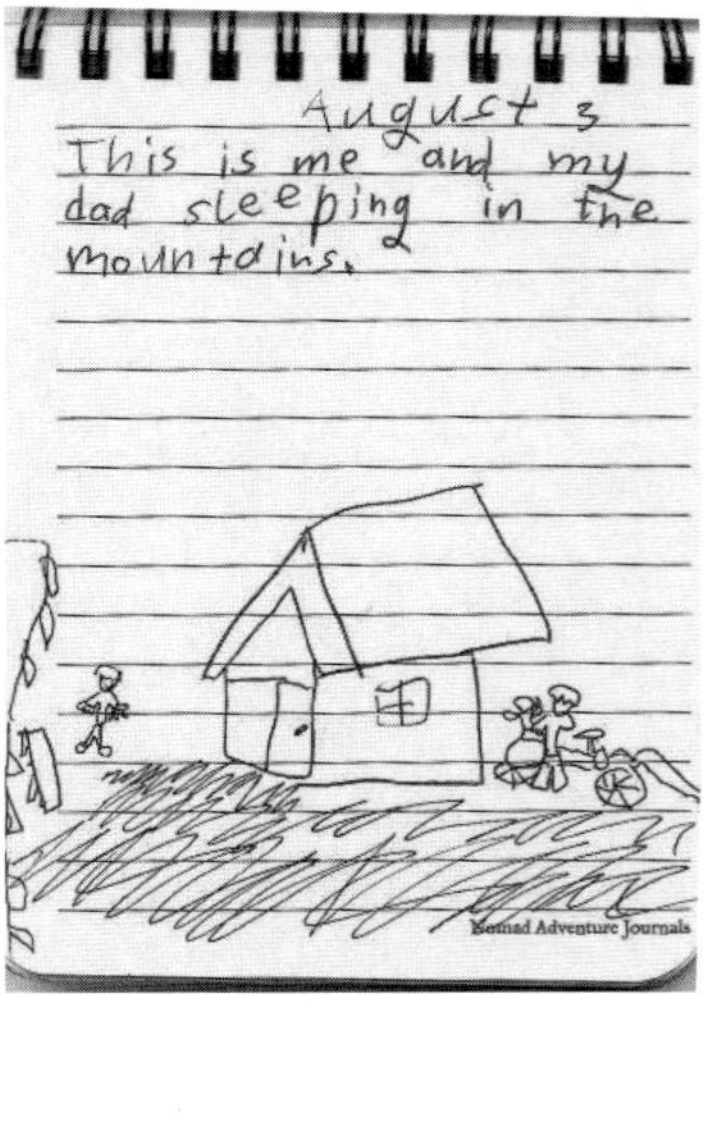

クに乗ってやってきた。

「おはようございます」彼は灰色の髪を風にそよがせながら、丁寧にお辞儀をして言った。

「おはようございます！」ぼくは言い、昨晩、小屋を使ったことについて説明した。「昨日、白川郷を目指して自転車に乗っていたのですが、日が沈んでしまったのでここに泊まらせてもらいました。問題なかったでしょうか？」

「まったく問題ありませんよ。この小屋は、そういう人たちに使ってもらうためのものなのですから。鍵をかけていないのもそのためです。快適に過ごせましたか？」

「ええ、快適でした」

「息子さんも一緒に自転車で山を登ったのですか？」

ぼくがうなずくと、彼は感心しつつも、信じられないといった様子でショウを見た。「逞しい子どもだね。ところで、下りには注意してください。最近、何度か落石がありました。それから、上りよりも道幅が狭くなっています」

岩の破片を踏まないように気をつけながら山道を下ったが、案の定、後輪のタイヤがパンクしてしまった。修理をするぼくの横で、ショウは辛抱強くじっと座っていた——ニンテンドーDSで遊びながらではあったけど。

狭く急な山道を慎重に下り終えると、白川郷が近づいてきた。分厚いかやぶきの特徴的な屋根の農家が見える。合掌造り《がっしょうづく》りとして知られるこの様式は、この地域の豪雪に耐えるように設計されたものだ。険しい山道が終わったと思ったら、突然、カメラを携えて村を歩き回る何百人もの観光客の真っ只中にいる。観光客は、ぼくたちの変わった自転車を見て感嘆の声をあげ、カメラを向けた。

「ここはなんていう場所だったっけ?」ショウが言った。

「白川郷だよ。世界遺産に指定されている、人口約一七〇〇人の村だ」ぼくはガイドブックを取り出した。「奥深い山岳地帯にあるこの村は、昔ながらの合掌造りの集落が残っていることで知られている。以前は桑の栽培や養蚕《ようさん》がさかんだった。角度のきついかやぶき屋根の家並みは、日本ではこの地域にしか現存していない」

ショウとぼくは、一般公開された伝統的な家屋のいくつかを見学して、この小さな村で午後を過ごした。観光客か店の従業員以外の姿は、誰も見かけなかったと思う。

この日は、伝統的な日本料理を味わえる、小さな旅館に泊まることにした。浴衣に着替え、他の宿泊客が大勢いる畳敷きの広間で座布団の上に座った。目の前には、豪華な料理が美しく盛りつけられている。

半袖の白い綿のシャツと茶色いズボン姿の白髪の従業員の男性が、ぼくたちの卓のところにきて、畳に膝をつけた姿勢で言った。

「ようこそいらっしゃいました。当館にお越しくださり光栄です」男性はお辞儀をした。「当館のオーナーから、お客様が全国を自転車で旅しておられることを聞きました。びっくりしまし

たよ」

ぼくは頭を下げて言った。「ありがとうございます。食事がとても美味しいです」

男性が旅について尋ねてくれたので、ぼくたちは喜んで話をした。できる限り日本の世界遺産をたくさん見たいと考えていること、そのためにこのルートを選んでいることを伝えると、男性は「白川郷が世界遺産に登録されたままであって欲しいのですが」と意味ありげにつぶやいた。

「どういう意味ですか？」ぼくは尋ねた。

「白川郷や五箇山《ごかやま》などの村は、それまでも観光地ではあったのですが、一九九五年に世界遺産に登録されて以来、格段に観光客の数が増えました。おかげで地元の経済は潤いました。これは喜ばしいことです。しかし、大勢の観光客が訪れることで、伝統的な家屋が傷むこともありました。駐車場付きの土産物屋に姿を変えた家屋もあります。国連の世界遺産登録の目的は、文化遺産や絶滅が危惧される大自然を保護することであり、そこを観光地にしてしまうことではありません。このままでは、国連が登録を取り消すのではないかという噂もあります。地元の人間としては、経済が活性化するのはありがたいことです。でも同時に、昔ながらの素朴な暮らし方が消えていこうとしていることに、不安も覚えています」

「豊かな経済と、昔ながらの暮らし――あなたはどちらを優先させるべきだと思いますか？」

ぼくは尋ねた。

「そうですね、どちらも大切です」。男性はそう言って、卓を後にした。ショウとぼくは再びおいしい食事に集中した。

翌朝、ぼくたちは「郡上《ぐじょう》おどり」で有名な、郡上八幡に向けて出発した。すでに日差しは、照りつけるように熱い。いきなり、庄川沿いの三〇分もの上りが続いた。その先には大きなダムがある。

「今日は平らな道だって言ってたじゃない」ショウが不満を言った。

「ほ、ほ、ほとんど平らだって言ったのさ。ダムの向こうにある湖まで行けば、あとは緩やかな下り坂だ」

一週間も山道を走ったあとなので、平坦なコースはありがたかったが、三四度の暑さには参った。午後三時、ショウとぼくは汗だくになりながら郡上八幡に到着した。ぼくたちは人に道を尋ねながら、石橋を渡り、狭い路地を抜けて、郡上おどりが催される地区に行った。夜の祭りに備えて、あちこちに提灯《ちょうちん》が飾られている。近くの旅館に泊まることにし、部屋に入ると、すぐに浴衣とスリッパに着替え、温泉で汗まみれの身体を洗った。水風呂に浸かってみたら、あまりの冷たさに鳥肌が立った。でも構わない。ずっと身体を冷やしたかったのだから。

夕暮れ時になると、通りは大勢の人が集まり、祭りの雰囲気が高まってきた。道行く人々は、色鮮やかな浴衣を着て、石畳の道に心地よい下駄の音を響かせている。

太陽が山の後ろに隠れてからすでに一時間ほど経過していたが、まだひどく蒸し暑く、汗が噴き出してきた。ショウは夜店の前を興奮して走り回っている。屋台では、さまざまな軽食が売られていたり、百円程度でゲームが楽しめたりする。ショウのお気に入りは、小さな網で、浴槽のなかの金魚を掬い上げるというゲームだった。素早く掬わなければ、紙でできた網は簡単に破けてしまう。ショウが何度か失敗すると、優しい女性店主が網をただでひとつくれた。「もう一回やってごらん。速く手を動かさなきゃダメよ」。ショウは赤い金魚を一匹掬い上げることに成功し、誇らしげに金魚を笑顔の女性に見せた。

そうこうしているうちに、踊りが始まった。大通りに設置された屋形で、浴衣姿の囃子《はやし》の一団がリズミカルな伝統音楽を奏で、その曲が大音量のスピーカーで辺りに響きわたっている。年配の男性が笛を吹き、年配の女性が三味線をかき鳴らし、若い男性が太鼓を叩き、マイクを持った歌い手が熱唱していた。大勢の人々が長い列をつくりながら、何度も何度も手と足で同じ動きを繰り返しながら、通りを歩いていく。踊りには誰でも参加できる。ほんのしばらく様子を見たあと、ショウとぼくも踊りに加わった。

ようやく少しだけ踊りを覚えたと思ったら、曲が変わり、さっきとはまったく別の振り付けで踊らなくてはならなくなった。隣の人たちを真似てなんとか踊れるようになったと思ったら、また曲が変わった。ぼくは痛めている足の指を誰かに踏まれ、思わず「ワオ！」と大声で叫んだ。ぼくが喜んでいると勘違いしたショウが、その声を真似て叫んだ。「ワオ！　楽しいね！」

誰も、ぼくたちの下手な踊りを気にしていなかった。青と赤の浴衣姿の、鉢巻を巻いた地元の子どもたちがぼくたちに近づいてきて、踊りを教えてくれた。笑顔でぼくたちを囲み、辛抱強く、「いち、に、さん、しー、いち、に、さん、しー」と掛け声をかけながら、手本を示してくれる。子どもたちはとても優しかったが、一緒に踊りながら、ぼくは少々気恥ずかしかった。ショウの方がぼくよりも早く、上手く踊れるようになっていたからだ。

踊りは一〇時半に終わった。踊っている間に知り合った人たちとしばらくおしゃべりを楽しんだあと、若者たちが通りの突き当たりの駐車場にローラー付きの屋形をしまうのを手伝った。さっきまでお囃子と大勢の人で賑わっていた通りは急に静かになり、虫の鳴き声が聞こえるばかりだった。

第29章　京都の花火事件

翌朝、ぼくたちは関市を目指して、郡上八幡を出発した。この日のサイクリングは、国道一五六号を四〇キロ進めばよいだけの、楽なものだった。寂れた山道をずっと走ってきたので、交通量の多さが気になった。とはいえ、日本アルプスの東側の背を海に向かってなだらかに降りていく道は、走りやすかった。大きな川の上空を、何羽もの黒い鵜《う》が大きな翼を広げて旋回し、急流を泳ぐ魚を狙っている。それに負けじと、防水のつなぎを着た漁師たちが、きらめく川面に太ももまで浸かり、長い釣竿を操っている。

川沿いを快適に走りながら、ほっとした気持ちになっていた。一週間もの途方もなくきつい山越えを終えたばかりなのに、こんなにも力強く走れている。

ぼくは後ろのショウに聞こえるように大声で叫んだ。「日本アルプスを越えることができたんだから、佐多岬までの道のりは楽なもんだ！」

「イエイ、ベイビー！」ショウが叫んだ。しばらくして、ショウが尋ねた。「今日はどこを目指してるの？」

「関市《せきし》だ」

「セクシー?」ショウが驚いて言った。「市の名前がセクシーなの?」

「違う。セキ・シティだ。〝市〟は日本語のシティなんだ」

ショウが言った。「市の名前を、恥ずかしくないものに変えるべきだよ」

郊外で、関市でぼくたちの世話をしてくれることになっている、カメヤマケンゴさんと合流した。日本政府観光局のニューヨーク事務所に勤めている息子さんが、ぼくたちが関市に着いたときに父親が世話をするように手配してくれたのだ。カメヤマさんの赤い原付の後ろをついて一五分ほど走り、彼の自宅に到着した。ぼくたちを取材したいという地元の新聞記者も待っているという。奥さんと、サヤと同じくらいの年頃の、愛くるしい孫娘が出迎えてくれた。ぼくはサヤに会いたくてたまらなくなった。

ぼくたちは新聞記者の女性から、二時間かけてインタビューを受けた。彼女は特に、ショウの話に興味津々だった。「日本を自転車で縦断しようと思った理由は?」メモ帳とペンを手にした記者がショウに尋ねた。

「日本にはすごいゲームセンターがたくさんあるからです!」

「他には?」

ぼくは期待を込めてショウを見た。長い間、この冒険旅行を続けていることを誇りに思っていると話してくれるかもしれない、国連の環境チャリティーに協力していることを説明してくれるかもしれない——。

だが、ショウはあっけらかんと答えた。
「ありません」
インタビューが終わると、カメヤマさんが、湯船から美しい森の景色を眺められる、蒸し風呂や泡風呂もある大きな温泉に連れて行ってくれた。風呂あがりに、ぼくたちはラウンジでマッサージチェアの快楽に身を委ねた。筋肉痛の全身を機械に強く揉《も》まれ、叩かれて、痛さと気持ちよさでぼくの眉間にシワが寄った。カメヤマさんが風呂代を払ってくれた。ぼくは財布を出そうとしたが、カメヤマさんにうまくいなされてしまった。

夕食がぼくたちを待っていたが、カメヤマさんはショウのリクエストに応じて、家に戻る前に近くのゲームセンターに寄ってくれた。コンピューターがつくりだすファンタジーランドで、ぼくたちは四五分ほど過ごした。

ショウがゲームで遊ぶのを見ていたら、突然、頭がフラフラして、気分が悪くなってしまった。新聞の取材を受け、風呂から上がるまでの間、何も食べていなかったからだ。毎日、長時間自転車に乗っているので、身体がこまめな栄養補給を求めるようになっていたのだろう。ゲームセンターを出て、向かいのミスタードーナツに入り、カボチャ味のドーナツを三つ貪ったら、かなり気分がよくなった。

August 4
This is me and my dad at a game center.
for girls

帰り道、関市の中心街を走る車のなかでカメヤマさんが言った。「シャッターを下ろした商店が多いでしょう。この二〇年、日本経済は低迷してきたので、全国の小さな市町村は苦しんでいるんです」

家に着くと、奥さんがご馳走をつくって待っていてくれた。すき焼きに刺し身、鶏の唐揚げ、野菜の煮物。ドーナツは食べたが、ぼくの食欲は微塵《みじん》も落ちていなかった。ショウとぼくは、美味しい料理をたらふく食べて、夜遅くまで話に花を咲かせた。

翌朝も、カメヤマさんの奥さんが、豪華な朝食をつくってくれた。九〇キロ先の彦根市に向けて出発する前に、昨日とは別の地方新聞の記者の取材を受けた。写真を撮られているときに、ショウがぼくにささやいた。「たくさんの人がぼくたちのことをすごいと言って騒いでいるけど、ぼくは自分が特別だとはまったく思わないよ」

「そうだな。でも、こんな冒険をしているショウと同じくらいの年頃の子どもは、めったにいないと思うぞ。ともかく、ショウが注目されていい気になったりしていないのが、パパは嬉しい。そんな子どもと一緒に日本中を走りたくはないからな」

ふざけてぼくを蹴ったショウの足が、誤ってぼくのつま先に当たった。ぼくは顔を歪《ゆが》めて声を上げた。「動かないで下さいね。もう一枚撮りましょう」新聞記者が言った。

関市を出て走り始めたぼくたちを、強い雨が濡らした。それでも、気温は三〇度と高かったので、雨具をつけなくてもすんだ。北海道を走っていたときは雨が降ると寒くて震えたものだが、今は雨が身体を冷やしてくれるのが心地よい。やがて雨はあがり、空は綺麗に晴れわたった。温かい風が、ぼくたちの服を乾かしてくれた。

　大垣市のコンビニで休憩をとった。「ショウ、松尾芭蕉《ばしょう》を知ってるかい？」ぼくは言った。

「誰？」

「有名な俳人だ。一六〇〇年代の後半に、徒歩で日本全国を旅して、その体験を書いた。今ショウとパパがいるこの市は、芭蕉が有名な『おくのほそ道』の旅をしたときの目的地だったんだ。彼のよく知られた句がある。

古池や蛙《かわず》飛び込む水の音

日本人なら誰でも、この俳句をつくったのが芭蕉だってことを知っているんだよ」

「どういう意味？」ショウが尋ねた。ぼくは翻訳した。

An ancient pond
古い池に
a frog jumps in
カエルが飛び込んだら
the splash of water
水が撥ねる音がした

「古い池にカエルが飛び込んだ——。それがどうしたっていうの？」

「この句の解釈には諸説ある。パパにはそのうちのどれが正しいかはわからないけど、ともかく芭蕉は、自然との深い結びつきを感じていたんだと思う。池に飛び込む蛙のような、ごくありふれた光景にも、よく観察すれば、宇宙の神秘が隠されているってことがわかると言いたかったんじゃないかな」

ショウは口をぽかんとあけて、ぼくを見つめた。「どういうこと？」

「ショウが大学で哲学と詩のクラスをとったときに、この俳句についてまた話し合おう。他にも面白い話がある。芭蕉は本名じゃない。バナナの木の名前からとったペンネームなんだ。芭蕉は旅が好きだった。ちょうどショウとパパがしているような旅だ」

ショウはさも興味がありそうな顔をしてうなずいていたが、ぼくには自分の薀蓄《うんちく》話が、ショウの右の耳から左の耳に抜けていくのがわかった。

ぼくたちは再び走り始めた。ペダルを踏みながら、ぼくは芭蕉を自分に重ね合わせていた。彼は四〇歳のときに最初の旅に出た。ちょうどぼくが、ショウと日本縦断の旅をしようと決めた歳だ。また、芭蕉は自然からインスピレーションを得ていた。ぼくも旅日記に、目にした美しい自然を記そうとしてきたが、いつも言葉が足りなくて歯がゆい思いをしていた。芭蕉も言葉と格闘していた。彼は五〇歳の若さでこの世を去った。人生でどうしてもしたいことがあるのなら、今すぐにでも実行すべきだとあらためて思う。

ぼくたちは彦根に到着し、翌朝、彦根城を観光したあと、日本の古都である京都に向かって出発した。猛烈に暑く、頻繁に水を飲まなければならなかった。琵琶湖岸に沿って走りながら、美しい景色を楽しんだ。琵琶湖は、外周が二〇〇キロ近くある巨大な湖だ。

「海の側を走っているみたい」ショウが言った。

この日のルートも、交通量が多く、ぼくたちはびくびくしながら狭い道の端っこを走らなければならなかった。琵琶湖大橋では、歩道を走れたのでほっとした。高くそびえる橋を渡ると、琵琶湖の南西にある大津市の浜大津駅の前に着いた。ここから、京都を目指して西の山を越える。駅前の通りには、艶《あで》やかな着物姿の人が大勢歩いていた。どうやら、夏祭りが行われるようだ。一時間後に京都に到着するまで、大津方面に向かう車の長い渋滞の列が途切れることはなかった。道行く人に尋ねると、夜の七時半から、琵琶湖で大きな花火大会があるのだという。

ぼくはショウに言った。「まず宿を探して、それから浜大津まで花火を見に行こう」

周りを山に囲まれている京都までの道のりも、前の週に日本アルプスを横断してきたばかりのぼくたちを怯《ひる》ませるようなものではなかった。市内のホテルにチェックインし、シャワーを浴びると、電車で約三〇分のところにある浜大津に戻った。ぼくたちはこれから目にするであろう見事な花火を想像し、わくわくしていた。

「柏崎の花火を覚えてる?」ショウが言った。「絶対に、今日の花火の方が一〇倍すごいはずだよ!」

目的地に近づいたとき、窓の外で大きな爆発音が聞こえた。ぼくたちは他の乗客と一緒に、窓越しに綺麗な花火を眺めた。電車が到着した。すごい人混みで、どこに行けばいいのかわからない。大勢の警官がメガホンで人々に指示を出している。出口をいくつか見つけたが、すべて警官がブロックしていた。夜空に光が反射し、爆発音が聞こえる。せっかく近くで打ち上げられている花火を、このままでは見られない。一五分ほど右往左往したあとで、出口を塞《ふさ》いでいる警官に掛け合ってみた。曰く、花火大会がもうすぐ終わるので、観客を駅の方に誘導しているのだという。ぼくは彼にお願いして抜け道をつくってもらい、人の流れとは逆の方向に歩き出した。建物が邪魔をして花火はよく見えない。ショウを肩車したが、それでもダメだ。湖岸の方にさらに近づこうと歩き出したが、あまりにも大勢の人が駅の方に向かって歩いてくるのを見て、不吉な予感がした。ぼくは嫌がるショウの手を引っ張り、駅に向かって戻ることにした。花火大会は唐突に終わり、辺りは静まりかえった。すぐに大量の群衆が駅に向かってUターンし始めた。警官が大声で進むべき方向を指示している。信じられないほどの混雑だ。自然災害に遭って逃げ惑う群衆のように、走って駅を目指す人もいる。

「みなさん、ここで止まって下さい」。警官が拡声器で指示を出すが、後ろからは人の波が押し寄せてくる。ぼくたちはサンドイッチ状態になり、群衆のなかに閉じ込められた。ただでさえひどく蒸し暑いのに、人に挟まれてひどく息苦しい。ショウが、喉が渇いたと言うので、ぼくは三分の一ほどの水が残っているペットボトルを渡した。「ここでどれくらい立ち往生するかわからない。水はこれしかないから、少しずつ飲むんだ」

駅の通路は遅々として進まない群衆でいっぱいになった。さらに何千人もの人々が、階段や通りから駅に向かっている。人の波に引っ張られたショウと、危うくはぐれそうになった。ぼくは両手でショウを引っ張った。「流れに逆らわず、みんなと同じ方向に進むんだ。絶対にパパの手を離したらダメだ」

京都を出るとき、帰りの切符を買っておいたのは正解だった。プラットホームに進んだぼくたちは、さらに二〇分待ち、ようやくギュウギュウ詰めの電車に乗り込むことができた。ぼくは時計を見て言った。「二時間浜大津にいて、花火は一〇分しか見れなかったな」

「そうだね、パパ。大失敗だった」ショウが言った。

ぼくは言った。「今日の出来事を、〝京都の花火事件〟と名づけよう」

第30章　台風がやってくる

京都は、千年以上にわたって日本の都だった。ここは、由緒ある庭園や寺院、神社、御所、劇場に恵まれた、伝統と神秘に彩られた都市だ。見どころが多すぎて、観光客はどこを訪れるか迷う。清水寺の舞台からの眺望。三十三間堂の一〇〇一体もの黄金の仏像（ひとつとして同じ形をしたものはない）。平安神宮の朱色の歩廊《ほろう》、巨大な鳥居、広大な中庭。物思いにふけりながら歩く哲学の道。閑静な銀閣寺と周辺の山道――。

ぼくは京都観光のために、一日休みをとることにした。そして、その日の午前中、ぼくたちが行った場所は――ボーリング場だった。冗談ではなく、本当に。

〝休日のささやかな楽しみ〟をねだるショウの子犬のような目を見て、ぼくはノーと言えなかった。一カ月半もきついサイクリングに耐えてついてきてくれた息子に、せめてそれくらいの願いを叶えてやるのは当然かもしれないと思ったからだ。

ボーリングを終えて自転車を停めていた場所に戻ると、黄色い紙の警告札がハンドルに貼られていた。漢字で細かく書かれた文字のすべてを読むことはできなかったが、主旨はわかった。

ぼくたちは違法駐車をしていたのだ。ゲームセンターの前の駐輪場がいっぱいだったので、近くの路地の道路標識の柱に自転車をロックしていた。

ぼくは通知をくしゃくしゃに丸めると、ショウに言った。「ほんの数日前、ぼくたちは日本猿や霧に囲まれてアルプスの山道を走っていた。それが今、自転車を駐車する場所がなくて困っているとはね」

ぼくたちは自転車で京都を散策することにした。荷物を積んでいない自転車は拍子抜けするほど軽く、見どころの多い市内を軽快に走れた。建築だけではなく、道行く人々を観察するのも面白かった。着物姿の舞妓《まいこ》さんの二人連れも見かけた。鮮やかな青のかんざしで髪を結い、カラフルな日傘をさし、厚底の下駄を履いて、よろめくような独特の歩き方で石畳を歩いている。舞妓は、毎月髪飾りを変える。もしぼくたちが九月にここに戻ってきたら、彼女たちは秋の始まりを意味する、桔梗《ききょう》の花かんざしをつけているはずだ。白塗りの化粧と真っ赤な口紅のコントラストが、雪に垂れた血のように際立っている。ふたりの舞妓は、地味なスーツ姿のビジネスパーソンや、ブルックリンのヒップスターのような服を着た携帯電話片手の十代の若者たちといった、雑多な人々が行き来する人混みに消えていった。

京都では、いたるところで外国人の姿を見かけた。それまでの六週

間を通じて、自分たち以外はすべて日本人という環境に慣れきってしまっていたのかもしれない。ぼくたちは、他の外国人がいるという状況に、奇妙な居心地の悪さを覚えた。

屋台ではいろんな食べ物を買ってみた。ショウのお気に入りは、串に刺したキュウリだった。キュウリには、夏場に身体を冷やしてくれる効果がある。清水寺に向かう途中で通りすがりの男性に道を尋ねると、親切に行き方を教えてくれた。彼は最後に心配そうに言った。「でも、寺までは急な登りですよ。自転車で行くのはきついかもしれません。子どもさんと一緒なら特に」

ショウが言った。「ぼくたちがどこから来たか知ったら驚くよ！」

翌朝の朝食で、ぼくは言った。「ショウ、今日は奈良まで四五キロ走ればいいだけだ。時間はたっぷりあるから、午前中に京都をもう少し観光できるよ」

「ビリヤードをしよう！」ショウが言った。「ボーリングをしているときに、ゲームセンターにビリヤード台があるのを見たよ」

「冗談はやめてくれ」ぼくは言ったが、ショウの訴えかけるような視線に、二日連続で負けてしまった。「わかったよ。でも奈良に着いたら、ゲームセンターじゃなくて、最初に東大寺に

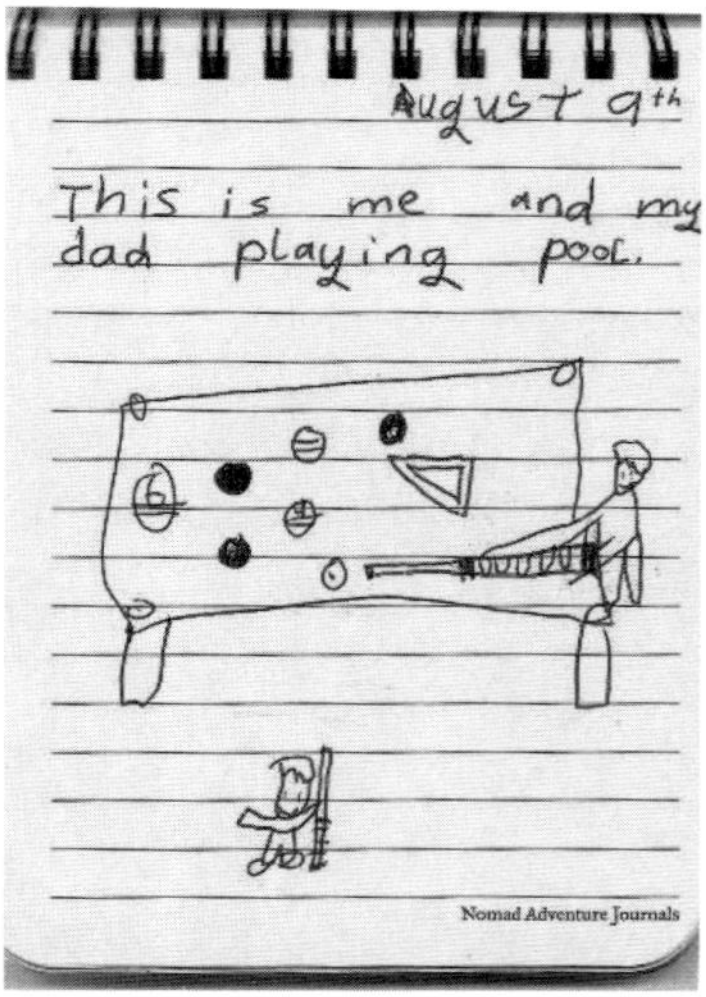

行こう。わかったな？」

「わかった！」

　ビリヤードを切り上げ、奈良への出発の準備をしていると、携帯電話が鳴った。

「もしもし」ぼくは言った。

「もしもし！　アキです」。エイコの兄で、妻のアケミ、十代の娘のアリサと一緒に東京に住んでいるアキだった。「アケミと伊勢に週末旅行に来ているんだ。奈良まで行けば、チャールズとショウ君に会えるかもしれないと思って。奈良までは数時間かかりそうなんだ。夕方には東京に向けて出発するから、短い時間になるけど、どうかな？」

「それはいい！」ぼくは言った。「だけど、ぼくたちはまだ京都なんだ。今出たら、三時半くらいには着くと思う」

「それなら、一時間半くらい一緒にいられるね」

「よし、決まりだ。奈良で会おう」

　ぼくたちはすぐに京都を離れ、混雑した道路に沿って奈良に向かった。交通量が少なくて走りやすいルートもあったが、できるだけ早く奈良に着くルートを選んだ。奈良市の中心部に到着すると、二人が車から飛び出してきて、再会を心から喜んでくれた。身内と会えてとても嬉しかった。

　急いで近くのホテルにチェックインし、アキの運転する車に飛び乗ると、東大寺のある鹿で有名な奈良公園に向かった。神道では、鹿は神の使者だと考えられている。この少しばかり厄介な動物は、観光客のいる境内《けいだい》を自由に歩き回っている。境内では鹿の餌を買えるが、その前に心構えが必要だ。餌を買うとすぐに、鹿が周りに集まってくるからだ。ぼくは腰の辺りを噛まれ、ちょっとしたあざをつくってしまった。逆に、この恐れを知らない動物への対応が素早すぎたショウは、餌を肩越しに落としながら、東大寺に向かう道を走っていった。その後ろを、空腹の鹿たちが一列になって追いかけていく。ハーメルンの笛吹き男みたいだ。

　東大寺のなかを見る時間がなかったので、ショウとぼくは翌日にあらためてここを訪れることにした。アキとアケミにホテルに送ってもらい、名残を惜しみながら別れの言葉を交わした。ふたりの乗った車を見送っていたら、ふいに強烈な孤独感と悲しみに襲われた。エイコとサヤが恋しくてたまらなかった。すでに、六週間も妻と娘に会っていない。そして、ふたりに会えるのは、三週間も先なのだ。松尾芭蕉も、旅立ちの前に、ぼくの気持ちを代弁するような言葉を残している——「行くものゝ悲しみ、残るものゝうらみ、隻鳧《せきふ》のわかれて雲にまよふがごとし」

　その夜、ベッドでショウに読み聞かせをしていると、携帯電話が鳴った。誰からかはすぐにわかった。東京に住む義父だ。旅の初日から、一日置きに、午後九時ちょうどにかかさず電話をかけてくる。一五年前に初めて会ったときには、ぼくは義父にがっかりされ、認められてい

ないと思った。だが今は、深い愛情でつながっているのを感じる。通話はいつも手短に終わる。それは毎回、二つの同じ質問から始まる——「今どこにいる？」と「何か問題はないか？」だ。最近、もう一つの質問が追加された——「怪我の調子はどうだ？」

「大丈夫です」ぼくは嘘をついた。足指の痛みはまだ引いていない。痛みを感じる度に、相撲大会での愚かな判断が悔やまれた。

「明日はどこに行くんだ？」

「高野山《こうやさん》に行き、宿坊《しゅくぼう》に泊まる予定です。どんな体験ができるか、楽しみです」

義父が困ったような声で言った。「そうか、それはちょっと心配だな」

「どうしたんですか？」

「明日高野山を目指すなら、接近中の台風に向かって走ることになるよ」

第31章　高野山

翌朝、宿の外で激しい雨が降りしきるなか、ショウとぼくはどうすべきかを話し合った。台風は日本列島を東に向かって進んでいる。結局、奈良でもう一泊することにした。

「パパ、本当にぼくたちは自転車に乗れないの？　今まで雨のなかをいっぱい走ってきたじゃない」

「雨と台風はまったく別物なんだ。雨だとずぶ濡れになる。だけど、台風だと自転車は吹き飛ばされるし、頭蓋骨も割られちゃうんだ」

ギョっとしているショウに向かって、ぼくは続けた。「だけど、今の台風の進路からするに、日帰り旅行ならできそうだ。ここから一五キロほどのところにある法隆寺に行ってみよう。今回の旅で訪れたかった世界遺産のひとつだ。七世紀から八世紀にかけて建立された寺院で、日本最古の木造建築と言われてる。法隆寺まで自転車で行って、昼食をとり、午後の早い時間に戻ってこよう」

「日本には、木でつくられたもっと古い何かがあるはずだよ」ショウが言った。「たとえば、犬ものすごく古いってことだ」

「このガイドブックは、日本最古の木造建築のひとつと書くべきだったかな。まあともかく、小屋とか」

ぼくたちは雨のなかを走り、全身から水を滴らせて法隆寺に到着した。寺の建造物は長方形の中庭に配置されていた。ぼくたちはその周りを歩いた。ショウは、「建物の入口にある幅広の階段からどれくらい遠くまでジャンプできるか」「屋根から落ちてくる雨水でどれくらい髪を濡らせるか」という遊びを考案して楽しんでいた。観光スポットのほとんどは、建物の外側からでも楽しめたので都合がよかった。神聖な木製の廊下に、濡れた足跡を残しながら歩くのは気が進まなかったからだ。

高さ三〇メートルもある五重塔が、中庭にそびえ立っていた。五つの屋根の先端から、滝のように大量の雨水が流れ落ちている。

「パンフレットによれば、五重塔に使われている木材を科学的に調べたところ、五九四年に伐採されたものだということがわかったらしい」ぼくは言った。

「そんなに古いのに、なかなかいいね。パパも古いけど、パパよりいい」ショウが笑った。

十分に観光を楽しんだ頃には、服もかなり乾いていた。昼食は近く

の蕎麦屋でとった。注文した料理が出てくるまでの間、ショウが割り箸入れを三角形に折り曲げてつくった紙のボールを使って、テーブルで〝アメリカン・フットボール〟ゲームをして遊んだ。ショウのお気に入りのレストランでの時間のつぶし方だ。最近では腕前もかなり上達して、テーブルから落とさないように、ぎりぎりのところまでボールを弾いてタッチダウンをとれるようになっていた。思い切りボールを弾くフィールドゴールキックも得意なのだが、このプレーには問題もある。この日も、隣のテーブルに座っていた人の膝までボールを飛ばしてしまった。彼らは笑顔でボールを戻してくれたが、これ以上迷惑はかけられない。「これからは、フィールドゴールなしのルールにしよう」ぼくは提案した。

ぼくたちは奈良市に戻った。雨は降り続けていたが、台風は時速八〇キロで東京方面に遠ざかっている。そのまま市内観光を続けることにし、前日も訪れた東大寺に行ってみた。食欲旺盛な鹿は、気前よく餌を与えてくれる友人との再会を喜んでいるようだった。この日もショウは笑い声をあげながら境内のあちこちを走り回り、追いかけてくる鹿の群れに餌を投げていた。

東大寺の大仏は壮観だ。ぼくは高さ一四・七メートルの巨大な仏像が鎮座する大仏殿に向かって歩きながら言った。「パンフレットによれば、大仏殿が建設されたのは西暦七五一年。世界最大の木造建築だと言われている。すごくないか？　ショウとパパは、今朝、日本最古の木造建築を見た。そして今は、世界最大の木造建築を見ている」

だがショウは、ぼくの話を真剣に聞いている場合ではなかった。「ああ！　また鹿がこっちに来た！」

鹿から逃れて大仏殿の階段を上がると、なかは大勢の観光客でごった返していた。見上げると、恐ろしく巨大な大仏が瞑想のポーズをとっていた。穏やかな顔に引き込まれるようにして、ぼくは人生の意味についてしばし考えようとしたが、すぐにショウに腕を引っ張られた。「パパ見て、すごいものを見つけたんだ」

それは「柱くぐり」と呼ばれる、東大寺の観光スポットのひとつだった。大きな柱に空けられた小さな四角い穴を通り抜けることができれば、幸運が舞い込むと言われている。ショウはさっそく他の子どもや細身の大人に混じって列に並び、簡単に穴をすり抜けた。

「これでぼくは大丈夫だ！」ショウは、仏様の試験に合格したことを喜んだ。「次はパパの番だよ！」

穴の間口と高さはそれぞれ六〇センチくらいしかない。「ノーサンキュー」ぼくは言った。

ホテルに戻る頃には、雨は止んでいた。台風の威力もおさまってきたようだった。着替えをし、バスルームの鏡に目をやったとき、そこに映る自分の姿があまり気持ちのよいものではないことに気づいた。この冒険を始めてから一度もひげを剃っていなかったので、頬ひげがかなり伸びている。最初のうちは、それは好ましいものに見えていた。会社員という堅苦しいアイデンティティから解放され、冒険家としての自由を祝うものの象徴のように思えた。だが、顔の下半分を覆うひげは、次第にむさ苦しいものになっていった。それに、老けて見えるようにもなった。日本の灼熱《しゃくねつ》の夏の暑さで、かゆみも感じるようになった。そろそろ、剃り時だと思った。

携行していた救急セットから小さなはさみを取り出し、頬ひげの塊を手で摘《つま》んで切り落としていった。ある程度短くなったところでシェービングクリームを塗り、コンビニエンスストアで買った使い捨てカミソリでひげを剃った。二〇分後、いくつかヒリヒリする箇所ができてしまったものの、鳥の巣のようなひげはすべてなくなった。

バスルームから出ていくと、ぼくのひげにすっかり慣れていたショウが、驚きの叫び声をあげた。そして、新しいひげなしスタイルに評価を下した。「まぬけで、カッコいい。五〇パーセントまぬけで、五〇パーセントカッコいい」

「素直に喜べばいいのかな?」ぼくは言った。

翌朝、古都奈良に別れを告げ、騒々しい道を南に走り始めた。シルバーのBMWのリアバンパーの左隅に、黄色のスマイリーフェイスのステッカーが貼られていた。アメリカでは見慣れた光景だが、日本では極めて珍しい。この旅の最中にバンパーステッカーを貼った車を見たのは、おそらく初めてかもしれない。アメリカ人は、政治や宗教をはじめ、さまざまなテーマについて、自分の意見を表すステッカーを車に貼る。顔は見えなかったが、ぼくはこの車を運転しているのは外国人かもしれないと思った。

それから一時間ほど、ぼくはまたショウの矢継ぎ早の「究極の質問」の遊びにつき合わされた。答えを濁《にご》すことは許されなかった。「生のウシガエルと生のシマリスを食べるならどっちがいいか?」という質問に、どっちも嫌だから答えたくないと言ったが、ショウは認めてくれなかった。「必ず、どっちかを選ばなきゃダメ。選ばないというオプションはないよ」「ウシガエル」ぼくはやれやれと思いながら答えた。「はい、正解です」ショウが言った。

混雑した幹線道路を離れ、明日香村に続く静かな通りを走り始めたとき、ぼくは安堵のため息をついた。人口わずか六〇〇〇人の静かなこの村は、仏教寺院や古代の石造物で知られ、世界遺産登録の候補になっている。これらの神秘的な石造物がつくられた理由はよくわかっていない。埋葬や共同礼拝に使われたという説もあれば、石切職人の草分けたちが、自らの技能を誇示するためにつくったのではないかという説もある。だがショウは、最も有名な石舞台古墳にいるときも、石造物の神秘的な起源を解明することには興味を示さなかった。パンフレットの説明を熱心に読んでいるぼくの横で、背の高い石造物によじ登っては、地面に飛び降りていた。

寺院をいくつか鑑賞したあとは、炎天下で自転車に乗るのを先送りするかのように、店に入ってかなりゆっくりと昼食をとった。ようやくサドルにまたがると、南に向けて出発した。周り一面は田んぼで、遠くに山々が見えた。今日の目的地である高野山も、その山々のなかにある。紀伊山脈の中心部にある高野山には、一〇〇以上の仏教寺院が集まっている。真言宗《しんごんしゅう》の聖地とされる高野山は、一二〇〇年以上前に、唐での修行を終えて帰国した空海《くうかい》によって開かれたものだ。多くの寺院には訪問者を受け入れるための宿泊施設があり、ショウとぼくも、ある寺院に予約をしていた。

明日香村を出発し、高野山を目指した。暗くなる前に到着しなければとペースを上げようとしたが、三二度の蒸し暑い気温といきなりの登りで、思うように距離を稼ぐことはできなかった。細い山道を暗がりで走らなければならないかもしれないという不安が脳裏をよぎった。

二時間ほど走り、五時に高野山の麓に到着した。分かれ道に、高野山の場所を指し示す標識が出ていた。しかし、GPSは別のルートを示している。ぼくはどちらのルートでも到達できるのだと考え、標識を無視してGPSの指示に従った。だが、数分後、ぼくはこの冒険で学んだ教訓を思い出した——少しでも疑わしいと感じたら、地元の人に尋ねること。家の前の庭で草むしりをしていた老人に尋ねたところ、案の定、GPSのルートは間違っていたことがわかった。ぼくはGPSに日本語で「高野山」と入力して検索していた。だが、これは紛らわしい言葉だった。高野山はこの辺り一帯の山々の総称でもあるし、仏教寺院の町の名前でもあるからだ（あとで知ったことだが、高野山という名の単体の山は存在しない）。

高野山の麓から中腹を上る最初の一時間は、景気は美しかったが、少し拍子抜けもするルートだった。日本アルプスと同じくらい難しい道のりを予想していたからだ。基本的に緩やかな上りで、下り坂や平坦なセクションもあった。「こんなのわけないよ」ぼくは快適にペダルを踏みながらつぶやいた。だが、六時になり、あと一時間で日が暮れるというところで、急に山道が険しくなった。長く曲がりくねった、勾配が一〇パーセントの道。それに比べれば楽だと感じるセクションでも、六から八パーセントもある。熱い舗装路に汗を滴り落としながら、ぼくたちは重たいペダルを踏んだ。

身体は、一日の終わりに過酷な運動を求められることを拒み、ショウも到着はまだかと不満を言った。厄介だったのは、観光地である高野山を目指す車が、ひっきりなしに脇を通り過ぎていったことだ。日本アルプスでは車がほとんどいなかったので、道幅をいっぱいに使って車体を左右に振りながら、勢いをつけることができた。だがこの日は、すぐ左手に恐ろしい急斜面を見ながら、狭い道の端っこを走らなければならない。谷とぼくたちの間には、背の低いガードレールしかなかった。

ぼくたちは一時間、ひたすらに上り続けた。太陽が森の後ろに消え、闇がぼくたちを包み始めた。自転車の前後のライトを点けた。次第に車の往来も減り、ひっそりとした暗い森のなかを進んだ。ペダルを踏み、車体が左右に揺れるごとに、フロントライトが前方に恐ろしげな影をつくる。不気味な音がどこかから聞こえてきて、辺り一帯の暗闇にこだました。

「パパ、怖いよ。ここは嫌だ」

「パパも同じだ。あと少しだ。頑張ろう」。暗くなる前に高野山に着けると考えた自分の見積りの甘さに嫌気が差した。ぼくには自分の能力を過大評価する傾向がある。ショウは愚痴を言いながらも、あきらめなかった。そもそも、あきらめるという選択肢はない。幸い、少なくとも山の上には安全な場所があることはわかっていた。あとは、そこにたどり着けばよいだけだ。

強烈なつづら折りの坂を上ったところで、巨大な赤い門が姿を現した。大門と呼ばれるその門は、暗い森を背景に輝き、疲れた旅人を歓迎してくれていた。ついに高野山に着いた！　すでに日が落ちてから一時間が過ぎていた。疲労困憊してはいたが、ともかくゴールにたどり着けたのだ。

ぼくたちはコンパクトな山間の町を抜けて、予約をしていた蓮華定院《れんげじょういん》を目指した。到着すると、すぐに畳の大広間に通され、夕食にありつくことができた。ごま豆腐、味噌汁、山菜、米、熱いお茶。サイクリングで腹ペコだったぼくたちは、座布団の上にあぐらをかき、汗まみれのサイクリング服のままで、料理を貪った。

満腹になったところで、寺の熱い温泉にのんびりと浸かった。湯船のなかで、先ほどの不気味な山道のことも忘れかけてきたとき、ぼくはショウに言った。「パパは変わらなくちゃいけない」

「どういう意味？」ショウがお湯のなかで腕をぶらぶらさせながら尋ねた。

「パパは、何事につけ見込みが甘いんだ。今日も、日暮れ前に到着できると考えていた。その結果、ショウに苦しい思いをさせてしまった。パパはこれからもっと謙虚になって、リスクをできるだけ避けるようにすべきだと思う」

「大丈夫だよ、パパ」ショウは湯船のお湯を掬ってぼくに浴びせた。「ぼくはパパのやり方が好きだよ」

第32章　邪魔された瞑想

午前五時五五分。寺の境内からどこからともなく姿を現した僧が、ゆっくりと、一定のリズムで鐘をつき始めた。

ゴーン。ゴーン。ゴーン。

強烈な鐘の音が、静かな朝の空気に響きわたり、寺の庭園の木々や枯山水《かれさんすい》の砂を震わせた。

ゴーン。ゴーン。ゴーン。

反響音で骨の髄まで震わされたぼくは、深い眠りから引きずり起こされた。布団の上で寝返りを打つと、厚い掛け布団の下で、ショウがまだ半分眠りながら、笑みを浮かべているのが見えた。

ゴーン。ゴーン。ゴーン。

鐘の音は谷を越え、高野山の山々の頂に向かって消えていった。

「朝のお勤めに行くか？」ぼくはショウに尋ねた。

「うん！」ショウは布団から飛び出すと、畳の上を片足で飛び跳ねながらズボンを穿いた。

他の部屋からも、朝の仏教儀式に参加するために、眠たそうな顔をした宿泊客が出てきた。ぼくたちは彼らと一緒に、長く硬い木の廊下をそろりそろりと歩いた。寺の中心部にある美しい庭園の脇を抜けるとき、生温かい朝の空気がむっと押し寄せてきた。今日も相当暑くなるのだろう。何度も右や左に曲がりながら、いくつもの建物から成る境内の複雑な通路を進み、朝のお勤めが行われる部屋に着いた。スリッパを脱いでなかに入り、一五人ほどの他の宿泊客と一緒に畳の上に座った。仏像や仏具が飾られた室内は薄暗く、お香の匂いが漂っていた。袈裟をまとった剃髪《ていはつ》の僧侶が九人、手に経本を持ち、座布団の上で軽々と足を組んでいる。中央に座っている、濃い色の袈裟に身を包んでいる僧侶が、今朝の勤行《ごんぎょう》を率いている、この寺の住職のソエダリュウショウさんだ。ソエダさんが袈裟を左前にして着ているのを見て、あとでエイコに報告しようと思った。

すぐに読経《どきょう》が始まった。僧侶たちの低く響きわたる声を聞いて、ショウは目を輝かせた。催眠術のようなリズムでお経が読まれ、一定の間隔で小さな鐘《りん》がチーンと鳴らされる。ひとりの僧がお経の新たな部分を力強く読み始めると、少し置いて他がそれに加わっていく。ぼくは目を閉じ、僧侶の読経の声に身を委ねた。一カ月半に及ぶこれまでの旅で体験したさまざまな出来事が脳裏に蘇ってきた。大きな病気や怪我もなく、心が挫けることもなく、ずっと走り続けられたことに、我ながら驚いた。薄目を開けて横を見ると、神妙な顔つきで座っているショウが、朝の儀式に真面目に取り組んでいる。この旅を始めて以来、ショウは強く、大きくなった。少々のことでは泣き言も吐かなくなった。今もこうして、四〇分もの仏教儀式に大人しく参加している。これまで幾度となく、見知らぬ人から、この冒険は八歳の子どもにはきつすぎると言われた。でも少なくともぼくには、ショウは元気に旅を楽しんでいるように見えた。

お勤めが終わると、ソエダさん以外の僧侶は静かに部屋を出て行った。丸顔で穏やかな風貌の年配のソエダさんが、客の方に身体を向けて座り直した。ゆっくりと落ち着いた仕草は、客の心を落ち着かせるためのものにも思えた。動きを止めた彼が、客の顔を眺め、優しく微笑んだ。外国人観光客に慣れているらしく、訛りのきつい英語で、自らの宗教観や、真言宗の創始者である空海について話し始めた。一二〇〇年以上前、唐に渡り高僧のもとで修行をした空海は、帰国後、真言宗の総本山として高野山を開いた。今でも空海が生きていると考える信徒もいる。地下の洞窟《どうくつ》で瞑想し、世界を見守っているというのだ。

「一二〇〇年も前の時代の空海が、現在も地下で瞑想を続けているというのは、とても奇妙で不条理な話に聞こえるでしょう」ソエダさんは微笑んだ。「このような非現実的な考えが長い間信じられてきた理由は、現在にいたるまで、多くの人が、肉体的あるいは精神的な生命の危機に追い込まれたときに、空海と出会うという体験をしてきたからでもあります。空海は、信者だけではなく、あらゆる人を見守っていると信じられています。さまざまな場所で空海に遭遇するという体験が繰り返されることで、この不合理な信念は――」ソエダさんがためをつくった。「――極めて合理的なものになったのです」

「クールな一日の始まり方だね！」静かに部屋を出ようとしていたときにショウが言った。

「そうだな。じゃあ、明日から毎日、六時に起こしてあげるよ」

「ええと、それはあんまりクールじゃないよ」

　朝食後、ショウとぼくは、重い荷物を降ろして軽くなった自転車に飛び乗ると、高野山の町を探検した。前の晩にぼくたちを歓迎してくれた大門にも行ってみた。見事な門には違いなかったが、昼間の光の下では、昨晩見たときのような、神秘的な力は感じなかった。険しい山道をひたすらに走り続けたあと、救いの手を差し伸べるように暗闇に朱色の光を放っていた大門は、目が眩《くら》みそうなほど印象深かった。ぼくたちは巨大な構造物の日陰に座り、ニューヨークの自宅に電話をした。エイコとサヤの声が聞けて、心が安らいだ。サヤが最近の出来事について教えてくれた。「ママがジャングルジムのうえにたたせてくれたの！」。ぼくは目を閉じて微笑みながら、公園で遊ぶ娘の小さな身体を思い描いた。しばらく話をし、名残を惜しみながら電話を切ると、高野山の寺院や墓の探索を続けた。

　真言宗の信者の多くが、奥の院に埋葬されることを望むという。奥の院は、高野山のまさに奥深くにある、空海の御廟《ごびょう》をとり巻く深い森全体に広がる巨大な墓地だ。近くを流れる川に沿って森を歩きながら、数え切れないほどの墓を通り過ぎた。さまざまな形をした墓石が、それぞれの生前の存在を主張し合っているかのように、至るところに建てられていた。簡素で飾り気のないものもあれば、ちょっとばかり大仰なものもある。ぼくが気に入ったのは、今にも発射

しそうな、真上を向いたロケットの形をした墓石だ。

「わあ、六メートルくらいあるよ。この人はきっと、宇宙が大好きだったんだ」ショウが言った。

あとで知ったことだが、奥の院には、企業が従業員を弔《とむら》うための墓地もある。ロケットの形の墓石は、航空機メーカーのものだということだった。奥の院にいくつ墓があるのかは正確にはわかっていない（五〇万個ほどだとされている）。ショウは、一つでも多くの墓を見ようとでもするかのように、参道を行ったり来たりした。

日本縦断のこの旅を通じて、ぼくたちは無数の墓地を目にしてきた。墓地はたいてい、道路から少し離れた目立たない場所や、丘の斜面を切り崩したところにあった。美しく刻まれた墓石の多くが、遺族によって丁寧に世話をされているのがわかった。自転車で墓地の脇を通る度に、ぼくは「あれは、お前がいずれ眠る場所だ」と心のなかでつぶやくのが習慣になっていた。絶望や薄気味悪さから生じた言葉ではなかった。これは謂《い》わば、このクレイジーな冒険を支える人生哲学のようなものだった。墓を見る度に、ぼくは自分に言い聞かせた。人生は本当に短い。ならば、生きている間に何かとてつもないことに挑戦してもいいじゃないか——。

奥の院の探索を終えたぼくたちは、瞑想のセッションに参加するために蓮華定院に戻り、早朝に読経が行われたのと同じ部屋に入った。奥の院を楽しんだばかりで興奮冷めやらぬ様子のショウは、心がわくわくするような次の冒険を求めていた。

「パパ、瞑想は面白いかな？」

「どうかな。ともかく、静かにすることだけは忘れないでくれ」

今回の瞑想では、木魚やリンは使われない。落ち着いた雰囲気を漂わせているソエダさんの指示に従い、お香の匂いのするほの暗い室内で、他の宿泊客と一緒に座布団の上に座り、ただ目を閉じてじっとするというものだ。ぼくはリラックスした姿勢をとり、呼吸に意識を集中した。息を細く、長くしていくことで、次第に吸っているのか吐いているのか区別がつかなくなり、深い瞑想状態に入っていった。想念がとりとめもなく溢れてきた。足の親指の鈍痛。昨日の峻厳な山道。夜道に自転車のライトが照らしだした不気味な影。ショウが元気でいて欲しいという願い。ぼく自身にとって大切なこと。数千年の歴史が語りかけてくる深淵なメッセージ。奥の院に広がる広大な墓地。筋肉の痛み。予定通りにゴールにたどり着けるかという不安。妻と娘に会えない寂しさ――。

だが、次第に雑念は消えていった。最後に残ったのは、かろうじて感知できる程度の、かすかな呼吸の動きだけだった。それは、ある種の無の境地のようなものだった。それはすべてを手放すことであり、気づき《マインドフルネス》を得ることであった。それは、永遠のなかに溶け込んでいくような素晴らしい体験だった。

そのとき、だれかに袖を引っ張られた。「パパ」ショウがささやいた。ぼくは無視したが、せっかく体感し始めていた深い安らぎの感覚は、波が引くように消えていってしまった。「パパ」ショウが再びささやいた。ぼくは、神秘的な沈黙に満たされていた空間を迷惑な奴に邪魔された他の客が、不快さを感じているのを察し、目を開けた。

「外に出て、DSで遊んできてもいい?」

ぼくはうなずいた。ショウは畳の上を忍び足で歩き、ゆっくりと木の引き戸を開けた。バタン！　という大きな音がした。ショウが部屋を出て戸を閉めた。再びバタン！　という音が、爆弾のように室内に響きわたった。他の宿泊客の神経を逆撫《さかな》でするようなその音に、ぼくはビクっとした。ソエダさんは動じることなく、穏やかな表情で平然と座っていたが、他の客は一斉に、ぼくに苛立ちの視線を向けた。

その夜、ショウとぼくは浴衣姿で、寺院の入口近くにある、優に一〇〇人は入りそうな大きな畳部屋の食堂にいた。ふたりっきりで食事をした初日とは違い、他の宿泊客二〇人と一緒だった。ドイツ、イタリア、カナダ、アメリカ、フランスからやってきた、気のいい観光客たちだ。日本人も一人いたが、なぜかぼくたちとは別のところに座っていた。ぼくたちは、ご飯、味噌汁、豆腐料理、山菜、熱いお茶が載った美しい漆塗《うるしぬ》りの盆の夕食を楽しんだ。

彼らは冗談交じりで、瞑想の儀式を中断させたショウとぼくを責めた。宿坊の礼儀正しい雰囲気のなかで、ぼくたちは日本を旅することについて語り合った。

第33章　阿波おどり

翌日も、鐘の音で目が覚めた。ぼくたちはこの日も、一五人ほどの他の客と一緒に、四〇分間の朝のお勤めに参加するために、寺の長い廊下を静かに歩いた。ショウはぼくのすぐ隣に身を寄せるようにして座り、前日と同じように神秘的な儀式を体験した。

町で食料を買い込み、高野山から海に向かう長い道のりを下り始めた。今日の目的地は、六〇キロ先の和歌山だ。晴れて暑い日だったが、しばらく走っているうちに、にわかに雨雲が広がり、スコールのような雨が降り始めた。慎重にブレーキをかけながら、一、二分ごとに通り過ぎる車にぶつからないように気をつけて、長い下り坂を走った。これまで何度も長い下りを走ってきたつけで、左手の三本の指先には、ここ数週間、ずっと麻痺したような感覚があった。

スコールはすぐに止み、熱い夏の太陽が現れた。強烈な熱と風が、ぼくたちの濡れた身体をまたたくまに乾かした。突然、タイヤの空気が抜ける音がした。この旅で一〇回目のパンクだ。場所は、すべて後輪のタイヤだった。ぼくたちふたり分の体重と、一番重たいサイドバッグ二つの負荷がかかっているのだから無理もない。一五分後に再び高野山を下り始め、山の麓に達すると、海岸に向かって川沿いを西へと進んだ。ひどく暑く、休憩所でトイレに向かって歩いているときも、汗がコンクリートに滴り落ちた。ショウに自動販売機のアイスクリームをせがまれたので、お金を渡し、ぼくの分も買ってきてもらった。

午後四時、海沿いにある和歌山市に到着した。由緒ある和歌山城を訪れたいと思ったが、ショウはボーリングに行きたいと言い張った。翌日は早朝のフェリーに乗る予定なので、今日を逃せば和歌山城を見る機会はない。

「パパはショウの言うことを聞いてばっかりだ。いろんなところを観光したかったのに、またボーリングか」

「そんなことないよ！」ショウは抗議した。「パパは毎日どこを走るか決めてるじゃない。ぼくは、たまには楽しいことがしたいだけだよ」

その夜、フェリーターミナルの近くのビジネスホテルに、安いシングルルームを見つけた。ホテルの従業員は、日本の慣習にしたがって、ふたり連れはシングルルームには泊められないと主張した。だが、ぼくが食い下がると、しぶしぶ認めてくれた。ぼくたちはいつも狭いテントのなかで寝ているし、八歳の小さなショウと一緒にシングルベッドで眠ることはまったく苦にならない。ぼくは、自己主張が強くて強引だという、外国人に対して日本人が抱く紋切り型のイメージ通りの振る舞いをしてしまったのかもしれない。それでも、五〇〇〇円を節約できたことには満足していた。

その夜遅く、風呂に入り、絵日記を書き終えてベッドに横になったショウに、読み聞かせをした。毎日、何時間もサイクリングをしているので、夜は猛烈な睡魔が襲ってくる。九時を回ると、ぼくは疲労のあまり、読み聞かせの途中で何度か舟を漕いだ。声が途切れ、意識がもうろうとし、その度にショウに肘でつつかれた。身体は睡眠を欲していたが、その夜のぼくには起きていなければならない理由があった。九時三〇分、ショウが眠りに落ちると、ぼくはベッドからそうっと這い出し、狭い部屋の小さな机に座ると、ノートパソコンを立ち上げた。ニュース番組でぼくたちのことを何度も取り上げてくれているテレビジャパンのスタッフから、その日の朝までに写真をアップロードして欲しいと頼まれていたのだが、高野山ではインターネットを使えなかったのだ。通信速度が遅く、写真をすべて送信し終えるまでに、一時間半もかかってしまった。

その後、ぼくは国連環境計画のウェブサイトにログインした。ショウとぼくは、このウェブサイトに届けられたぼくたちの旅に関する質問に答えることになっていた。メールが数百件も届いていたらどうしようかと思ったが、質問はたったの一件しかなかった。それは、「危険の多い発展途上国の都市の中心部で、自転車に乗っても大丈夫か」というものだった。ぼくは、安全に走れないのなら、お勧めはしないと回答した。自転車に乗るとき、常に一番優先すべきなのは安全だからだ。

質問への返事を書き終えたあと、ぼくは翌日から訪れる四国での過ごし方について考えようとした。四国は日本の主要な島のひとつではあるが、訪れる外国人観光客は多くない。明日訪れようとしている海沿いの都市、徳島のことは、まだ何も調べていなかった。だが、疲れきっていたぼくは、ガイドブックは明日のフェリーのなかで読むことにして、ベッドに潜り込んだ。

翌朝、ショウとぼくは、和歌山から徳島へと向かう混雑したフェリーに乗っていた。座席を見つけたあと、案内所があるのに気づいたので、ショウを残し、カウンターにいる制服の若い女性に近づいた。少し疲れたような表情をしている彼女は、ぼくを見ると頭を軽く下げて挨拶をした。

「徳島で宿をとりたいんです。シングルベッドの狭い部屋でかまいません。安い方が助かります」ぼくは言った。

「これから宿を探そうとしているのですか？」

「そうです。息子と自転車で全国を縦断していて、いつも、目的地に到着してから寝場所を探しているんです」

彼女は表向きは平然としていたが、その目には驚きや軽蔑のようなものが入り混じっていた。

「今夜は、徳島近辺で泊まる場所を探すのは無理だと思います」

「テントがあります。キャンプ場は？」

「キャンプ場も、まずいっぱいでしょうね。来年のお祭りのための宿泊予約は可能ですが、今夜はお役に立てません。申し訳ございません」

「来年のお、お、お祭りとは？」

「阿波おどりのことです」彼女は子どもに話すような口調で言った。

「聞いたことがないな。それは何ですか？」

ぼくにからかわれているかもしれないとでも思ったのだろう。彼女は少し間を置いたあと、説明を始めた。「阿波おどりは日本最大の踊りの祭典で、今日は、四日間続く祭りの初日です。全国から約百万人が徳島にやってきます。皆、数カ月前から宿泊先を予約しています。そうしなければ、宿を確保できないからです」

「なるほど。ありがとうございました」

ぼくは、ニンテンドーＤＳに夢中になっているショウのところに戻った。「パパ、泊まるところは見つかった？」

「いや、まだだ。ガイドブックで探してみるよ」。ぼくは阿波おどりについて読み始めた。カトリックのカーニバル、マルディグラに相当する日本のダンスの祭典。三〇〇年以上の歴史を誇る――。ぼくはショウに言った。「〝究極の選択〟だ。〝寝場所はないけど、大きなダンスパーティーに行く〟か、〝寝場所はあるけど、パーティーには行かずに数時間自転車で走る〟か」

「簡単だよ」と彼は言った。「パーティー！」

第34章　ズルの誘惑

昼下がり、フェリーは徳島の賑やかな港に到着した。フェリーの大きな駐車場から車がすべて出たあと、自転車を受けとり、市の中心部に向かって走った。街では、目前に控えた祭りの雰囲気が高まっていた。近代的な市街地の幅の広い道路が、電飾や提灯で飾られていた。同じ柄の薄い木綿の浴衣を着た踊り手の集団が、通りを行き交っている。巨大なタコスを逆さまにしたような、独特の形をした顎紐付きの麦わら帽子をかぶっている女性もいる。

無許可にはなってしまうが、テントを張れそうな公園がないか探しながら走った。だが、よさそうな場所は見つからない。警察に見つかれば撤去させられてしまうだろうし、公園内には、酒に酔って騒ぎながら歩く大勢の群衆がいる。安心して眠れる静かな場所はなさそうだ。寝ている間に、自転車が盗まれることだって考えられる。テントは諦め、夜明けまで起きていようと思った。

「ここに来たのは失敗だったかもしれないな」

「心配しなくていいよ」ショウが言った。「パパの踊りはそれほど悪くない」

「ショウはいつもピントがずれてるぞ。パパは今夜の寝場所のことを心配してるんだ。とにかく、探してみよう。何か見つかるかもしれない」。ぼくは自転車を止め、カラフルな浴衣に身を包んだ、二人の小さな子どもを連れた優しそうな女性に道を尋ねた。「すみません。お尋ねしますぼくは会釈をして言った。「阿波おどりはどの辺りで見られますか?」

「少し先です」彼女は道を指さして言った。「いくつか信号を渡ったら、大きな交差点があります。左側に、警備をしている警官がいるからわかると思います。阿波おどりは初めてですか?」

「そうなんです。実は、この祭りのことは今朝、初めて知ったんです」

「なら、余計に楽しめるかもしれませんね。徳島の人口は二五万ですが、この週末には、一五〇万人が押し寄せるんですよ。気をつけて楽しんでください」

交差点を目指して自転車を走らせていたら、角に大きな東横インがあった。

「まず部屋は空いてないだろう。だけど、もしかして、ということがあるかもしれないから、確認だけしてみよう」ぼくはショウに言った。ロビーはチェックインを待つ人で混雑していた。ぼくたちは列に加わった。ショウは立ったまま、ずっとニンテンドーDSで遊んでいた。二〇分後、ようやく順番になり、ぼくは受付の、笑顔を浮かべてはいるが、少し疲れた様子の女性の前に立った。「いらっしゃいませ。ご予約名をお知らせくださいますでしょうか」

「実は、予約はしてないんです」なんだかまぬけな質問をしているような気がしながら、ぼくは続けた。「まず満室でしょうが、ひょっとしたらキャンセルが出ているかもしれないと思って。シングルルームで大丈夫です」

彼女はコンピューターのキーボードを何度かカチャカチャと叩いて言った。「運よく、シングルルームが空いています。六五〇〇円ですが、よろしいでしょうか?」

「本当ですか?」。信じられない展開だ。

「二人連れか団体客がほとんどなので、シングルが空くことがあるんです。どうぞ、息子さんと祭りをお楽しみください」

「やったぞ!」ぼくはショウとハイタッチをした。

「ほら、言った通りでしょ。ぼくは〝究極の選択〟で間違えたことないもん」

夕食をとり、ホテルを出て、阿波おどりのパレードに向かう人の群れに加わった。夕方の空は暗くなり始めていたが、街は街灯や提灯で明るく輝いていた。警官が人々を誘導している。歩道はすでに大勢の老若男女でぎっしり埋まり、まもなく通過する踊り手たちがよく見える位置に鈴なりになっている。ショウとぼくは人の群れをすり抜け、縁石に座れる場所を見つけた。

ほどなくして、通りの先から太鼓の音や歌声が聞こえてきた。三〇人ほどの踊り手が白い衣装を身にまとい、同じ振り付けで踊りながら、ゆっくりとこっちに近づいてくる。その後ろには白の鉢巻姿の男性が四人いて、胸に縛りつけた太鼓を叩き、リズムに合わせて左右の足を横に蹴るように動かしている。

踊り手の集団が次々と通り過ぎていく。どの集団も、お揃いのカラフルな衣装を着て、太鼓の音に合わせて集団ごとに違う振り付けの踊りを披露《ひろう》する。一時間ほど経過した頃、沿道の見物客が踊りに加わり始めた。踊り手の集団が観客に声をかけたことで、路上は踊り手と見物客が入り乱れて踊る、ダンスホールと化した。ショウとぼくも通りに出ると、笑いながら見よう見まねで踊り始めた。誰かがぼくの腕をつかみ、複雑で心地よいリズムを生み出す太鼓奏者を取り囲む、踊り手の輪に引き入れた。ショウも後ろに続いた。それから数時間、ぼくたちはいくつもの陽気な集団と一緒に、夜の街で踊り続けた。

ぼくたちはホテルに戻った。部屋は七階だったが、通りには太鼓や三味線の音が響き、人々の歓声が聞こえた。朝方までホテルに戻らない観光客も多かったようだ。

翌日、徳島を出発したぼくたちは、鳴門《なると》市を訪れた。瀬戸内海と太平洋の潮流がぶつかり、大きな渦潮《うずしお》がつくられることで有名な場所だ。巨大な大鳴門橋《おおなるときょう》の下部には、渦潮を鑑賞できる遊歩道が設置されている。下がよく見えるようにガラスの床になっているところは、見事な光景で訪れた人を楽しませる、観光スポットになっている。

さらに西に進み、途中で高松の栗林公園に寄って、栗の木立が鮮やかな、平和な雰囲気に満ちた庭園内を二時間ほど散策した。蓮の花が咲き乱れる池の石橋からパンくずを落とすと、お腹をすかせた鯉が仲間の上を這うようにして餌を奪い合った。辺りには、セミの鳴き声が響きわたっていた。日本の夏を象徴する音だ。

その翌日も、ぼくたちは前日と同じく、四国北部の海岸に沿って国道一一号を走った。交通量が多く、道路脇にチェーン店が果てしなく続いていたので、市町村の境目がよくわからなかった。

夕方、豊浜に入ったことを示す標識を通り過ぎたところで、今日のサイクリングを終えようとした。駐車場で三人の男性が立ち話をしていたので、尋ねてみることにした。「すみません。この辺りにキャンプ場やホテルはありませんか？」

中年の男性が一歩前に出てきて言った。「この辺りにはないよ」。頭を短く刈り込み、メガネをかけ、茶色いパンツと青の半袖シャツを着ている。彼の目には、いたずらっぽい感じと知性が同居していた。男性は、ショウと、重たい荷物が積まれた自転車をジロリと見た。「なにをしてるんだい？」

「宗谷岬から佐多岬を目指して、自転車で日本を縦断しているんです」ぼくは言った。

「正気の沙汰じゃないな」男性は言った。「息子さんはいくつ？」

「八歳です」ショウが言った。

「八歳？　そんな小さな子どもに日本縦断なんてきつすぎる。とんでもない父親だな」

男性は友人の方を向いて言った。「先に帰ってくれ。この子を無謀な父親から助けないと」。友人たちは車に乗り込み、ぼくたちに手を振って去っていった。「私はイタミジュンジ。この市でコミュニティセンターを運営してるんだ。うちのビルにはベッドはないから、床で寝ることになるけど、それでもいいなら泊まっていくかい？」

から」

「助かります」ぼくは言った。「テント用のパッドがあるので、その上で寝袋に入って眠れます

「よかった。じゃあ、車に自転車を積んで、まず風呂でさっぱりしてから、一緒に飯を食おう」。イタミさんはショウの方を向いた。「とんでもないお父さんを持って可哀そうに。おじさんが助けてあげるからな。野球は好きかい？」。ショウはうなずいた。「そうか。そしたらご飯のあと、バッティングセンターに行こう」

銭湯に向かう車内で、イタミさんが言った。「あんたひとりだったら、その辺の道路にテントを張れと言ったよ。だけど子どもを見たら、そういうわけにはいかなくなった。放っとけるわけがないよな」。ショウが笑ってささやいた。「面白いおじさん」

イタミさんは続けた。「奥さんはどうした？　なぜ一緒にいない？」

「彼女はフルタイムの仕事をしていて、二歳の娘の世話もしなくてはならないので、一緒には来れなかったんです。でも、メールや電話で連絡をとり合っていますし、ぼくと息子はブログに近況を書いています」

「なるほどな」彼は言った。「だけど、奥さんは心配してるだろう？」

「初めて日本縦断の話をしたとき、妻はぼくの頭がおかしくなったと思ったみたいです」

「奥さんに伝えてくれ。豊浜に、まったく同じ意見の男がいたって」

「でも今は、今回の旅は素晴らしいアイデアだったと思ってくれるようになりました」

「おそらく説得しても無駄だと諦めたんだろうな」

「まあ、ある意味そうです。何人かに、日本人の母親なら、子どもにそんな冒険をさせることは絶対に許さないと言われました。でも、ぼくの妻は日本人なんです」

「いや、そんなわけない」

「ところが日本人なんです。東京の出身で、妻の実家は今でもそこにあります」

「うそだ。日本人の嫁が、小さな息子に全国を自転車で走るなんて危険なことをさせるわけない」

議論にならないと思ったが、ぼくは続けた。「息子にとってこの旅がどれくらい素晴らしい体験になっているかを考えてみてください。普通の八歳ができないような体験をしているはずです。ショウは日本について学び、日を追うごとに逞しくなっています」

「逞しくなってるのはあんただけだ」イタミさんは冗談を言った。「息子さんは辛い思いをしてるにちがいない。可哀そうに」

ぼくたちは銭湯に到着した。それほど立派とはいえない木造の建物だ。日本の公衆浴場は、大きく「銭湯」と「温泉」に分けられる。温泉とは、火山活動によって温められた地下水を使った浴場施設だ。その多くは人気の観光地につくられていて、設備にも高級感がある。銭湯のお湯は水道水を加熱したもので、入浴を目的とした大衆的な公衆浴場という位置づけだ。銭湯のつくりはたいてい、大きな浴場に、さまざまなサイズの浴槽が設けられているというものだ。建物の中央には背の高い仕切りがあり、男湯と女湯が別になっている。家に風呂のない家庭が多かった数十年前、銭湯は今よりもはるかに一般的だった。現在でも、少なくない人が銭湯に通う。銭湯は、社交場としての役割も果たしているからだ。

ぼくたちは銭湯に入った。そこには、イタミさんの知り合いがたくさんいた。何人かがぼくたちに挨拶をしてくれた。イタミさんは、「外国の新しい友達だよ。子どもは可愛いだろ？お父さんの方は、頭がいかれてるけどな」と、ぼくたちを紹介した。

ぼくたちは試しにいろんな浴槽に浸かってみた。イタミさんが、大人が一人入ればいっぱいというくらいの小さな浴槽を指さした。「電気風呂を試してみるかい？」

「電気風呂？」

「そう。湯にちょっとだけ電流が流れてるんだ。血行がよくなるよ」

「科学的な根拠はなさそうだな」

「つべこべ言わないで、浸かってみたらいい。自転車で全国を縦断できるくらいなら、ちょっとくらいの電気ショックはなんともないはずだ」

しょうがない。ぼくは電気風呂の方に歩くと、イタミさんを指さしながら、ショウに言った。

「パパがもし死んだら、警察にはこの人のせいだと伝えるんだぞ」

ショウは心配そうにぼくを見上げた。イタミさんがショウの頭に手をのせた。「心配しなくてもいいぞ。死んだりしない。お父さんはびびって、時間稼ぎをしてるんだ」

ぼくは湯に右足を浸けた。電流が足から全身に伝わった。ものすごく小さな稲妻に打たれたような感覚だ。すぐに足を引っ込めたかったが、イタミさんに〝してやったり〟という顔をされたくはない。なんともないような顔をして、そのまま三〇秒、電気風呂に足を浸け続けた。崖っぷちに立っているような、迫り来る危険を待っているかのような、奇妙な気分だった。だが、電流は大きくも小さくもならなかった。

ぼくはイタミさんに言った。「今度銭湯に来ることがあっても、絶対に電気風呂には入りません。すごく気持ちが悪い」

その後、バッティングセンターで遊び、夕食をとって、コミュニティセンターのテーブルをどかしてマットを敷くスペースをつくり、それからこの愉快な友人との会話を楽しんだ。翌朝、イタミさんがぼくたちを迎えに来てくれた。「ちょっとしたサプライズがあるんだ。今日、松山まで行くって言ってただろう？　今日、午前休をとったから、高知まで車で連れて行くよ。四国の南海岸にある、歴史のあるところなんだ。自転車で日本縦断をするなら、高知に寄らなきゃダメだ。そこから、松山まで送るよ。今日は自転車に乗るには暑すぎる」

「お気遣いありがとうございます」ぼくは言った。「高知まで乗せて行ってくれるのは嬉しいです。でも、お昼までに、またここまで送ってくれませんか。そこからぼくたちは松山を目指して走ります。松山まで乗せて行ってもらったら、自転車で日本を縦断したと人に言えなくなってしまう」

「そんなの、言わなかったらバレないだろう」イタミさんはウインクした。

「たしかに、そうかもしれません」ぼくはきっぱりと言った。「だけど、この旅ではズルをしたくないんです」

「よし、わかった。そしたら早く出発しよう。時間がないぞ」

ショウとぼくが同時に、「はい、わかりました」と言ったので、ぼくたちは吹き出した。

長いトンネルをいくつも抜け、四国の中央にある見事な山々の景色を望みながら、イタミさんが尋ねた。「この辺りには寺が多いだろ?」

「そういえばそうですね」ぼくは言った。「でも、これまでにも寺はたくさん見てきました。四国の寺は何か特別なのですか?」

「そうなんだ。道路を歩く巡礼者に気づかなかったかい? 笠をかぶって、白装束《しろしょうぞく》で、木の棒を持って歩いている人たちだ」

「昨日、二人くらいそんな人を見たよ」ショウが言った。

「あの人たちは、お遍路《へんろ》さんと呼ばれてる。四国にある八八箇所の寺を徒歩で巡礼しているんだ。はるか昔にこの辺りに住んでいた、空海という坊さんへの信仰から生まれた慣習だ。普通は最後に高野山の寺を参って、巡礼が終わる」

「ぼくたちはそこから来たんだよ! 空海は中国で勉強をしたんだ。そして、今でも洞窟のなかで瞑想して生きている」ショウが言った。

「八八箇所の総距離は一二〇〇キロもある。だから、巡礼者のなかには、車やバスで移動する人もいる。まあ言ってみれば、ズルだな」

「自転車で旅行をしているのにヒッチハイクをするのと同じですね」ぼくは言った。

イタミさんはぼくの皮肉を無視して続けた。「だけど、注意しないといけない。お遍路さんがみんな敬虔《けいけん》な仏教徒とはかぎらないんだ。数年前、テレビ番組がお遍路さんを特集したことがあった。適当に何人かの巡礼者にインタビューしたら、その人たちは、歩くのはとにかく大変だけど、かけがえのない経験になるとか、そういうことを答えた。そしたら、番組を見ていた東京の刑事が、巡礼者のなかに、指名手配中の逃亡犯がいることに気づいたんだ。刑事は四国の警察に電話をし、数日後、その巡礼者は逮捕された」

「うわあ」ショウが言った。「北海道で出会ったさすらいのお坊さんも、殺人犯だったかもしれないね」

「その坊さんは、頭を剃っていて、お布施で旅してたか？」

「そう、そのお坊さんだよ！」ショウが言った。

「ものすごく危険な坊さんだ。殺されなくてラッキーだったな」

ショウが目を見開いた。ぼくはイタミさんに言った。「冗談はそれくらいにしてください。悪い夢を見ちゃいますよ」

高知につき、市内を簡単に観光し、砂浜で遊び、正午過ぎに豊浜に戻った。自転車に荷積みをしているとき、イタミさんが真剣な顔で言った。「松山までの道はしばらくは平らだけど、そこから長くてきつい上りになる。今日の気温は三〇度以上になるし、車もたくさん走ってる。あんたとショウ君が安全に松山まで行けるか、心配だよ」

「お気遣いありがとうございます」ぼくは彼の肩を叩いて言った。「夕方、松山についたら電話します」ぼくはイタミさんにお辞儀をした。「親切に心から感謝します。あなたに会えてよかった」

「こちらこそ」イタミさんはショウのヘルメットに手をのせて言った。

第35章　しまなみ海道

　ぼくたちは、果てしなく続く八〇キロもの郊外の道のりを走った。コンビニや駐車場、車の整備工場などが、次第にさわやかな緑の森に変わっていった。風景が気持ちのよいものに変わっていくのは嬉しかったが、暑さと坂道はきつかった。焼け付くようなアスファルトの上に滴り落ちる汗の量が、危険信号を発していた。この先は、商店や自販機もないだろう。水分と塩分を十分に補給できないかもしれないという不安がよぎった。暑い日の何時間もの運動は、常に脱水症状のリスクと隣り合わせだ。そして、それよりもさらに危険なのが、身体が多くの塩分を失うことで起こる低ナトリウム血症だ。これは、水分のとりすぎによって起きやすくなる。だから、ぼくはスポーツドリンクを飲むときには、塩の錠剤を入れることにしている。

「大丈夫か?」ぼくはショウに尋ねた。

「うん。でも暑い」

「水分をこまめにとるんだぞ」。ショウのドリンクボトルは、ハンドルバーの上のカゴにとりつけてある。

「わかってるよ。何度も言わないで」

少し先の待避所に、ミニバンが止まった。なかから老夫婦が出てきて、ハッチを開けた。夫は白髪で、ショートパンツに半袖シャツ、サンダルという格好。妻は白いブラウスと青いスカートを身につけ、白い帽子をかぶっている。ぼくたちが急な登りをゆっくりと上っていると、夫婦はぼくたちに止まるように合図をした。「止まって!」

ぼくはミニバンの後ろに自転車を止め、ゼイゼイと呼吸しながら、「こんにちは」と言って手袋の裏で目の汗を拭いた。

奥さんが言った。「さっき、脇を通り過ぎたのよ。暑くてとても大変そうだと思ったから、この近くの山の有名な湧き水を汲んできたの。日本一美味しい水だと言われてるのよ。まだ冷たいわ。ぜひ召し上がってちょうだい」

夫が車から〇・五リットルサイズのペットボトルを取り出し、ぼくに差し出した。綺麗な水が入っている。ショウがトレーラーサイクルから飛び降り、「一本ちょうだい!」と言った。

「ご親切に感謝します」ぼくは言った。「では、ありがたく一本いただきます」

「一本といわずにもっと持っていって」奥さんが言った。「何十本も汲んできたんだから」

ぼくが持参していたウォーターボトルは、三本のうち二本が空になっていた。ぼくは好意に甘え、空の二本を、もらったばかりの冷たくて美味しい水で満たした。ショウとぼくはその場で一本を飲み干した。夫が空の容器を笑顔で受けとった。「ショウ、こういうときは何て言うんだ?」。ぼくはショウが夫婦にお礼を言うのを促し、待った。

ショウは空のボトルを手渡して、英語で言った。「あんたたちはすげえ《You guys rock》！」一緒に写真を撮ったあと、夫婦を乗せた車は山道を登っていった。元気になったぼくたちは、走り続け、午後七時に松山に到着した。六時間で一一〇キロを走ったことになる。ビジネスホテルに部屋をとると、ぼくはイタミさんに電話をした。

「無事に着いてよかった。元気そうじゃないか」イタミさんは言った。「一日中、ずっと心配してたんだぞ。なあ、今からでも遅くない。ショウ君を解放して、普通の夏休みを過ごさせてやったらどうだ？」

ぼくも冗談で応酬した。「そのときが来たら、電話するから車で迎えにきてください」

「時間と場所さえ教えてくれたら、すぐに行くよ」

次に、エイコに電話をした。ニューヨークは火曜日の朝九時で、妻は国連事務局のビルにいた。「仕事中に邪魔してすまない。特に用はないけど、声が聞きたかったんだ」ぼくは言った。

「ありがとう。少しだけなら話せるわ。どう？　ふたりとも元気にしてる？」

「うん、元気だよ。でも、今日は暑かった。昼前には三五度になって、そのまま一日ずっと気温は下がらなかったと思う」

「日本の八月は馬鹿馬鹿しいくらいに蒸し暑いものね。東京にいた頃、ほんの数分外に立っているだけで汗びっしょりになったことを思い出すわ。ねえ、無理しないでね。あまり長い距離を走ろうとしちゃダメよ」

「ありがとう。でも大丈夫。身体が暑さに慣れてきたみたいなんだ」。ぼくはイタミさんや、親切な老夫婦との出会いについて手短に話した。「日本人は本当に親切だ」

「それはちょっと一般化しすぎだわ」エイコは言った。「たしかに、日本の文化では礼儀正しさが重視されている。だけど、八歳の男の子と一緒に旅している、日本語を話す愛想のいい外国人だってことが、出会った人々のよい面を引き出していると思うの。きっと、あなたの楽観的な態度と、相手のよい面に注目しようとするところが、いい出会いを生んでるんだわ」

受話器の向こうで、誰かの話し声が聞こえた。エイコが言った。「ごめんなさい。もう行かないと会議に遅れちゃう。ショウに大きなキスを。愛してるわ」

翌朝、うだるような暑さのなか、ぼくたちは松山城の周辺でハイキングをした。城郭内は観光客で賑わっていたが、城の入口までの林道の登りでは、ほとんど誰ともすれ違わなかった。観光客のほとんどは、丘の反対側の斜面をチェアリフトに乗って上がってきていたのだ。楽しそうだったので、ぼくたちもそのチェアリフトで一往復して城に戻り、そのあとで、もと来た林道を下った。

次に、日本最古の温泉の一つとされる道後《どうご》温泉に行こうとした。通りすがりの自転車の青年に道を尋ねると、青年は丁寧に説明し始めたが、途中で「ああ、複雑すぎる。一緒に行くのでついてきてください」と言ってくれた。

ぼくたちの隣を並走しながら、青年は言った。「道後温泉は一三〇〇年以上の歴史があり、何世紀にもわたって大勢の人が訪れています。もちろん、そのなかには多くの著名人もいます。

『千と千尋の神隠し』という映画は観ましたか？　道後温泉は、映画に出てくる温泉のモデルなんです」

「観たことがあるよ！」ショウが言った。

「お化けがいっぱい出てきたでしょ？　道後温泉の伝説を知ってますか？」

　ぼくたちは首を横に振った。

「白サギの伝説なんです。昔々、何千羽ものサギが、今温泉がある地域に住んでいました。あるとき、一羽のサギが足を痛め、治療のために温泉に足を浸し始めました。毎日、サギは怪我をした足を湯に浸し続けました。地元の人たちが、このサギの奇妙な行動に注目するようになりました。しばらくして、足が完治したサギは、飛び去っていきました。この温泉の癒しの力は伝説となり、人々の間で語り継がれ、遠方からも大勢の人が温泉を求めて訪れるようになりました。そして未だに、その人気は衰えていないのです」

　ショウが拍手をした。「すごい、一羽の鳥からすべてが始まったんだね」

「そうなんです」青年が言った。

　温泉までは二〇分ほどかかった。ぼくは、道案内のためにこんなに遠くまで一緒に走ってくれた青年に心から感謝した。

「問題ありません。ぼくは大学生なんです。授業をサボることになってしまいましたが、あな

たたちと一緒に走っている方が楽しかった」

湯に浸かったが、足の親指の骨折も、左手の三本の指の痺れも、魔法のようには治癒しなかった。それでも、古《いにしえ》の湯は、疲れた筋肉に心地よく沁《し》みわたった。温泉を出たぼくたちは、松山を出発し、四時間半走って、今治《いまばり》市に到着した。その翌日は、日本の自転車乗りの聖地と言われるしまなみ海道をサイクリングする予定だった。四国と本州の間にある九つの島を結ぶ高速道路で、六〇キロのルートに自転車レーンがあることでも有名だ。世界最大級の吊り橋群も含まれ、絶景が望める。ぼくは翌日のライドを想像し、ニンマリと笑いながら眠りに落ちた。

翌朝、エイコの幼なじみのサガさんがぼくたちに合流した。東京に住む彼女は、しまなみ海道を一日で走破するために、飛行機でやってきたのだ。半袖の青の合成繊維のシャツの上に、日よけ用の白のナイロンジャケットを着て、サングラスをかけ、細身の身体に似合う黒のエクササイズパンツを穿いている。橋のたもとで会ったとき、ぼくは彼女に言った。「準備ばっちりだね！」

彼女は頭を横に振って言った。「そんなことないわ。私はアクティブなタイプじゃないし、普段は、一日中机の前に座ってるの。それに、今日はすごく蒸し暑い。大丈夫かしら」

「大丈夫だよ。ぼくたちは後ろをついていくから、自分のペースで走って。今日のおまじないは、〝私は諦めない〟だ。これを唱えながら走ろう。いいかな?」

「はい、先生!」

しまなみ海道のスタート地点のレンタサイクルで、サガさんの自転車やヘルメットを借りた。

店のオーナーが、借りた物は海道の終点のターミナルで返却できると教えてくれた。

　出発しようとしていたら、電話が鳴った。「もしもし？」

「もしもし！　サイトウです」

「サイトウさん、こんにちは！　今どの辺ですか？」。北海道で出会い、一カ月前に、函館のフェリーターミナルで別れたサイクリング仲間のサイトウさんとは、ここ数日、まめに連絡をとりあっていた。青森を出発したぼくたちは、本州の日本海沿いを走り、日本アルプスを横断して四国にやってきた。その間、サイトウさんは本州の東海岸を南下してきたのだ。ルートが重なったらまた一緒に走りたいと思い、ぼくたちはその間も、何度か状況を報告しあっていた。「しまなみ海道のスタート地点まであと一時間くらいのところにいます。チャールズさんたちに追いつくため、昨日は一二〇キロも走りましたよ。今日は脚がゼリーみたいにふにゃふにゃです」

「急がないでくださいね。ぼくたちはこれからスタートしますが、サイトウさんが追いつけるように、ゆっくり楽しみながら行きます」

　ぼくが電話を終えると、サガさんが言った。「そうね、ゆっくり楽しみながら。他に初心者へのアドバイスは？」

ぼくは少し考えて言った。「今日は、ゴールまで七時間くらいかかると見込んでる。この暑さで、こんなに長い時間サイクリングをするときは、水分とカロリーをたっぷりとることが大事なんだ。ぼくはいつも、走り始めてから三〇分後に水やスポーツドリンクを飲み、一時間くらいしたら何かを食べるようにしている。一日中ペダルを漕ぎ続ける秘訣は、水分と栄養のこまめな補給だ」

「なるほどね！　どんなものを食べればいいの？」

「果物やおにぎりみたいな、シンプルな炭水化物を多くとるのがいいよ。それから、ショウとぼくはスルメも大好きなんだ。噛むのも楽しいし、筋肉の疲労回復に役立つタンパク質も得られる。でも、いっぺんにたくさんの食料を胃に入れすぎないように注意が必要だ。お腹が痛くなっちゃうからね」

「ありがとう。助かったわ。ショウ君とあなたはこれまで体調を崩さなかった？」

「うん、ありがたいことに大丈夫だ。序盤で冷たい雨のなかを何度も走ったときは風邪気味にはなったけど、毎日激しい運動をしているせいか、免疫力が上がったみたいなんだ」

サガさんのペースに合わせて走るのは楽しく、このルートにもぴったりだった。目がくらむような高さの橋からの絶景を味わいもせずに先を急ぐのは、実にもったいない。ぼくたちは途中で何度も足を止めて写真を撮った。一時間ほどして、サイトウさんが合流し、ぼくたちは再会を果たした。腕や脚が真っ黒に日焼けし、最後に会ったときよりも脚の筋肉が逞しくなっている。

「一段と精悍《せいかん》になりましたね！」ぼくは言った。

サイトウさんは、ハアハアと息をしながらハンドルの上に腕を置いて言った。「ここ何日か、君たちに追いつこうと思って相当頑張ったんです。いやあ、きつかった。でも、その甲斐がありました。会えて本当によかった。ショウ君はとても元気そうだね」

ショウはにっこりと微笑み、サイトウさんにげっぷ競争をしないかと言った。「さっき炭酸ジュースを飲んだから、今のぼくは無敵だよ」

サイトウさんが笑った。「ああ、旅は道連れだな！」

ぼくはその言葉の意味がわからず、サイトウさんにもう一回言ってもらった。英語が堪能なサガさんが、意味を教えてくれた。「これは日本の古いことわざで、二重の意味があるの――人生で人の情けや優しさが大切なのと同じように、旅をするときには誰かと一緒の方がいい」

「その通り！」ぼくはサイトウさんの背中を軽く叩いた。「また一緒に走れて嬉しいです」

しまなみ海道は、期待通りの素晴らしいコースだった。天気にも恵まれた。空は晴れわたり、景色は雄大だった。見晴らしのよい巨大な橋の上からは、きらめく海の向こうにある、木々に覆われた島々が見えた。途中で出会った尾道《おのみち》のサイクリングクラブの面々は、ぼくたちの冒険についてあれこれと尋ねてくれ、クラブのステッカーをくれた。サガさんは安定したペースで先頭を走っていたが、ぼくたちは写真を撮ったり、他のサイクリストと交流したりするために頻繁に足を止めたので、思ったほどは進めなかった。道を間違えて、八キロほど引き返したりもした。日が沈み始めても、まだゴールにはたどり着けておらず、道も上りになってきた。素泊まりの宿を予約していたサイトウさんとは途中で別れ、また明日合流することにした。サガさんが完走したいと言うので、ぼくは喜んで、一緒にゴールを目指すことにした。

サガさんが言った。「きつくて、身体中が痛いわ。でも、おまじないは忘れてない。私は諦めない」

「心配いらないよ。大丈夫。パパとぼくは暗い道を何回も走ったし、山も上った。雨が降ってたときも、お腹がペコペコなときも走ってきたよ」ショウが言った。

「ショウ、そんなに言わなくても、サガさんはわかってるさ」ぼくは言った。

「いいのよ」サガさんが言った。「今の話を聞けてよかったわ。八歳のショウ君だってできたんだもん。私にもできるはずよね」

ぼくたちは日暮れ後もしばらく走り続け、ようやく尾道に到着した。疲れきってはいたが、嬉しかった。サガさんはお祝いの夕食をぼくたちにご馳走してくれた。「自分にこんなことができるなんて思ったこともなかったの。でも、私はできた。本当に完走できたわ」

第36章　ヒロシマ

翌日、サガさんは、前日の達成感の余韻に浸りながら、東京行きの便で帰っていった。ぼくたちを追いかけてきたサイトウさんと尾道で合流し、交通量の多いルートを広島を目指して一緒に走った。その日、サイトウさんはホテルを見つけて泊まったが、ショウとぼくは、予定通り、テレビジャパンの女性アナウンサーの自宅に泊めてもらった。ぼくたちの様子を、番組で放映するためだ。彼女はぼくたちが自転車で到着し、彼女のつくった夕食をとり、花火をして、布団で読み聞かせをする様子を撮影した。

翌朝、広島に向けて出発した。日本の他の主要都市と同じく、広島も巨大だ。狭い道路や路地の間に、古めかしい建物が肩を寄せ合うようにして立ち並んでいる。人口密度の高いエリアが果てしなく広がり、そこから吐き出された大量の人や車が、第二次世界大戦後に復興を遂げた近代的な市街地を行き交っている。ぼくたちは、橋を渡り、高架の下を抜け、いくつもの工場や店の前を通り過ぎながら、一〇〇万人を優に越える大都市の中心部に近づいた。

ぼくは、自転車の軌道がそれないようにハンドルを握りしめながら、混雑した道をリラックスして走ろうと努めた。毎日自転車に乗る生活を続けて八週間、ぼくたちは息が詰まりそうなほど交通量が多い道でも、それほどストレスなく走れるようになっていた。だが、それでも常に用心深くしなくてはならないことに変わりはなかった。重要なポイントは二つ。道路のできるだけ端をまっすぐに走ることと、安全な速度を保つことだ。サイクリストが犯しやすい大きなミスは、予期せぬ障害物（穴ぼこ、リスなどの小動物、停車中の状態から突然開けられた車のドアなど）を避けようとして、急ハンドルを切り、大きく進路を変えてしまうことだ。その結果、車と衝突しやすくなってしまう。ぼくは常に、このリスクを想定しながら走っていた。

とはいえその日のぼくは、気がかりなことがあってなかなか運転に集中しにくかった。ぼくたちは、市の中心部にある、広島平和記念公園に向かっていた。第二次世界大戦の終戦間際に、広島に落とされた原子爆弾の犠牲者およそ一四万人の遺留品や記念碑がある場所だ。ぼくは、ショウを平和記念資料館に連れて行くべきかどうかで迷っていた。この資料館には、原爆が広島の人々に及ぼした恐るべき影響を生々しく描く写真や映像が大量にある。誰にとっても、穏やかな気持ちではいられない場所だ。もちろん、子どもにとってはなおさらだろう。前の晩にぼくたちを泊めてくれたアナウンサーからも、こうアドバイスされていた。

「私たちは、小学校のときに社会科見学で資料館に行かなくてはならなかったの。ショックを受けて、しばらく悪夢でうなされたわ。幼い子どもが見るべきものではないと思う」。一九六〇年代から七〇年代にかけて広島で育った彼女は、グロテスクな傷跡のある被爆者を市内でよく見かけたそうだ。「路上で被爆者を見かけたら、いつも目をそらしたわ。その人がいったいどんな苦しみを味わったのか、この市で何が起きたのか――。それを直視しなければならないのが恐ろしかった」

彼女の体験談を聞いて、ぼくはどうすべきかわからなくなった。それまでは、ショウを資料館に連れて行くつもりだった。子どもにとっても、重要な歴史的出来事について学べる貴重な機会だと思ったからだ。戦争がどのような結末をもたらし得るかを見ておくことも大切だ。戦争のよい側面ばかりを描く、テレビや映画では知ることのできない現実を目にできるだろう。

資料館は、国家間の対立を平和的な方法で解決することの重要性を訴え、核兵器のない世界の実現を提唱していた。前の晩、ショウを資料館に連れて行くかどうかで迷って広島について調べていたとき、次の一節を見つけた。

平和記念資料館は、被爆者の遺品や被爆の惨状を示す写真や資料を収集・展示するとともに、広島の被爆前後の歩みや核時代の状況などについて紹介しています。

資料の一つ一つには、人びとの悲しみや怒りが込められています。原爆の惨禍からよみがえったヒロシマの願いは、核兵器のない平和な社会を実現することです。

（広島平和記念資料館ホームページ）

核兵器のない世界を実現するのは簡単ではないが、子どもにこの願いを抱かせることには大きな価値があるはずだ。それでも、ぼくは迷った。本当に、八歳の子どもに核戦争の恐怖を教えることは必要なのだろうか？　〝人類は核兵器を持つべきではない〟と気づかせるために、原爆の爆風で焼けただれた少年少女の姿を見せるべきなのだろうか？　それによって、息子の心を深く傷つけてしまうかもしれないのに。

道に迷わないようにGPSをチェックしながら、角をいくつか曲がり、平和記念公園に到着した。じりじりと照りつける太陽の下、さまざまな記念碑が建てられた長方形の広大な広場を、大勢の人々が行き交っている。広場の端に資料館が見えた。大理石造りの近代的な二階建ての建物だ。自転車に鍵をかけていると、ショウが尋ねた。「パパ、ここは戦争で爆弾を落とされたところなんでしょ？」

「そうだよ。アメリカは、第二次世界大戦末期の一九四五年の八月、広島に原子爆弾を落とした。今、ショウとパパが立っているのは、まさに爆弾が落とされたところなんだ」

ショウは、まるで空から爆弾が落ちてくるかもしれないとでもいうように、用心深く周りを見回した。「そうは見えないな」

「それは、ずいぶんと前のことなんだ、今から……」

「待って！」ぼくを遮ったショウが、指を折りながら何かを考えている様子で目を細めたあと、意気揚々と叫んだ。「今から六四年前だ！」

「すごいぞ、その通りだ」ぼくは言った。「ショウ、実は資料館には、戦争の恐ろしい写真がたくさん展示されてるんだ。中に入る？　それとも、資料館には入らず公園を散歩しようか？」

ショウは、自分がどういう答えを求められているのかを探るようにして、ぼくの顔を見た。「パパは、ぼくが中に入った方がいいと思う？」

ぼくは言葉に詰まった。ショウが大人になって、この自転車の冒険の旅を振り返ったときのことが頭に浮かんだ。ショウは、この旅が素晴らしい思い出になったと言いながらも、こう告げるかもしれない。「でも、広島の原爆資料館は別だよ。あそこには行かない方がよかった。トラウマになったよ。そのあと、ずいぶん悪夢にうなされたんだ」——。そもそも、ぼく自身も悪夢に悩まされるかもしれない。その一方で、ショウと一緒に今、この悲しい過去の出来事について学び、時間をかけてゆっくり消化していくのは重要かもしれないとも思った。

ぼくはようやく口を開いた。「辛い気持ちになるかもしれない。でも、そうだな。パパは、ここはショウが訪れるべき大事な場所だと思う」

「じゃあ、入ろうよ」ショウが言った。

入口に向かって歩きながら、ぼくは自分の判断が正しいことを願った。

園内でサイトウさんと合流し、楽しく話をしながら資料館に入った。館内では、サイトウさんとは別々に行動し、出口で落ち合うことにした。特に話し合ったわけではなかったが、暗黙のうちに、それぞれで展示と向き合いたいと考えたのだと思う。大勢の見学者が、厳粛な表情で展示を見ていた。ショウとぼくも、ゆっくり順路を進み始めた。一九四五年の広島の市街地を、原爆が投下される前と後の二つの模型にしたものがあった。ショウは、二つの模型の間を何度も往復して、違いを指摘した。「建物がめちゃくちゃに壊れてる」。ショウは原爆の爆心地を示す赤いエリアを指さした。「パパ、あの辺りは何もなくなってるよ」

ぼくたちは、日本の戦時下における広島の役割や、アメリカが原爆投下を決断するに至った経緯を説明する展示壁に沿って歩いた。ぼくは説明文を読みながら、戦争の歴史的な背景が、もっと大きな枠組みで説明されていたらよかったのにと思った。そこには、日本の帝国主義の歴史についても、真珠湾攻撃についても、南京事件をはじめとするアジア諸国での日本軍の残虐行為についても、十分な説明がなかった。そのため、この展示から受ける印象は、アメリカが無慈悲な破壊者であり、日本はその被害者だというものだった。ぼくにはそれが、原爆投下の背景を深く掘り下げる貴重な機会を逃しているように思えた。

とはいえ、第二次世界大戦をどうとらえるかは、日本国内でも意見の分かれるデリケートな問題だとされている。ぼくの日本の友人たちによれば、高校の日本史の授業では、おそらく戦争についての正面からの議論を避けたいという理由から、三学期末になると決まって現代史に割く時間が足りなくなり、二〇世紀の主な出来事は駆け足で触れられるだけだったという。

展示の内容が凄惨《せいさん》さを増していくにつれ、ショウはぼくの側にぴったりと寄り添うようになった。爆風で焼かれ、ただれた皮膚でゾンビのように腕を広げて歩く人々の等身大の模型。爆風で焼死した男の影がはっきりとわかる壁。着物の柄が肌に焼き付いた女性の写真。

「パパ、三輪車があるよ」ショウが、錆びついた小さな三輪車を指さした。「これは何?」

ぼくは展示物の説明を、平静を保つのに苦労しながら、静かに読み上げた。これは、この三輪車が大好きで、何時間でも乗り続けていた小さな男の子のものだった。男の子は被爆によって命を失った。父親は息子が好きだった三輪車を庭に埋めた。何十年も経過したあとで、父親は三輪車を掘り起こし、資料館に寄付した。ぼくは絶望感に打ちひしがれ、ショウの肩に両腕を回した。息子を、透明なバリアのようなもので守りたかった。涙が溢れてきた。ショウが、ぼくの顔を見上げていた。

手を握ったまま、ぼくたちは黙ってその場に立ち尽くした。

それから一時間半、ぼくたちは被爆者の苦しみの物語をいくつも目にした。ショウは何度も、小声でぼくに質問をした。最後に、被爆者のインタビュー映像を見た。原爆が爆発したとき、中学生だった彼は学校にいた。爆風で校舎は崩壊し、クラスメートのほとんどは押しつぶされて死んだ。瓦礫《がれき》の下に閉じ込められた彼と数人の仲間は、運よく生き延びることができた。救助を待つ間、彼らは気力を保つために、校歌を歌った。

資料館を出て、太陽の日差しが眩しい広場に立ったとき、ぼくは心身ともに疲れてぐったりとしていた。空には白い雲の筋が流れていた。ぼくたちは、「原爆の子の像」の近くで休むことにした。幼児のときに被爆し、その影響で白血病になり、それから一〇年後に亡くなった少女、ササキサダコの像だ。病状が悪化するなか、彼女は奇跡を信じて鶴の折り紙を千羽折った。それから何十年にもわたって、世界中の子どもたちがつくった折り鶴が、この像のもとに送られた。サダコは両腕を前に大きく広げ、自らの不運を払拭《ふっしょく》するかのように、自信に満ちた穏やかな表情で未来を見つめている。遠くには、五階建ての原爆ドームが見える。かろうじて全壊を逃れたこの建造物は、今では多くの観光客が訪れる記念碑になっている。ぼくは、一九四五年八月六日の午前八時一五分、原爆の爆発によって命を落とした、通学中の大勢の子どもたちの姿を想像した。

　ぼくは、資料館を見学し終えたショウがショックを受けていないかと不安になった。だが、彼の表情は落ち着いていた。ぼくたちは日陰に座り、気持ちのよい広場を歩く人々を眺めた。しばらくして、ショウが沈黙を破った。「パパ、オジイチャンは戦争で戦ったの？」。エイコの父親、彼にとっての祖父のことだ。

「いや、そのときオジイチャンはまだ小さかったから、兵隊にはとられなかった。でも、戦争が終わった頃には一五歳で、アメリカ軍から日本を守るために、東京の士官学校に通っていたんだ。今でも、その学校の友達とは連絡をとりあっているらしい」

「オバアチャンはどうだったの？」

「オバアチャンも戦争のときは子どもだったけど、戦争を支援するために東京の工場で働かなければならなかったんだ。当時、大人の男は戦地に行き、男の子は士官学校に通い、女性や少女は戦争の武器をつくるための工場で働いた。誰もが日本の勝利のために何かをしなければならなかった。戦争がもうすぐ終わる頃、東京は大きな空襲にあって、焼け野原になった。でも、運よくオバアチャンの家は無事だった。ショウが毎年、お正月に遊びに行く家だよ。オバアチャンは勉強ができたのに、大学には行けなかった。だから自分の娘には、一生懸命勉強をして、社会に大きく羽ばたいて欲しいと願っていたんだ」

「パパのお父さんは戦争に行ったの？」

「いや、おじいちゃんも戦争中はまだ子どもで、オクラホマにいた。ちょうどショウと同じくらいの歳だ」

「でも、戦いたいと思っていたの?」

「戦場に行きたいとは思っていなかったかもしれないけど、アメリカが勝つことを望んでいたのは確かだ。ショウは日本人の家族や友達がいるから、日本という国や日本の人たちについてよく知っているだろう? でも、おじいちゃんが子どもの頃、アメリカでは日本人は残酷な野蛮人だと思われていたんだ。アメリカ政府が国民がそういう印象を持つように宣伝していたというのもあるけど、事実に基づいている部分もある。かつて日本兵は、韓国や中国などの国を侵略し、残虐な行為をしたことがあるからだ」

ぼくは、話を続けるべきかどうか少し躊躇《ちゅうちょ》したあと、ショウに言った。「戦争中、アメリカに住んでいた日本人は、強制収容所に入れられたんだ。刑務所と同じような場所だ。アメリカはそのとき、ドイツとイタリアとも戦争をしていた。なのに、強制収容所に収容されたのは、なぜかほとんどが日本人だった」

「ママも強制収容所に入れられるの?」

「その当時であれば、たぶん。でも、近い将来にアメリカと日本がもう一度戦争することは、まずないと言っていい。だから、心配しなくても大丈夫だよ」

ショウはしばらく何かを考えていた。そして、大きな決断をしたような顔つきをして、宣言した。「誰かがママを強制収容所に連れて行こうとしても、ぼくが許さない」

ぼくはショウを抱きしめた。

追いかけっこをしている子どもたちが、楽しそうに歓声をあげながら、サダコのブロンズ像の周りを走り回っていた。

第37章　冒険の終わり

それから数日はあっという間に過ぎた。サイトウさんと一緒に走ることで、ぼくはプレッシャーから解放された。サイトウさんは毎日、宿を予約しておいてくれたし、走りやすいルートを提案してくれた。長く単調なはずの道のりも、冗談を言い合いながら走れば、拍子抜けするくらい短く感じた。旅は、快適すぎると思うくらい快適なものになっていった。

嚴島《いつくしま》神社も訪れた。瀬戸内海に浮かぶ、朱色の大鳥居で有名な神社だ。鳥居は日本のあらゆる場所で見ることができる。二本の柱の上に二層の横木を渡した形をした、神社の神聖な空間と俗世界を区画するためのものだ。外国人にとって、鳥居があるかないかは、仏教の寺院と神道の神社を区別するための便利な目印だ。日本の文化には、この二つの宗教が溶け込んでいる。ぼくはこの旅を通じていくつも鳥居を見たが、嚴島の鳥居はもっとも印象的だった。日本のガイドブックの表紙にも、富士山と並んでこの神社のイメージが使われることが多い。

本殿を歩いていたとき、ショウがおもむろに将来の夢について発表した。「パパ、ぼくは『リトル・ダンサー』みたいに踊ってみたい。アメリカに帰ったら、タップダンスやバレエを習ってもいい？」

ぼくは少々意表をつかれた。ぼくの身内にはダンサーはいないし、ショウがダンスをしたいと言い出すとは想像もしていなかった。ダンス、なかでもバレエは、女の子がするものだという古い考えが頭をよぎり、とっさになんと言葉を返していいのかわからなかった。でも、ぼくはすぐに、そんな偏見は持つべきではないと思い直した。何より、ショウが大きな夢を抱き、自分自身で道を切り開きたいと考えていることが嬉しかった。それに、息子がそんなことを考えられるくらい逞しくなったのは、この旅を通じて成長したからなのかもしれないのだ。

「いいとも。ニューヨークに帰ったらママに相談して、ダンススタジオを探してみよう」

ぼくたちはその午後、「リトル・ダンサー」のサウンドトラックを繰り返し聴きながら、岩国《いわくに》を目指してペダルを漕いだ。アルバムを三回、通しで聴き終えたあと、ぼくはさすがにもう十分だと思った。「パパはショウが熱心なのは嬉しいよ。だけど、しばらくは音楽をかけずに走ることにしよう」。ショウは同意したが、数分もすると、アカペラで歌い始めた。

岩国では、錦帯橋《きんたいきょう》を訪れた。その近くの施設で、珍しいシロヘビも観覧した。偶然、子ども向けのヒーローもののテレビドラマの撮影現

場にも出くわした。侍が持つような刀を手にしたスーパーヒーローが、緑色の虫の怪物と闘っていた。大人のぼくからすれば、ヒーローは馬鹿みたいな格好をしているように見えたし、武器もプラスチック製だった。だが、ショウは大興奮していた。サイトウさんは、彼が小学校の教師をしていた頃の話や、冬には数メートルの雪で覆われるという故郷の山形の話をしてくれた。道端の植物の細長い葉をつかって笛をつくる方法をショウに教えてくれ、毎晩、一緒に花火を楽しんでくれた。夜空にきらめく星を指さして、星座の意味を教えてくれた。

フェリーを降り、九州の東海岸の地を踏みしめたとき、ぼくはこの壮大な冒険の終わりが近づいているのを感じて、ほっとした。同時に、寂しさも覚えた。このまま海岸線を走れば、一週間もしないうちに、佐多岬に到着する。妻や娘に会えると思うとたまらなく嬉しかったが、インテルで働く日々がまた始まるかと思うと、複雑な気持ちにもなった。別府に向かう途中の国東《くにさき》半島で、休憩をとった。サイトウさんとぼくは道端に立ち、ショウが砂浜で遊んでいるのを目の端にとらえながら、海を眺めていた。

ぼくの気分を察してくれたのだろう、サイトウさんが尋ねた。「旅が終わるのは寂しいですか？」

「エイコとサヤに会えるのは、ものすごく楽しみです。でもぼくは、この旅によって、自分のなかの何かが変わったような気がしているんです。人生を、会社で出世することではなく、何か別なものを追い求めるために使うべきではないか——そんな風に考えるようになりました」

サイトウさんはうなずいて言った。「私は、この旅を通じてしか、チャールズさんのことを知りません。それでも、あなたが会社で働いている姿を想像するのは難しい。私は昔、教師をしていましたが、あなたは教師に向いているかもしれない。子どもの扱いが上手だし、愛情深い父親でもある」

「ありがとうございます。ところで、ショウの膝がトレーラーサイクルのハンドルにぶつかるようになっているのに気づきましたか？　この二カ月の間にも、息子は成長したんです」

「成長したのは身体だけじゃないですよ。初めて会ったときより、ショウ君は大人になりました。前よりも自信がついたし、辛いことにも上手く対処できるようになった。泣き言をいうのではなく、笑い飛ばせるようになった。八歳の子どもにそうできることではありません」

ぼくは微笑んだ。「ときどき、走っている途中で、店のガラス窓に自分たちの姿がちらっと映るのを見ることがあるんです。トレーラーサイクルに乗ったショウは、とても小さく見えます。ガラスに映るショウの姿は、またたく間に後ろに過ぎ去っていきます。そんなとき、こう思うんです。子ども時代は本当にあっという間に過ぎ去ってしまう。人間は、あっという間に大人になってしまう――。春に美しく咲いた桜が、わずか一、二週間で散ってしまうのと同じように」

「チャールズさん、言うことが日本人っぽくなってきましたねえ。ともかく、あなたはショウ君に最高の贈り物をしていると思いますよ。それは、父親と過ごす時間です。ショウ君は決して、この旅の思い出を忘れることはないでしょう。そして、彼が大人になればなるほど、この旅が大きな意味を持つようになるはずです。私の母は、病院で亡くなりました。危篤状態に陥った母は、医師に私を病院に呼ぶように頼みました。母は私が到着するまで気力を振り絞って意識を保っていました。かけつけた私が部屋に入り、目が合ったとき、彼女の目から涙がこぼれました。そして、その数分後、母は息を引きとりました。最後に息子の姿をひと目見るまで、死を拒絶したのです。その瞬間、私には人生の意味がはっきりとわかりました。それはとても単純なことです――愛する人とできるかぎり多くの時間を過ごすこと、自分に正直に生きるのを恐れてはいけないということ」

ショウが砂浜から戻ってきて言った。「考えてたんだ。過去に戻れたらいいのにって」

「パパも同じことを考えるときがあるよ」ぼくは言った。「訪れてみたい場所がたくさんある。古代ギリシアにも行ってみたいし、昔の中国で、万里の長城がどんな風につくられていたのかも見てみたい。天国に行った家族と会うこともできるし、子どもの頃の自分にも会える。さらに時代をさかのぼって、恐竜を見に行くこともできるかもしれない」

「そうだね」ショウは困ったような顔をした。「でも、ぼくが考えていたのは、もし過去に戻れるのなら、誕生日の前に戻って、もっとぼくが気に入るようなプレゼントをちょうだいって友達に言うのに、ってことだったんだよ」

ぼくたちは旅の最後の数日を、容赦なく照りつける日差しを浴びながら、信じられないほど美しい九州の海岸線に沿って走った。宮崎で橋を渡っていたとき、ショウが海の方を指さした。自転車を止めたぼくたちが目にしたのは、ちょっとした水族館ショーのようなものだった。一五センチくらいの大きさの魚が、一匹ずつ海面から飛び出し、しぶきを上げて水のなかに戻っていく。二、三分の間に、何十匹もの魚が同じ動作を繰り返した。

「あれはなんという魚だろう?」サイトウさんが尋ねた。

「〝宮崎のフライングフィッシュ〟と名づけましょう」ぼくはビデオカメラで魚を撮影した。

ショウが言った。「ここで魚釣りがしたい！　釣竿は要らないよ。船に乗って海に出れば、魚が勝手に飛び込んでくるでしょ。あとは櫂《かい》で魚の頭を叩くだけ。夕食が手に入るよ」

「名案だな。ところで、あの魚はなんでジャンプしてると思う?」

「きっと、女の子にモテようとしてるんだよ」ショウが言った。

その日はそれから、青島神社にも寄った。二四〇〇万年をかけて堆積した貝殻から成る島に建てられた神社だ。波に侵食されることによってできた、「鬼の洗濯板」と呼ばれる階段状の複雑な形をした岩場は、ショウにとって打ってつけの探検スポットだった。

海岸線をさらに進み、断崖絶壁の岩棚にある、鵜戸《うど》神宮を訪れた。本殿から見下ろせる崖下のかなり離れた場所に大きな岩があり、その岩にかけられたしめ縄の内側に「運玉《うんだま》」と呼ばれる素焼きの玉をうまく投げ入れることができたら、幸運が舞い込むと考えられている。玉は五個で一〇〇円。男性は左手、女性は右手で投げるようにという指示がある。サイトウさんとぼくは左手で投げ、

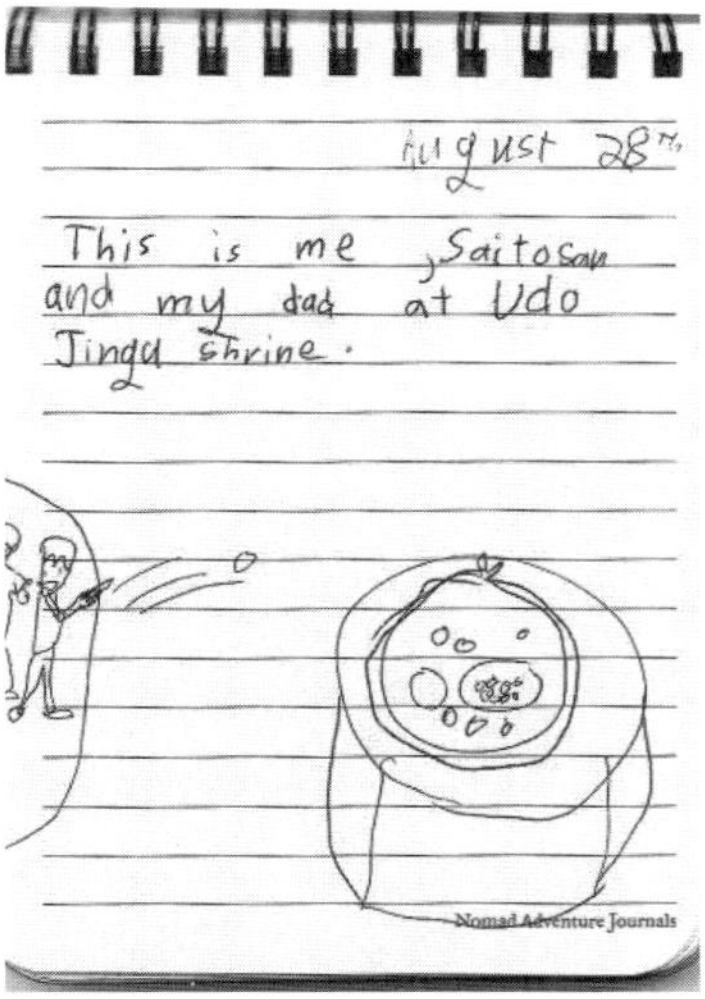
August 28th
This is me, Saitosan and my dad at Udo Jingu shrine.
Nomad Adventure Journals

全部外れてしまった。ショウは子どもなので特別に右手で投げ、ひとつ成功させた。

「ごめん、ぼくにだけ幸運がやってくるよ」ショウは慰めるように言った。「欲しかったら、少しだけ分けてあげるからね」

出発から六七日後、サイトウさんの隣でペダルを漕いでいるショウとぼくは、九州本島最南端の佐多岬まであと一時間のところにいた。

旅が、終わろうとしている――。胸が高鳴り、誇らしく感じ、安堵感に包まれた。ぼくたちは耐えてきた。容赦のない豪雨に、頑固な強風に、トラブルや事故に、恐ろしい山々に、過酷な暑さに――。四〇〇〇キロも、走り抜いてきた。それでもまだ、力強くペダルを踏んでいる。ぼくたちの旅に懐疑的だった人たちに電話をして、「今ぼくたちはどこにいると思う?」と勝ち誇ったように言ってみたかった。

毎日何時間も自転車に乗ることが、すっかりぼくたちの日常になっていた。ぼくたちは走りながら、いろんな話をした。ときにはショウが独り言をつぶやき、ときには音楽に合わせて一緒に歌を口ずさみ、ときには何も考えずに黙ってペダルを踏み続けた。何時間もペダルを漕ぎ続ける日々が、当たり前のものになっていた。

早く冒険を終えて、便利で快適な生活に戻りたいと思うこともあった。でもぼくは、勝利の喜びが、喪失感によって薄められていくのを感じた。この冒険を計画し、準備し、実行するこ

とに、あまりにも多くの労力を投じてきたからなのだろう。佐多岬を前にしたとき、その終わりが近づいていることを寂しく感じている自分がいた。素晴らしい思い出が次々と蘇ってきた。心にぽっかりと穴が空いたみたいだ。

ぼくは自分の生き方についても思いを巡らせていた。インテルを辞める覚悟はできていなかったが、以前と同じように企業で働き続けていては、自分らしく生きることはできないという確信めいた予感があった。インテルに勤めていれば、高給や社会的地位は得られるだろう。だがそれらは、他人が決めた目標に従って生きなければならないストレスを我慢するだけの価値のあるものだとは思えなかった。ぼくは、人生の次の大きなミッションは、インテルを辞めたあとに、どんな風に生きていくか、そのビジョンを描くことだと思った。帰国してすぐに会社を辞めるつもりはなかったが、一、二年かけて、新しいライフスタイルに移行するための基礎づくりをしてみたい。子どもたちと過ごす時間を増やし、身体を鍛えて健康を保ち、新たなライフスタイルを実現するために必要なお金を稼ぎたい。それがどのようなものかがはっきりするまでには、しばらく時間がかかるだろう。だがぼくは、それを必ず実現させると決意していた。

ゴールまでの最後の一時間は、きらめく海を左手に見ながら森を抜ける、曲がりくねったアップダウンの多い道のりだった。蒸し暑い天気のなか、南国を思わせる光景を見ながら走った。濃い緑色の大きな葉を広げた植物があちこちに生え、マングローブの木の枝が巨大な手のように道路の上から垂れ下がっている。ソテツも見かけた。シダのような葉の真ん中から突き出ている、とうもろこし状の巨大な雌花《めばな》を見て、ショウが驚いた。「この松ぼっくりみたいなのは、ぼくと同じくらい大きいよ！」

サイトウさんが言った。「ソテツは成長がすごく遅い植物なんだよ。今目の前にあるのは、一〇〇歳くらいかもしれない。だけど、この植物を食べちゃいけないよ。あらゆる部分に猛烈な毒があるからね」

道路は、佐多岬の公園入口の横にある駐車場で終わっていた。ここで自転車を止め、わずかな入場料を払い、森のなかを歩いて岬を目指すことになる。節くれだったバンヤンノキに自転車をロックしていたら、タイヤの溝に緑色のネバネバした物質がかすかに挟まっているのに気づいた。函館のフェリーに乗り込んだ際、塗りたての床の上で自転車を押して歩いたときについてしまったペンキが、数千キロを走ったあとでも、まだ残っていたのだ。ぼくたちは短いトンネルをくぐると、小高い丘につくられた、亀裂の入ったコンクリート道を歩き始めた。湿った空気が喉にからみつくように暑かったので、木陰が多いのはありがたかった。小道はところどころ崩壊しているので、つまずかないように注意しなければならなかった。

九州最南端地点まであと数百メートルというところで、ぼくはショウに尋ねた。「六七日間の日本縦断の旅は、大変だった？」

「まあね」

「八歳にはきつすぎる？」

「そんなことはないよ。でも、次の旅では、ひとりで自転車に乗らせてくれる？」

「次の旅？」ぼくは驚いて言った。「また冒険がしたいってこと？」

「もちろん」

「そうだな、まずママに相談しよう」

「パパ、次の旅では、ゲームセンターがあるところを調べて、そこを通るようにしてくれる？」

「そうだな。そういえば、日本一のゲームセンターは見つかったかな？」

ショウが眉をひそめた。「どれが一番よかったか、よくわからないんだ。他より大きなゲームセンターはあったけど、どれもそんなに違わなかった。でも、アメリカのゲームセンターよりもいいことだけは間違いないよ。もしぼくが大統領になったら、まっさきに、アメリカじゅうのゲームセンターにポケモンバトリオと恐竜キングのゲーム機を置くように命令を出すよ。すっごく面白いゲームなのに、アメリカにはどこにもないんだもん！　そんなの考えられないよ」

数メートル先を歩いていたサイトウさんが、突然、足を止めた。「ショウ君、あの木の上を見てごらん！」

ニホンザルが一匹、六、七メートルほど頭上の枝にうずくまり、ぼくたちを見下ろしていた。ぼくたちはその場に固まった。サイトウさんがささやいた。「一匹いるということは、他にもたくさんいるはずだ」

ショウが頭上の木を見渡して叫んだ「あそこにもいる！」。サルたちはキャッキャッと鳴き声をあげながら、枝から枝へと飛び移って、森のなかに姿を消した。ショウは申し訳なさそうな顔をして言った。「ごめんなさい、ぼくが大きな声を出したからサルが怖がって逃げちゃった」

「気にする必要なんてまったくないよ」サイトウさんがショウの頭を撫でながら言った。「サルを見るために来たんじゃないんだからね」

　サイトウさんの後ろについて森を抜けると、東シナ海と太平洋が波しぶきをあげて合流する境目を見渡せる、眺望のよい場所に出た。大《おお》隅《すみ》諸島の島々もいくつか見える。なかでも見事なのは、硫黄島《いおうじま》だ。活発な火山によって噴出した硫黄によって、島周辺の海水が黄色くなっている。

　岬の先に、白の展望台が見えた。

「ショウ、あったぞ。あれがゴールだ」ぼくは大きな安堵の溜息をつきながら、ショウの肩に腕を回した。

　ショウが言った。「あそこでアイスクリームを売っているといいな。暑くて身体が溶けちゃいそうだよ」

　佐多岬の先端に着いたぼくたちは、崖の端に立てられている「本土最南端　佐多岬」の看板の横に立ち、海を背景にして記念写真を撮った。展望台はかなり古びていた。白いペンキは色あせてところどころ剝げ落ちているし、建物の土台の一部も欠損していた。上階の窓ガラスは歯抜けになっていて、通路のタイルもかなり剝がれている。でも、ぼくにとっては完璧なゴー

ルだった。ついに、ぼくたちは長い間目指してきた目的地にたどり着いたのだ。

ショウの横に立っていたら、ふいに一三歳のとき、テネシー州ジャクソンで父と一緒に参加したマラソン大会のことを思い出した。限りなく歩いている速度に近い、〝ジョグウォーキング〟とでも呼ぶべきペースで、三八キロ地点に差しかかったとき、見慣れた人影がこっちに向かって走ってくるのが見えた。父だった。一時間前にゴールしていた父は、最後の三キロを最後尾のぼくと伴走するために、戻ってきてくれたのだ。

「あとほんの少しだ」父はぼくの隣をゆっくりとジョギングしながら言った。「もう完走は間違いないぞ」

父の側を走ることで、気力が蘇ってきた。重たかった脚が軽くなり、うつむきがちだった顔も上がった。ぼくはほんのちょっと前までは不可能に思えたような力強いペースで走り始めた。そのとき、完走できるという確信が生まれた。

「パパ、よく西部劇で、主人公と悪役が奪い合ったピストルが、床に転がり落ちることがあるでしょ？」ぼくは荒く息をしながら言った。

「うん、それがどうした？」

「映画では、主人公が伸ばした腕が、あと数インチあればピストルに届くところまで近づく。観客は、ハラハラしながらどうなるかを見守る。そして必ず最後には、主人公がピストルをつかんで、悪役を撃つ。でも、現実の世界では、その最後の数インチ先に手が届かないことだってある」

父は微笑んだ。「わかるよ。父さんも、今日のマラソンの最後の一時間、どこからかトラックが現れて、引っ張ってくれないかと考えてたよ」

「ぼくは、ヘリコプターが空から飛んできて、マシンガンで撃ってくれないかと思ってた。そうすれば、地面に寝転べるから」

「あと数分で横になれるさ。ほら、もう少しだ！」。数百メートル先に、背の高い二本のポールの間に渡された、ゴール地点を表す横断幕があるのが見えた。スタートしてから五時間二一分後に、ぼくがフィニッシュラインを越えたとき、レースボランティアはすでにテントを撤収し始めていた。

父はぼくを抱きしめて言った。「やったぞ。父さんはお前が最後まで諦めなかったことを誇りに思う。お前はすごいことを成し遂げたんだ」

「最後の数インチを、誰かが助けてくれることもある」ぼくは言った。

そして今、父親になったぼくは佐多岬にいた。遠くに見下ろす海は荒波が砕け、旋回する白い泡が太陽の眩しい光できらめいていた。ぼくはショウの肩に腕を回して言った。「ショウは最後までやり遂げたんだ。パパはそれを心から誇りに思う」

ショウは頭をぼくの胸に寄せた。

ほどなくして、サイトウさんにさよならを言うときが来た。ショウとぼくは電車で東京に行き、そこでエイコとサヤに再会することになっていた。日本一周の旅をしているサイトウさんは、そのまま九州の西海岸を走り続ける。

「サイトウさん。あなたと一緒に旅ができて、最高でした」ぼくはお辞儀をして言った。

サイトウさんは手を伸ばし、ぼくと握手をした。「今回の日本一周の旅で、まさかチャールズさんとショウ君のような人と出会い、一緒に走ることになるとは思ってもいませんでした。出会えて本当によかった。あなたたちは、私にとって初めてのアメリカ人の友人です」

ショウがポケモンパックを三つ、サイトウさんに手渡した。「これをあげるよ。この三つは、一番強いポケモンなんだ。サイトウさんに持っていてもらいたいんだ」

「本当にいいのかい?」サイトウさんが尋ねると、ショウはうなずいた。「心のこもったプレゼントをありがとう。君は素晴らしい子だ。これからは一人で走ることになるけど、このポケモンパックを見れば、チャールズさんとショウ君と一緒に走っている気持ちになれるでしょう」

ぼくは旅日記を取り出し、たった今の瞬間の出来事を細かく記録した。ショウが尋ねた。「パパ、なんでいつも日記に何かを書いてるの?」

「この旅のことを覚えておきたいからさ。そのためには、まだ記憶が新しいうちに、書き留めておくのが一番なんだ。それにパパは、今回の冒険のことを、本に書いてみようと思い始めてる」

「ぼくはその本を読める?」

「もちろんさ。その本は、ショウのために書くんだ。それはパパがショウのことをどれだけ愛しているかを説明する、長い手紙みたいなものさ」

「口で言えばいいじゃない。本を書くよりずっと楽だよ」

「いいかい。本があれば、これからずっと先に――パパが死んだあとでも――ショウはその本を側に置いておけるんだ。パパのことを思い出して寂しくなったら、ページをめくればいい。パパはいつもそこにいる」

「人間が死ななかったらいいのになあ。そうしたら、ぼくはパパにもママにもさよならを言わなくてすむのに」

ぼくはうなずいた。「そうだな。パパもそう思うよ。パパは昔、仕事で世界中を駆け回ってた。面白かったけど、ショウが生まれてから、パパは変わった。ショウが大きくなるまでは、側にいることを優先しようと思ったんだ。三週間の出張から戻ったときのことを今でもはっきりと覚えてる。ショウはまだ生後六カ月で、ママと一緒に空港で出迎えてくれた。ショウを腕のなかに抱いたとき、パパは〝もう二度と、こんなに長く離れ離れにはならない〟と誓ったんだ」

「でも、ママとサヤにはもう二カ月も会ってないじゃない？」

「いい質問だ。パパはこの旅で学んだ。エイコとサヤと長い間離れているのは、もうこりごりだ。たとえショウと、素晴らしい冒険の旅をしているときでも――。ということは？」

ショウがにっこりと笑った。「次の冒険には、ママとサヤも一緒に来る！」

ぼくは笑い、その言葉を急いで旅日記に書き留めた。

ぼくはすべてを記録したかった。この素晴らしい日本縦断の冒険のことを。共に過ごした日々のことを。そこでショウとぼくが、一緒に何をしたのかを――。

謝辞

ショウと一緒に自転車で日本を縦断すると決めたとき、ぼくにはたくさんの人の力を借りなければならないことがわかっていた。実際、旅の準備をしていたときも、旅をしているときも、友人や家族、親戚、そして見知らぬ人までもが、幾度となくぼくたちを助けてくれた。また、この本を書くことも、ひとつの大きな挑戦だった。ここでも、友人たちから多くのサポートやアドバイスをもらった。以下の人々に心から感謝する。

・ぼくたちの冒険を支援し、世界をよりよい場所にするために日々努力を続けている、国連の皆さん――マーイケ・ヤンセン、ゲオルギオス・コスタコス、ワンボイ・ムンジ、リア・ワナンブワ、リサ・ロールス・ハーゲルベルグ、ルーシー・ジャスミン、アヒム・シュタイナー、ジュアニータ・キャスターノ。

・テネシー州ナッシュビルのＳＴＥＰＳパーソナルセンターの共同創設者兼代表の運動生理学者アーブ・ルーベンスタイン博士。六七日間のサイクリングに耐えうる身体づくりをするためのトレーニング計画の作成に協力してくれた。

・ニューヨーク、マウントキスコにあるバイシクル・ワールドのエリック・マルコスと彼のチーム。何時間もかけてぼくたちの自転車を整備し、ぼくに自転車修理の技術を教えてくれた（それは、北海道の人里離れた場所で役だった）。
・ぼくたちに講演を依頼してくれ、この冒険のプロモーションイベントをいくつも催してくれた、国連インターナショナル・スクールの教師や事務局の皆さん。ジャック・ノバック、ジュンコ・サイトウ、デブ・カーマジン、ヴァネッサ・ゴウ、ジャッキー・ジェンキンス、ジョン・ゲージ。
・ぼくたちの旅のスタートからゴールまでをニュースとして報じてくれたテレビジャパンのスタッフの皆さん。スギシタ・ヨシは、両親の住む松本の実家にぼくたちを泊めてくれた。彼のきょうだいであり、その後他界したユウキと過ごした時間は、ショウとぼくにとってかけがえのない思い出だ。
・おすすめのルートや、日本を自転車で旅するうえでのアドバイスをくれた、日本サイクリングナビゲーターの親切な方々――ワタナベ・エイイチ、ナガヌマ・オサム、トミタ・ヒデオ、イケダ・ケンイチ、コイズミ・シゲヒロ。
・インテル社を代表してぼくたちの旅を支援してくれたアナンド・チャンドラシーカー、技術的なサポートをしてくれた、同じくインテル社のベン・シーブ。
・ウェブサイトでぼくたちの旅を紹介してくれた、レパルトコルサの創設者であり、自転車の専門家・愛好家のエド・カンジアロッシ。
・今回の旅で行った募金集めに関してサポートし、ぼくたちの家族旅行についての記事を掲載してくれた、デポジット・ア・ギフトの創設者ダナ・オストメル。
・子どもと一緒に長距離をサイクリングするうえで有益なアドバイスを与えてくれた、ジョー・〞メタルカウボーイ〟・カーマスキー。
・ぼくたちの旅についての情報を世界中に発信してくれた、カメヤマ・シュウイチ、ヤマギシ・ユキをはじめとする日本政府観光局のスタッフの皆さん。シュウイチの両親は、ぼくたちが関市を訪れたときに、手厚くもてなしてくれた。
・遠く離れた場所に暮らす者も多いが、いまでも仲のよいフレッチャー法律外交大学院時代の仲間たちに、ぼくたちの冒険について知らせてくれた、ジェシカ・ダニエルズ。
・ハードな練習に付き合ってくれた、ウェストチェスター・トライアスロンクラブのトレーニングパートナーたち。おかげで、思っていたよりもはるかによいコンディションに仕上げることができた。リッチ・イッゾ、ケビン・カニンガム、クリスティン・ダナリー、トム・ブックレス、ピート・プレストン、ディアドラ・ホプキンス、ヘザー・スチュワート、ミミ・ボイル、マーク・ゴラブ、アダム・ドゥレチン、サンディ・ヨーク、カール・カーラン、マーチン・アヴィダン、エド・ビューセ、ジム・アーバイン。
・サイクリングに詳しく、ぼくに多くを教えてくれたポール・デクルー。ウェストチェスター郡の丘陵地帯での練習にも、何度も付き合ってくれた。
・この本を宣伝するための専門的知識とアドバイスを与えてくれた、フェブラリー・パートナーズのディー・ディー・デ・バートロと彼女のスタッフ。

・原書の装丁に協力してくれたアンドリュー・ナヘムとヴェロニカ・ジュ。
・作家、環境保護活動家、350.org 創設者のビル・マッキベン。ぼくは彼に触発されて環境保護活動をしたいと思うようになった。また、後にぼくが子どもたちと一緒に自転車でのアイスランド横断の旅にでかけたときにもお世話になった。
・この本の編集と売り込みを担当してくれた、優れた作家・編集者のキャサリン・ヒラー。彼女が教えてくれたライティングのクラスで、各章を見直すことができた。おかげでこの本は格段によくなったと思う。
・文章のわかりにくいところを辛抱強く指摘してくれた、ライティンググループのクラスメイト、ジェニファー・ワーナー、サリー・ウェインラヴ、マーク・トンプソン、リサ・アフマド。
・第一稿と最終稿に目を通し、大いに役立つ意見を述べてくれた、ヒロコ・ミヤムラ、レイナー・ジェンス、ブラッド・グラフ、サンジョット・ダナン、ジェニファー・マクファデン、ブライアン・ハリス。
・素晴らしい旅仲間であり、ショウに優しくしてくれた、サイトウ・アキラ（〝サイトウさん〟）。ぼくはあなたにとって初めてのアメリカ人の友人になれたことを誇りに思う。
・義理のきょうだいのイケガヤ・アキとイケガヤ・アケミ。旅の途中で、何時間も車を運転してぼくたちに会いにきて、ぼくたちが求めていた温かい家族のサポートを与えてくれた。
・有意義な人生を求めることを教えてくれた両親。常に弟のことを見守ってくれる兄のスチュアートと姉のベッキー。文才のある姪のボニー・スコットは、一〇代の視点で、この本についての有益な感想を述べてくれた。
・ずっと前からぼくを家族として温かく受け入れてくれ、今回の旅では定期的に安否確認の電話をしてくれた、義父のイケガヤ・ナオトシ。
・娘のサヤ。ぼくは君を、毎日一度は抱きしめずにはいられない。サヤはぼくの大きな秘密を知っている。
・最愛の妻、エイコ。彼女がいなければ、ぼくたち一家のファミリーアドベンチャーは成り立たない。
・最後に、ショウ。パパは次の冒険が待ちきれないよ。

ショウと日本縦断の旅をしてから、早いもので五年以上が経過しました。一三歳になったショウは、今では母親と同じくらい背が高くなりました。この旅を終えたときには、まさかその後、これほど多くの冒険旅行に出かけることになるとは思ってもみませんでした。現在までにぼくたちが自転車で走った距離の合計は、一万二千キロ以上にもなります。この本の最後にショウが口にした言葉の通り、エイコとサヤも冒険に参加しました。これまでに「アイスランド一周」「ドイツ、スイス、フランス、イギリス横断」「ルイス&クラーク・トレイル（ロッキー山脈を横切って太平洋まで続くトレイル）」「ニューヨーク市からナイアガラの滝まで」を走りました。次のルートがどこになるかはまだわかりませんが、これからもぼくたち家族の冒険が続くことは間違いありません！

ゴール地点の佐多岬に近づきながら、ぼくは自分が戻っていく会社員としての生活について考えていました。そして、これまでとは違う形の仕事に取り組みながら、生活の糧を得ていきたいという思いが芽生えていることに気づきました。条件のよい仕事に恵まれてはいました。それでもぼくは、自分の壁を乗り越え、新たな方法で成長できるような仕事をしてみたかったのです。子どもたちがまだ小さいうちに、もっと多くの時間を一緒に過ごしたい。子どもたちに、人間の身体には驚くほど大きな何かを達成できる能力が秘められていることを、実感として知って欲しい。子どもたちと一緒に世界を探検して、美しい地球を守る責任が私たちにあることを教えたい——。

二〇一一年、ぼくは入念な計画を立て、エイコと十分に話し合った末に、一四年間の会社員生活に別れを告げ、冒険家、作家、講演者としての新たな人生を歩み始めました。家族での自転車旅行に加え、マラソンやトライアスロンでの盲人選手の伴走も始めました。二〇一四年一〇月には、盲人として初めてグランド・キャニオンをノンストップで往復したランナーの伴走を務めました。学校や企業での講演では、「限界を越えて何かに挑戦すること」「有意義な人生をつくり上げること」「大小さまざまな冒険へと勇気を出して飛び込むこと」などの大切さについて話をしています。

安定したキャリアを捨てることは怖くもありましたが、ちょうどこの日本縦断旅行のときに、ぼくたちが人々から励まされ、助けられたように、たくさんの人たちが、ぼくを励まし、支援の手を差し伸べてくれました。いまでもショウとよく、日本各地で出会った、見ず知らずの人たちの優しさについて話をします。追い越すときに、「がんばれ！」と声をかけてくれたドライバー、車を止めて食べ物や飲み物をくれた人、寝場所を提供してくれた人、日本の歴史や文化について教えてくれた人……。日本について考えるときはいつも、たくさんの人たちから親切にしてもらったことを思い出して、温かい気持ちになります。

サイトウさんとは、いまでも連絡を取り合っています。山形県にある彼の自宅も訪れました。再会を果たしたとき、サイトウさんは佐多岬の別れ際に受け取ったポケモンパックを、ショウに返してくれました。この本を読んだ方なら、誰もがサイトウさんがどれほど素晴らしい人かおわかりになるはずです。ショウとぼくは、彼に出会えて本当に幸運でした。

ショウにも、日本語版の読者に向けて何か贈る言葉はないかと尋ねました。彼のメッセージは次の通りです。「何かをすることを恐れているのなら、立ち上がって、挑戦してみるべきだよ。失敗したり、行き詰まったりしても、何度も挑戦を繰り返すんだ。挑戦をやめない限り、いつか成功するときがやってくる。この本を読んだことがきっかけで、冒険に挑む人が増えることを願ってるよ！」

子どもたちは、ぼくたち夫婦に、立ち止まって、日常の小さな瞬間を味わうことの大切さを思い出させてくれます。美しい夕日に言葉もなく見とれること。一緒に雨に降られて笑うこと。身を寄せ合って眠りに落ちながら、深い安らぎを感じること。八歳の息子と一緒に自転車で日本を縦断することで、日々の瞬間が、どれほど貴重なものなのかを身に沁みて実感することができました。そしてこの旅は、冒険に満ちた新しい人生に向けて、ぼくの背中を押してくれました。

この旅への感謝の気持ちを、ぼくはいつまでも忘れません。

二〇一四年一二月　　チャールズ・R・スコット

訳者あとがき

本書は、四一歳のアメリカ人男性が、八歳の息子と一緒に六七日間をかけて自転車で日本を縦断した体験を描いたノンフィクションです。

半導体メーカーのインテルで働くエリートサラリーマンとして忙しく充実した毎日を送りながらも、生まれたばかりのわが子を置いて長期の出張にたびたび出なければならないような生活に疑問を感じていたチャールズ・スコット氏は、ある日、ニューヨークの自宅で「長い休みをとって、これからの生き方を見つめ直したい」「子どもとかけがえのない時間を、もっとたくさん過ごしたい」「冒険を通じて、息子に大きく成長してほしい」——という思いから、息子のショウ（翔）君と一緒に、妻の祖国である日本を自転車で縦断するという、突拍子もない大冒険を思いつきます。周囲の心配をよそに、会社をクビになるかもしれないという不安を抱えながらも、多忙な日々の合間に準備を進めたふたりは、二〇〇九年六月二五日、二台をつなげた連結型の自転車に乗って、スタート地点である北海道の宗谷岬を出発します。最初の一週間、車でサポートしてくれた最愛の妻エイコと、二歳の娘のサヤと別れた後は、ふたりきりで旅を続けます。

初めは母親と離れ離れになる寂しさや、気の遠くなるような長旅へのプレッシャーから、たびたびかんしゃくを起こしていたショウ君も、バイタリティ溢れる父親の背中を見ながら、日増しにたくましくなっていきます。ふたりは各地の世界遺産をめぐりながら、日本列島を駆け抜けていきます。知床半島や白神山地の手つかずの自然、アイヌ文化との出会い、雄大で峻厳な日本アルプス、古い町並みの残る木曽路、古都京都。高野山、東大寺、明日香村などの文化遺産、広島の原爆ドーム、サイクリストの憧れの地「しまなみ海道」——。外国人の目を通して、日本に住む私たちですら知らないような日本が描かれます。

ふたりはさまざまな困難に遭遇します。日々の疲れは蓄積し、思いがけない怪我にも見舞われます。自転車は何度も故障するし、毎日、食堂や寝場所を探すのも一苦労です。それでもふたりは、旅の途中で出会う人情味あふれる人たちに助けられながら、酷暑の日も豪雨の日もペダルを漕ぎ続け、ゴールである九州本島最南端の佐多岬を目指します。

それはチャールズにとって、妻の故郷である日本を再発見する旅であり、息子とのかけがえのない時間を過ごす旅であり、そしてこれからの生き方を考え直す旅でもありました。ショウ君にとっては、父親と共にそれまで体験したことのないような冒険をしながら、自分のルーツを探っていく旅でもありました。きっと多くの方は、旅を通じたショウ君の目覚ましい成長ぶりに驚きと喜びを感じながら、読み進めてくださったのではないでしょうか。

自然を愛し、自らに試練を課すことの価値を信じているチャールズは、息子であるショウ君に、旅を通じて自らが大切にしている価値観を伝えるだけではなく、「父親と一緒に過ごす時間」という、最高の贈り物をしました。旅のあいだは「日本一のゲームセンターを見つける」こと

（だけ？）を目標にしていたショウ君も、大人になって振り返ったときに、父親からのこのプレゼントが、いかに素晴らしいものだったかに気づくことでしょう。

この本を読んで、「冒険心をおおいに刺激された」という方も多いのではないでしょうか。とはいえ、誰もがスコット親子と同じような冒険ができるわけではありません。それでも、この素晴らしい本が私たち読者に与えてくれる最大のメッセージは、「誰も真似ができないような冒険をすること」ではありません。それは、いみじくも旅の終わりにサイクリスト仲間のサイトウさんがチャールズに語ったように、「愛する人とできるかぎり多くの時間を過ごすこと」「自分に正直に生きるのを恐れてはいけないということ」の大切さではないでしょうか。

ちなみに、本書の原題は、「ライジング・サン《Rising Son》」（息子の成長）。日本を象徴する言葉としてよく用いられる「ライジング・サン《Rising Sun》」（昇る太陽）をもじった、絶妙なタイトルです。なお、原書は膨大なボリュームがあり、日本語版作成にあたっては、著者の了解を得てやむなく一部を割愛しました。ご興味のある方は、ぜひ原書でもお楽しみください。

最後に、翻訳にあたって、信じられないほど温かく、細やかなサポートを与え続けてくださった、紀伊國屋書店出版部の有馬由起子氏に、厚くお礼申し上げます。

読者のみなさまが本書を楽しんでくださることを、心より願っています。

二〇一四年一一月　　児島　修

写真提供

©Eiko Ikegaya: cover photo, p.134

©Charles R. Scott: p.77, 123, 158, 174, 190, 215, 220, 231, 266, 281, 284, 287, 298, 301, 310, 344

©Sho Scott: p.339

©Akira Saito: p.109, 130, 205, 322, 324, 327, 348

著者紹介
チャールズ・R・スコット Charles R.Scott

インテル社で14年間勤務後、２０１１年より作家及び冒険家としての活動に専念し、子どもたちと共にアイスランド、ヨーロッパ、アメリカを自転車で旅している。２００９年夏に、本書で描かれた日本縦断の旅を通して世界植林キャンペーンの募金活動を行い、国連から「地球温暖化を救うヒーロー」と命名されたスコット親子の冒険は、多くのメディアで紹介された。彼は自らの体験を多くの学校や企業で語り、ワシントンD.C.の世界銀行ではキーノートスピーカーとして迎えられた。『ナショナル・ジオグラフィック』には「ファミリー冒険家」として取り上げられる。２０１２年、世界環境の日に国連環境計画は彼を事例として紹介。親向けシティガイドの「レッド・トライサイクル」は、彼を「ニューヨークで最もカッコいいお父さんの１人」と呼ぶ。http://familyadventureguy.blogspot.jp/

訳者紹介
児島 修 こじま・おさむ

翻訳家。立命館大学文学部卒業(心理学専攻)。訳書に『シークレット・レース』(小学館文庫)、『サイクリスト・トレーニング・バイブル』(OVERLANDER)、『偽りのサイクル――堕ちた英雄ランス・アームストロング』(洋泉社)、『マーク・カヴェンディッシュ』(未知谷)、『競争の科学――賢く戦い、結果を出す』(実務教育出版)などがある。

スコット親子、日本を駆ける
――父と息子の自転車縦断４０００キロ

二〇一五年一月九日　第一刷発行

著者　チャールズ・R・スコット
訳者　児島 修
イラストレーション　ショウ・スコット
ブックデザイン　鈴木成一デザイン室
発行所　株式会社紀伊國屋書店
東京都新宿区新宿三－一七－七
出版部(編集)電話〇三－六九一〇－〇五〇八
ホールセール部(営業)電話〇三－六九一〇－〇五一九
〒一五三－八五〇四 東京都目黒区下目黒三－七－一〇
印刷・製本　図書印刷

ISBN 978-4-314-01123-5 C0095 Printed in Japan
定価は外装に表示してあります